D1919220

Kohlhammer

**Grundwissen Soziale Arbeit**
Herausgegeben von Rudolf Bieker

Band 1

Rudolf Bieker

# Soziale Arbeit studieren

## Leitfaden für wissenschaftliches Arbeiten und Studienorganisation

2., aktualisierte und ergänzte Auflage



Verlag W. Kohlhammer

2. Auflage 2014


Gesamtherstellung: W. Kohlhammer GmbH, Stuttgart

Print:
ISBN 978-3-17-025697-2

E-Book-Formate:
pdf: ISBN 978-3-17-025698-9
epub: ISBN 978-3-17-025699-6
mobi: ISBN 978-3-17-025700-9

# Vorwort zur Reihe

Mit dem so genannten „Bologna-Prozess“ galt es neu auszutarieren, welches Wissen Studierende der Sozialen Arbeit benötigen, um trotz erheblich verkürzter Ausbildungszeiten auch weiterhin „berufliche Handlungsfähigkeit“ zu erlangen.Die Ergebnisse dieses nicht ganz schmerzfreien Abstimmungs- und Anpassungsprozesses lassen sich heute allerorten in volumigen Handbüchern nachlesen, in denen die neu entwickelten Module detailliert nach Lernzielen, Lehrinhalten, Lehrmethoden und Prüfungsformen beschrieben sind. Eine diskursive Selbstvergewisserung dieses Ausmaßes und dieser Präzision hat es vor Bologna allenfalls im Ausnahmefall gegeben.

Für Studierende bedeutet die Beschränkung der akademischen Grundausbildung auf sechs Semester, eine annähernd gleich große Stofffülle in deutlich verringerter Lernzeit bewältigen zu müssen. Die Erwartungen an das selbständige Lernen und Vertiefen des Stoffs in den eigenen vier Wänden sind deshalb deutlich gestiegen. Bologna hat das eigene Arbeitszimmer als Lernort gewissermaßen rekultiviert.

Die Idee zu der Reihe, in der das vorliegende Buch erscheint, ist vor dem Hintergrund dieser bildungspolitisch veränderten Rahmenbedingungen entstanden. Die nach und nach erscheinenden Bände sollen in kompakter Form nicht nur unabdingbares Grundwissen für das Studium der Sozialen Arbeit bereitstellen, sondern sich durch ihre Leserfreundlichkeit auch für das Selbststudium Studierender besonders eignen. Die Autor/innen der Reihe verpflichten sich diesem Ziel auf unterschiedliche Weise: durch die lernzielorientierte Begründung der ausgewählten Inhalte, durch die Begrenzung der Stoffmenge auf ein überschaubares Volumen, durch die Verständlichkeit ihrer Sprache, durch Anschaulichkeit und gezielte Theorie-Praxis-Verknüpfungen, nicht zuletzt aber auch durch lese(r) freundliche Gestaltungselemente wie Schaubilder, Unterlegungen und andere Elemente.

*Prof. Dr. Rudolf Bieker, Köln*

# Zu diesem Buch

In diesem Leitfaden erfahren Sie

- was Studieren bedeutet und wie Sie Ihr Studium zielgerichtet organisieren können;
- was unter Wissenschaft überhaupt zu verstehen ist und welche grundlegenden Haltungen und Fertigkeiten wissenschaftliches Arbeiten im Studium kennzeichnen;
- wie Sie Schritt für Schritt, von der Themenfindung bis zur fristgerechten Abgabe, eine qualifizierte schriftliche Arbeit erstellen (Hausarbeit, Bachelor- und Masterarbeit);
- wie Sie mit einem guten Seminarvortrag in der Sache überzeugen und das Lernen der anderen Seminarteilnehmer/innen fördern;
- wie Sie Klausuren und mündliche Prüfungen gezielt vorbereiten und erfolgreich bewältigen;
- welche Perspektiven Ihnen das Portfolio als neue Form des selbstaktiven und reflektierenden Lernens bieten kann.

Das Buch wendet sich an

- Studierende, die ein Studium der Sozialen Arbeit beginnen wollen oder vor geraumer Zeit begonnen haben;
- Studierende höherer Semester, die Ihre Bachelor- oder Masterarbeit anfertigen wollen und das nötige inhaltliche und formale Know-how hierfür benötigen;
- Studierende, die sich nach längerer Hochschulabstinenz auf einen Masterabschluss vorbereiten und eine Wiederauffrischung ihres studienmethodischen Handwerkszeugs benötigen;
- Studierende benachbarter Studiengänge (z. B. der Heil- oder Pflegepädagogik, der Kulturpädagogik, der Frühpädagogik, der Erziehungswissenschaft, des Sozialmanagements), die ebenso wie ihre Kommiliton/innen nach einem praxisgerechten Leitfaden für ein erfolgreiches Studium suchen.

Das Buch berücksichtigt meine langjährigen Erfahrungen als Hochschullehrer und Vorsitzender eines Prüfungsausschusses. Für Anregungen danke ich Prof. Dr. Peter Floerecke, Prof. Dr. Dieter Wälte, Dipl.-Bibl. Marion Überschaer sowie meiner studentischen Assistentin und „Testleserin" Lisa Krall.

Das Manuskript wurde für die hier vorliegende 2. Auflage durchgesehen und aktualisiert.

Köln, im Januar 2014 *Rudolf Bieker*

# Inhalt

## C Schriftliche Arbeiten erstellen

## D Seminarvorträge halten



## E Klausuren und mündliche Prüfungen bewältigen

## F Studieren mit Portfolios

# A SOZIALE ARBEIT STUDIEREN

**Was Sie in diesem Kapitel lernen können**

Ein Studium unterscheidet sich von schulischer Bildung vor allem durch seine größere Gestaltbarkeit und das höhere Maß an Eigenverantwortung für Lernprozess und Lernergebnis. Das Kapitel zeigt Ihnen, wie Sie nicht nur das Studium selbst, sondern die gesamte Studienzeit zielorientiert und anforderungsbezogen gestalten können. Darüber hinaus erhalten Sie eine Vielzahl von Hinweisen für Ihr Lernen im Studium.

## 1 STUDIEREN

Mit dem so genannten „Bologna-Prozess“, der auf die Schaffung eines einheitlichen europäischen Hochschulraums abzielt (Einführung von Bachelor- und Masterstudiengängen), sind u.a. Effektivität und Effizienz des Studiums in den Vordergrund gerückt. Die Lernprogramme wurden allerorten durchgeregelt, die Studienzeiten verkürzt. Die Tendenz zur Verschulung der Hochschulstudiengänge ist unverkennbar. Das gilt auch für die Soziale Arbeit.

Wer sich für ein Studium der Sozialen Arbeit entscheidet, findet aber immer noch eine *Vielfalt von Gestaltungspotenzialen* vor. Diese werden weiter zunehmen, wenn die politischen Signale für die Rücknahme bürokratischer Überregelungen bei Bachelor- und Masterstudiengängen in der Praxis angekommen sind und die Hochschulen ihren Studierenden verloren gegangene Selbstentfaltungsmöglichkeiten wieder zurückgeben können.

Wieweit Selbstgestaltungspotenziale reichen und wieweit sie im Einzelfall ausgeschöpft werden können, hängt von vielen Faktoren ab (u.a. von der materiellen Situation Studierender). Eine der wichtigsten Einflussgrößen ist, was der Einzelne selbst – auch bei weniger günstigen Ausgangsbedingungen – aus seiner Studienzeit macht. Wer als Studierender, von staatlichen Verschulungstendenzen verleitet, nur die Rolle eines Schülers ergreift („Tue nur, was du tun musst, eher weniger und niemals mehr!“), schöpft die Beruf umfassend zu qualifizieren, nicht annähernd aus. Studieren bedeutet: Eigene Ziele zu setzen, eigene Gestaltungsmöglichkeiten zu erkennen und wahrzunehmen, die Hochschule als akademische Dienstleisterin zu sehen, die einen notwendigen, aber nicht hinreichenden Beitrag zu der angestrebten *Selbstqualifizierung* leistet. Diese Selbstqualifizierung reicht weit über das fachspezifische Lernen hinaus (Kasten).

**Eine Studentin des 5. Semesters**

„In der Hochschule bekommst Du eine einmalige Chance in Deinem Leben. Die Uni bietet Dir weit mehr als nur das fachspezifische Wissen: Du kannst hier lernen, wie man sich Wissen aneignet; Du kannst wissenschaftliches, kritisches Denken lernen, Du kannst Sprachen lernen, Auslandaufenthalte machen, Kontakte für Dein späteres (Berufs-)Leben knüpfen. Du kannst Sport machen und den Umgang mit Menschen lernen. Du kannst Selbständigkeit lernen und viele persönliche Fähigkeiten, die Dir für Dein gesamtes Leben nützlich sein werden. Du bekommst hier Dinge geschenkt, für die Du später teuer bezahlen musst. Nutze diese Chance! Es gibt viele Leute, die alles tun würden, um Deinen Studienplatz zu bekommen" (Vera Schütte, Studentin an der Universität Bremen; Schütte 2001, 7).

Das akademische Lernen unterscheidet sich von dem eher passiv-rezeptiven schulischen Lernen durch seine stärker *selbstaktive* und *forschende* Ausrichtung. Es geht nicht um bloßes Nachbeten eines vorgegebenen, flüchtig angelesenen Stoffes und die Reproduktion von Faktenwissen, sondern um den Erwerb von Problemlösungskompetenzen. Die Lösungen, um die es geht, sind nicht-technischer Natur; sie können nicht vorhersagbar „bewirkt", sondern nur im engen Zusammenwirken mit dem „Kunden" ausgehandelt und ausprobiert werden.

Erwerb von *Problemlösungskompetenz* erfordert im Studium u. a.

- sich mit Hilfe von Fachliteratur selbsttätig und kritisch reflektierend mit Theorien, Konzepten und Methoden der Sozialen Arbeit und ihrer Bezugsdisziplinen auseinander zu setzen;
- Lernangebote tatsächlich auszuschöpfen („Hingehen statt Liegenbleiben");
- im Bedarfsfalle einzufordern, dass sich Kompetenzerwerb nicht auf die Wiedergabe von Klausurwissen beschränkt;
- Praxis zu entdecken und fachliches Handeln zu erproben (handlungsorientiertes Lernen);
- sich mit Kommilitonen/innen und Lehrenden auszutauschen, um nicht nur das wissenschaftliche Lernen, sondern auch das soziale Lernen zu fördern;
- auf die Qualität der Lehre und lernförderliche Studienbedingungen zu drängen (z. B. durch eigenes Engagement in der Hochschulselbstverwaltung);
- durch eigenständige Lebensführung außerhalb des „Hotels Mama" Lebenserfahrung zu sammeln, ohne die die Soziale Arbeit nicht auskommt.

Berufliche Handlungskompetenz ist in erster Linie eine Bringschuld der Hochschule; die Verantwortung dafür kann sie nicht auf Studierende abwälzen. Wie eine Problemlösung in der Sozialen Arbeit entsteht aber auch berufliche Handlungskompetenz nur in *Co-Produktion zwischen Lehrenden, Studierenden und Praxis*. Studierende tun gut daran, sich bei diesem Joint-Venture nicht nur auf vorgefertigte Lernpakete einzulassen, sondern auch darüber hinaus die Chance zum Kompetenzerwerb zu ergreifen. Schon dies spricht dafür, sich aktiv mit der Planung und Organisation des eigenen Studiums auseinanderzusetzen.

# 2 PLANUNG UND ORGANISATION DES STUDIUMS

## 2.1 Warum Planung wichtig ist

Planung meint den rationalen und rationellen Umgang mit Zeit bezogen auf einen zukünftigen Zeitraum: Wie will ich die kürzere und längere Zeit, die vor mir liegt, verwenden?

**Planen bedeutet konkret**

- sich für einen überschaubaren Zeitraum Ziele zu setzen (Was will ich? Worauf will ich hinaus?);
- die Arbeitsschritte zu definieren, die erforderlich sind, um gewünschte Ziele zu erreichen;
- einen Zeitplan für die Umsetzung der Arbeitsschritte zu erstellen (Was muss ich wann tun?);
- nachzuhalten, ob die Umsetzung der Arbeitsschritte erfolgreich verläuft (Gibt es Probleme bei der Umsetzung? Welcher Art sind die Probleme? Was sollte ich ändern?).

Planung gehört bei vielen Studierenden der Sozialen Arbeit nicht gerade zu den beliebten Themen. Manche Studierende setzen Planung sogar unbesehen mit Ver-Planung gleich. Planung erscheint als *Gegensatz zu Selbstbestimmung* und flexibler Gestaltung von Studium und Studienzeit.

Diese Sichtweise ist bequem, aber wenig nützlich. Das mögliche Risiko von Planung wird kurzerhand zu ihrer Wesenseigenschaft erklärt. In Wirklichkeit sind die Risiken von Planung um einiges kleiner als die *Risiken von Planungsverzicht*.

**Vorteile der Planung**

- Sie ersparen sich Kosten, weil Sie unproduktive Zusatzsemester vermeiden.
- Sie erzielen Vorteile, weil Sie z. B. Ihr Auslandssemester so rechtzeitig vorbereiten, dass es am Ende auch stattfinden kann.
- Sie sind zufriedener mit Ihrem Studium, weil Sie die kurze und oft durch Studiengebühren belastete Studienzeit besser ausschöpfen.
- Sie studieren ergebnisorientierter, weil Sie Ihr Lernen gezielt in die Hand nehmen.
- Sie gelangen in Ihrem Studienalltag zu einer klareren Struktur, die Studienfrust und Studienunlust entgegen arbeitet.
- Sie verbessern Ihre Studienergebnisse, weil sie klare Entscheidungen treffen, wann und wie Sie lernen.
- Sie stärken das Gefühl, eigener Herr über Ihre Zeit zu sein. Damit stärken Sie zugleich Ihre Lern- und Leistungsmotivation.

- Sie behalten die Übersicht angesichts vielfältiger Anforderungen im Alltag. Dies schützt Sie zugleich vor kontinuierlicher Selbstüberforderung und Verzettelung („Ich weiß gar nicht, wo ich anfangen soll.").
- Sie können gegenüber Bafög-Amt und Studienkreditanstalt rechtzeitig nachweisen, dass Sie ein ordnungsgemäßes Studium betreiben. So bleibt die finanzielle Grundlage Ihres Studiums erhalten.

Wer bereits im Studium seine Planungs- und Organisationsfähigkeit schult, fördert eine *Schlüsselkompetenz*, die gerade im Berufsalltag der Sozialen Arbeit nicht hoch genug gewichtet werden kann. Von Führungs- und Leitungsaufgaben einmal abgesehen: Wo immer mit einzelnen Klienten oder Familien längerfristig gearbeitet wird, sind Hilfeplanung und Fallmanagement als Methoden des systematischen, zeitlich geordneten Vorgehens heute fest etabliert. Wer es gelernt hat, sich selbst zu organisieren, kann auch andere Menschen besser darin unterstützen, Ordnung in ihren überfordernden Lebensalltag zu bringen.

Damit zielorientierte Planung nicht „im luftleeren Raum" zerschellt, muss sie nicht nur die Rahmenbedingungen des Studiums berücksichtigen, sie muss selbstredend auch zu Ihrer persönlichen Lebenssituation passen. Je komplexeren Anforderungen Sie außerhalb Ihrer Rolle als Student ausgesetzt sind, desto mehr nimmt zwar der Freiheitsgrad Ihrer Gestaltung ab, desto wichtiger wird auf der anderen Seite aber Planung. Viele Studierende müssen heute eine Vielzahl von Anforderungen unter „einen Hut bringen". In Kap. 2.3 („Strategische Ziele setzen") wird deshalb auch der private, *außeruniversitäre Lebensbereich* in die Betrachtungen einfließen. Betrachten wir zunächst den formellen Rahmen des Studiums.

## 2.2 Studienprogramm als Rahmenvorgabe

In der Studien- und Prüfungsordnung legt jede Hochschule fest, aus welchen inhaltlichen Elementen sich das Studium zusammensetzt und wie diese im Studienablauf angeordnet sind. Um persönliche Gestaltungsmöglichkeiten zu erkennen, sollten Sie sich gleich zu Beginn des Studiums mit diesem *Regelwerk vertraut machen.* Wichtige Informationen für Ihre Studienplanung können aber auch andere Medien enthalten, z. B.

- das sog. Modulhandbuch, das jedes einzelne Studienelement nach Inhalt, Umfang und Anforderungen detailliert beschreibt;
- fachbereichsinterne Materialien zu den einzelnen Studiengängen;
- kommentierte Vorlesungsverzeichnisse;
- spezielle Infoveranstaltungen zu angebotenen Projekten;
- schriftliche Hinweise zu Prüfungen;
- Aushänge in Schaukästen.

Wichtig ist, alle (!) verfügbaren Informationsmedien für die zielorientierte Gestaltung des Studiums zu nutzen. Ohne oder mit Account lassen sich viele planungsrelevante Informationen heute auf der Homepage eines Fachbereichs abrufen. Ein Beispiel: Von großer Bedeutung kann der Hinweis sein, dass nicht jede Lehrveranstaltung in jedem Semester angeboten wird. Dies nicht beachtet zu haben, macht die eigene Planung schnell zur Makulatur. Im schlimmsten Fall verzögert sich sogar der Abschluss des Studiums, weil die Leistung nicht zum geplanten Zeitpunkt erbracht werden konnte.

**Was Sie aus der Studien- und Prüfungsordnung für Ihre persönliche Studienplanung entnehmen können (Beispiele)**

- Wie das Studium aufgebaut ist;
- welche Module Pflichtmodule sind und zwischen welchen Modulen gewählt werden kann;
- welche Prüfung welche andere Prüfung voraussetzt;
- wann Sie die Lehrveranstaltung für ein bestimmtes Modul frühestens belegen können oder wann Sie Ihre Bachelor- oder Masterarbeit frühestens anmelden können;
- welche Anforderungen an Studienleistungen (z. B. Hausarbeiten) gestellt werden;
- ob bzw. welche Schwerpunkte Sie wann wählen können;
- welches Gewicht welches Modul bei der Ermittlung der Endnote des Studiums hat;
- wann Ihr Praxissemester ansteht und ob Sie dieses vorziehen oder nachverlagern können;
- wie Prüfungsleistungen bewertet werden;
- wie oft Sie eine Prüfungsleistung wiederholen können;
- was passiert, wenn Sie eine Prüfung nicht antreten etc.

Das inhaltliche Studienprogramm wird von Semester zu Semester in ein Veranstaltungsprogramm gegossen. Je nach Größe eines Fachbereichs können Sie zwischen mehreren parallelen Lehr- und Lernangeboten zu den einzelnen Modulen wählen. Wenn sie sich das frisch gedruckte und/oder ins Netz gestellte Vorlesungsverzeichnis gleich besorgen, können Sie mit Ihren Planungen frühzeitig beginnen. Beachten Sie aber nachträgliche Änderungen.

## 2.3 Strategische Ziele für Studium und Studienzeit

Versuchen Sie sich zu Beginn des Studiums, regelmäßig aber auch in seinem weiteren Verlauf, klar darüber zu werden, welche Ziele Sie mit Ihrem Studium und in Ihrer Studienzeit persönlich erreichen möchten. *Wer ein Ziel hat, hat eine Leitlinie.* Ziele motivieren zum Handeln; sie verhindern das bloße vor sich Hintreiben, das über kurz oder lang zu Unzufriedenheit führt. Die folgenden Fragen können Ihnen helfen, herauszufinden, welche Ziele Ihnen bezogen auf Ihr Studium wichtig erscheinen. Die Fragen betreffen grundlegende, längerfristig ausgerichtete Entscheidungen („strategische Entscheidungen"). Einzelne dieser Entscheidungen werden Sie *erst im weiteren Verlauf des Studiums* treffen können.

**Strategische Fragen**

- Strebe ich mit meinem Studium ein spezielles berufliches Ziel an (z. B. Tätigkeit in einem bestimmten Arbeitsfeld der Sozialen Arbeit)?
- Will ich mich im Gegensatz dazu bewusst offen halten, um unbekannte Territorien der Sozialen Arbeit kennen zu lernen (sehr zu empfehlen!)? Welche Auswirkungen hat dies auf meine Studien(zeit)planung?
- Reicht mir ein durchschnittlicher Abschluss oder möchte ich mir durch gute Leistungen die Option für ein Stipendium bzw. ein Anschlussstudium (Masterstudium, Promotionsstudium) offen halten?
- Setze ich innerhalb des Pflichtlernprogramms eigene inhaltliche Akzente, z. B. Kennenlernen spezifischer psychotherapeutischer Methoden, Umgang mit schwer verhaltensgestörten Menschen, vertiefte Kenntnisse im Jugendhilferecht?
- Will ich bei meinen Prüfungsergebnissen Schwerpunkte setzen?
- Will ich freiwillig gegen Honorar oder ehrenamtlich bei Trägern der Sozialen Arbeit praktische Erfahrungen sammeln und mir Optionen für den beruflichen Einstieg aufbauen? In welchem Umfang kommt eine freiwillige Mitarbeit in Betracht? Zu welchem Zeitpunkt des Studiums?
- Möchte ich die Zeit des Studiums nutzen, meine Sprach- oder EDV-Kenntnisse zu erweitern? Auf welchem Level?
- In welchem Feld möchte ich meine Praxisphase durchführen? Was spricht für dieses Praxisfeld? Was ist wann zu tun?
- Möchte ich meine Praxisphase oder ein Studiensemester im Ausland verbringen? Welche Vorbereitungsschritte sind dafür erforderlich? Wann müssen diese begonnen werden?
- Wie wichtig ist es mir, das Studium auf jeden Fall in der Regelstudienzeit abzuschließen? Bin ich bereit, dafür ggf. auch schlechtere Noten in Kauf zu nehmen bzw. auf eigene Vertiefungen des Studiums zu verzichten?
- Bin ich gewillt, in der Hochschulselbstverwaltung mitzuwirken (z. B. Fachbereichsrat, Fachschaftsrat/AStA, Prüfungsausschuss)?
- Will ich mich in hochschulpolitischen Gruppen Studierender engagieren?

Einige Ziele sind vermutlich Dauerläufer, die für das gesamte Studium gelten sollen (gute Noten?), andere können dagegen unmittelbar einem Semester oder einem Studienjahr zugeordnet werden (z. B. Auslandsaufenthalt im 4. Semester).

Ihre Ziele sollten sich aber nicht nur auf das Studium und studienbezogene Aktivitäten richten, sondern auch auf Ihre *Lebenswelt außerhalb des Studiums.* Beide Zielbereiche stehen in Wechselwirkung miteinander und müssen daher in Einklang gebracht werden.

Ziele, die Ihre allgemeine Lebensführung betreffen, können z. B. sein:

- den notwendigen Lebensunterhalt erarbeiten;
- zusätzliche Finanzmittel erwirtschaften, um nicht jeden Cent umdrehen zu müssen, um keinen Studienkredit aufnehmen zu müssen etc.
- Zeit für das eigene Kind haben;

- intensive Kontakte zu anderen Menschen pflegen, auch außerhalb des Studiums;
- sich um Angehörige kümmern (z. B. die chronisch kranke Mutter);
- kulturelle Bedürfnisse befriedigen (Musik, Theater, Kunst);
- Reisen;
- regelmäßig Sport treiben;
- sich Zeit zur Entspannung nehmen.

Nicht alle Ziele lassen sich gleichzeitig verfolgen. Zum einen würden Sie sich damit völlig übernehmen, zum anderen können Ziele in Konkurrenz zueinander stehen. Das Ziel „Das Studium in kürzestmöglicher Zeit beenden" konkurriert z. B. mit allen Zielen, die bei intensiver Verfolgung zu einer Verlängerung der Studienzeit führen können, und sei es nur um ein Semester. Weil Ihr Zeitbudget zu einem größeren Teil bereits durch das Pflichtstudienprogramm in Anspruch genommen wird, gibt es außerdem nur noch ein begrenztes Zeitvolumen zu verteilen. Deshalb müssen sie zwangsläufig eine *Auswahl* aus Ihren Zielen treffen oder i. S. einer „Ich-will-alles-Strategie" akzeptieren, dass Ihr Studium erst ein oder zwei Semester später abgeschlossen wird.

Eine einfache ABC-Analyse hilft Ihnen dabei, Ihre Ziele grob nach ihrer Wichtigkeit zu ordnen.

**Tab. 1:** ABC-Analyse

| **Priorität** | **Verbindlichkeitsgrad** | **Definition** |
|---|---|---|
| Priorität A | Muss-Ziele | Ziele, die Ihnen sehr am Herzen liegen und die Sie auf jeden Fall erreichen wollen oder müssen |
| Priorität B | Soll-Ziele | Ziele, die Sie für wichtig halten, die aber nur von zweitrangiger Bedeutung sind |
| Priorität C | Kann-Ziele | Ziele, die wünschbar sind, zur Not aber geopfert bzw. aufgeschoben werden können |

Damit sie Ihnen nicht abhanden kommen, sollten Sie Ihre Ziele immer schriftlich fixieren und griffbereit zum Nachlesen und zur nachgehenden Überprüfung halten (Tab. 2).

**Tab. 2:** Verschriftlichung semesterübergreifender strategischer Ziele (Bachelorstudium)

| **Ziele** | **Priorität** |
|---|---|
| • Mir durch gute Leistungen die Option für ein Masterstudium schaffen | A |
| • Tragfähige Kontakte zu Kommilitonen/innen aufbauen | A |
| • Praxiskontakte herstellen | B |
| • Ein Auslandssemester durchführen | B |
| • Eigene Studienschwerpunkte setzen (ergänzend zum Pflichtprogramm) | C |
| • Meine persönlichen Bedürfnisse beachten (Sport, Kunst ...) | B |
| • Spanisch lernen | C |

Mit solchen Zielformulierungen definieren Sie Ihre Ansprüche und Erwartungen an Ihr Studium und Ihre Studienzeit. Entsagen Sie aber der Versuchung, Ziele zu formulieren, die von vorneherein keine Chance auf Realisierung haben. Es geht um *aussichtsreiche* Zielprojektionen. Wieweit das Studium z. B. Raum lässt, um eigene fachliche und außerfachliche Interessen zu verfolgen, wird sich erst nach dessen Beginn klären lassen und sich innerhalb des Studiums ändern können. Dennoch: Bevor der Alltag Sie in Besitz nimmt und Ihnen scheinbar eigene Gestaltungsoptionen stiehlt, sollten Sie sich grundsätzlich klar darüber werden, was Sie selbst in Ihrem Studium und Ihrer Studienzeit erreichen möchten. Was von den womöglich „großen Zielen" im jeweiligen Semester tatsächlich umsetzbar erscheint, werden Sie vor dem Hintergrund Ihrer strategischen Ziele rechtzeitig klären.

Beachten Sie bei Ihren Zielprojektionen aber auch:

- Zielorientierte Planung macht nur dann Sinn, wenn sie zu einem Ergebnis führt, dass nicht auch ohne eigenes Zutun entstanden wäre. Achten Sie also darauf, dass Zielprojektionen Sie *fordern*. Gerade wenn Ihnen ein „Auslandssemester" eher unheimlich erscheint, sollten Sie es einplanen. Lernen bedeutet immer, sich auf eine terra incognita zu begeben, Neues zu entdecken und sich in der Bewältigung unbekannter Anforderungen persönlich zu entwickeln.
- Persönliche Ziele und „Master-Pläne" dürfen nicht zur *Zwangsjacke* werden. Ziele sollten nur so lange gelten, bis Sie diese aus wohlüberlegten Gründen widerrufen oder neu ins Verhältnis zueinander setzen. Es geht um die richtige Balance zwischen längerfristiger Selbstausrichtung und situativer Offenheit. Wer an seinem Studien(zeit)konzept nicht starr festhält, bleibt in der Lage, neue Erkenntnisse, neue Informationen und neue Erfahrungen für sich nutzen. Weil man sich auch selbst weiter entwickelt, erkennt man Gestaltungsmöglichkeiten, die einem anfangs kaum in den Sinn gekommen wären. Strategische Ziele zu setzen ist daher kein einmaliger Vorgang, sondern ein sich *kontinuierlich wiederholender Prozess*, der sich neuen Chancen, Risiken und Realitäten immer wieder aufs Neue anpassen muss. Strategische Planungen sind damit vorläufiger Art und in größeren Zeitabständen zu *überprüfen*.

## 2.4 Zeitplanung

### 2.4.1 Vorlesungszeit

Wenn Ihr grundlegend und längerfristig ausgelegter „Masterplan" steht, können Sie sich einem kürzeren Zeitrahmen zuwenden, dem einzelnen Semester. Die Gestaltung des Semesters ist die erste Nagelprobe für die strategischen Ziele, die Sie innerhalb und außerhalb des Studiums verwirklichen wollen. In der Semesterplanung müssen Ihre globalen Ziele (Kap. 2.3) zum Ausdruck kommen. Anderenfalls wären diese nichts wert bzw. lediglich aufgesetzt. Die Globalziele stecken folglich den Rahmen ab, in dem sich Ihre weiteren Planungsentscheidungen bewegen. Waren Ihre strategischen Ziele als Orientierungsgrundlage eher allgemein formuliert, geht es bei der Semesterplanung um eindeutige Handlungsziele.

Die Semesterziele richten sich nicht nur auf die *Vorlesungszeit*, sondern auch auf die *vorlesungsfreie Zeit*. Die vorlesungsfreie Zeit („Semesterferien") dient dem Studium, gleichzeitig aber auch anderen Zwecken. Ihre Semesterplanung sollte sich folglich mit beiden Zeitphasen befassen. Aus Gründen der Übersichtlichkeit werden wir die vorlesungsfreie Zeit aber in einem gesonderten Kapitel behandeln (Kap. 2.4.4).

Bevor Sie mit Ihrer Planung beginnen, sollten Sie sich vergegenwärtigen, dass manche Entscheidungen nur sinnvoll getroffen werden können, wenn Sie zugleich einen Blick auf das nächste Semester (ggf. sogar auch das übernächste) Semester werfen.

*Beispiele:*
Wenn Sie im bevorstehenden Semester eine Prüfung verschieben, kann dies unangenehme Auswirkungen auf ein nachfolgendes Semester haben. Es steigt im nächsten Semester nicht nur die Prüfungsbelastung, es könnte auch sein, dass die jetzt verschobene Prüfung im nächsten Semester bereits vorliegen muss, um für ein dann anstehendes Modul zugelassen werden zu können. Ebenso kann es sein, dass ein geplantes Auslandspraktikum nur realisierbar ist, wenn es im vorangehenden Semester bereits vorbereitet wird.

Ihre Semesterziele müssen nicht nur realisierbar sein, sie müssen auch so konkret sein, dass Sie feststellen können, ob Sie Ihr Ziel *tatsächlich erreicht* haben. Deshalb reicht ein Ziel wie „Ich bereite Lehrveranstaltungen nach" für eine handlungswirksame Planung nicht aus, dazu ist es zu unspezifisch und zu wenig verbindlich. Schon das gelegentliche statt regelmäßige Nachbereiten lässt sich als Verwirklichung des Ziels interpretieren. Außerdem ist nicht klar, was es inhaltlich bedeutet, Vorlesungen „nachzubereiten". Besser ist es festzulegen: „Donnerstags von 10–11 Uhr bereite ich die Vorlesung ‚Theorie der Sozialen Arbeit' nach. In dieser Zeit werde ich meine Mitschriften noch einmal systematisch durchgehen und ergänzend dazu ... Außerdem werde ich mir die vom Dozenten empfohlene Fachliteratur vornehmen ... ."

Werden Sie also so konkret wie möglich, wenn Sie Ihre Ziele für die Vorlesungszeit eines bestimmten Semesters festlegen. Verbinden Sie jedes inhaltliche Ziel mit einem zeitlichen Ziel (Erledigungsfrist). *Inhaltlich und zeitlich eindeutige Ziele* zu definieren, wird in der Berufspraxis durchgängig von Ihnen verlangt. Denken Sie bei Ihrer Einzel-Semesterplanung an die strategischen Studienziele, zu denen Sie sich entschieden hatten (Kap. 2.3).

Die Übersichtlichkeit Ihrer Planung steigt, wenn Sie Ihre Semesterziele nach Zielfeldern gliedern, z. B.

- Besuch der Lehrveranstaltungen
- Erbringung von Studien- und Prüfungsleistungen
- Zusätzliche Studienaktivitäten
- Persönliche Ziele außerhalb des Studiums.

Tab. 3 zeigt beispielhaft, wie eine Semesterplanung (Vorlesungszeit) aussehen kann. Dabei ist zu berücksichtigen, dass der Plan zwar schon vor Beginn des

**Tab. 3:** Planung der Vorlesungszeit

| Ziel-feld | Fragen zur Zielfindung | Zielfestlegungen | Priorität | Umsetzung ab/in KW |
|---|---|---|---|---|
| **Lehrveranstaltungen** | Welche Veranstaltungen will ich gemäß meinem strategischen Ziel „In 6 Semestern fertig werden“ belegen? Welche kann ich ggf. auch später belegen? Welche vernünftigen Gründe sprechen ggf. für eine Verschiebung (z. B. das strategische Ziel „Für meine Kinder da sein“)? Welche Folgen hat die Verschiebung? Will ich i.R. meines strategischen Ziels „zügiges Studium“ Lehrveranstaltungen vorziehen? Übernehme ich mich dabei evtl.? | • regelmäßig und aktiv an den folgenden Lehrveranstaltungen teilnehmen [...] | A | |
| | Welche Zeiten reserviere ich in meinem Stundenplan regelmäßig für die Vor- und Nachbereitung der Lehrveranstaltungen sowie für die langfristige Vorbereitung der Prüfungen? | • die folgenden Zeiten werden zur Vor- und Nachbereitung genutzt: [...]. Vor- und Nachbereitung bedeutet ganz konkret: [...] | A | |
| **Studien- und Prüfungsleistungen** | Welche Prüfungen will ich ablegen?<br>Welche besonderen Leistungen sind hierfür ggf. zu erbringen (z. B. Hausarbeit, Seminarvortrag)? Was muss ich dafür tun? Wie groß ist der voraussichtliche Zeitbedarf? Wann muss ich mit meinen Vorbereitungen beginnen? Welche Zeitfenster in der Woche und am Wochenende setze ich für das Einarbeiten in das jeweilige Thema ein? Mit wem muss ich bis wann Absprachen treffen (Dozent/in, Kommilitonen/innen, externe Partner)?<br>Wann muss ich mich zu den Prüfungen anmelden? Wann finden welche Prüfungen statt? Welche Prüfung gilt als besonders schwer? Wie berücksichtige ich dies bei der Veranschlagung | • in Modul 5 eine Hausarbeit von ca. 15 Seiten erstellen<br>• folgende Klausuren mit mind. dem folgenden Ergebnis bestehen:<br>Modul 4: ...<br>Modul 5.1: ...<br>Modul 5.2: ...<br>Modul 6: ...<br>• regelmäßig an meiner Prüfungsgruppe teilnehmen usw. | A<br><br><br><br><br><br><br><br><br>A<br>C<br>B<br>A<br>A | |

**Tab. 3:** Planung der Vorlesungszeit – Fortsetzung

| Ziel-feld | Fragen zur Zielfindung | Zielfestlegungen | Priorität | Umsetzung ab/in KW |
|---|---|---|---|---|
| | meiner Lernzeit außerhalb der Lehrveranstaltung? Welches Ergebnis ziele ich in welcher Prüfung an, um das strategische Ziel „Masteroption schaffen" zu erreichen? Wie berücksichtige ich dies bei meiner Lernzeit? Will ich zur Prüfungsvorbereitung in einer Gruppe lernen? In welcher Veranstaltung? Was ist dafür ggf. zu tun? | | | |
| **Zusätzliche Studienaktivitäten** | Gibt es studiumsergänzende Aktivitäten, die ich verfolgen will (z. B. Besuch von Fachtagungen, Teilnahme an einem Kurs der Hochschule über Schlüsselqualifikationen, stundenweise Praxistätigkeit)? | • den Bundeskongress „Soziale Arbeit" besuchen (Datum)<br>• das Zusatzseminar „Moderation" erfolgreich besuchen<br>• meine Honorartätigkeit im Betreuten Wohnen im bisherigen Umfang fortsetzen<br>• Arbeit als Tutor/in am Lehrstuhl S.<br>• mein Auslandssemester an der Universität von Pamplona vorbereiten | C<br>C<br>A<br>B<br>A | |
| **Private Ziele** | Welches Ziel verfolge ich bzgl. der Sicherung meines Lebensunterhaltes und materieller Wünsche? Was will/muss ich dafür wann tun? Wie viel Zeit will/muss ich dafür einsetzen? Welche privaten Ziele möchte ich in diesem Semester verwirklichen? Welche Zeiten möchte ich mir dafür grundsätzlich freihalten? Will ich eine ehrenamtliche Aufgabe übernehmen, um meine sozialen Fähigkeiten auszubauen? Welche? Was muss ich dafür tun? | • meinen Lebensunterhalt sichern (s.o.)<br>• zwei Mal in der Woche eine halbe Stunde laufen<br>• mir nach getaner Arbeit Zeit für meine Freunde und (spontanen) persönlichen Bedürfnisse nehmen | A<br>B<br>B | |
| KW = Kalenderwoche | | | | |

Semesters vorbereitet werden kann; wichtige Aufgaben (wie z. B. die Vorbereitung eines Referates) lassen sich aber erst nach Beginn des Vorlesungsbetriebs berücksichtigen, wenn die Prüfungsformen und die Erstellungs- und Abgabetermine von den Dozenten bekannt gegeben werden. Semesterplanung erfordert also ein mehrschrittiges Vorgehen.

Nach Abschluss der Zielfestlegungen stehen *zwei Arbeitsschritte* an:

1. Halten Sie in Ihrem *Terminkalender* fest, in welchen Kalenderwochen Sie Aufgaben angehen wollen, die nicht durchgängig in der Vorlesungszeit anstehen (wie z. B. die Erstellung einer Hausarbeit). Wenn Sie in Ihrem Kalender gleichzeitig alle übrigen Termine vermerken (Prüfungszeiträume, Abgabefristen, Termin für den Seminarvortrag, Besuchs- und Exkursionstermine, wichtige private Termine ...), verfügen Sie über eine solide Grundlage für die Planung der einzelnen Semesterwochen (Kap. 2.4.2).
2. Erstellen Sie ein *Zeitgitter* für die Vorlesungswochen (Mo-So). In unserem nachfolgenden Beispiel (Tab. 4) hat das Gitter 28 Zeiteinheiten von 90 Minuten (entsprechend zwei Unterrichtsstunden). Das ergibt rechnerisch eine wöchentliche Arbeitszeit von 42 Stunden, also eine ganz normale Arbeitswoche. Tragen Sie in das Zeitgitter ein

   - Ihre Lehrveranstaltungen
   - Ihre Studienaktivitäten (siehe unten)
   - längere Pausen (z. B. nach vier Stunden Hörsaal sollten Sie eine Pause einlegen und sich entspannen ...)
   - Ihre Job-Zeiten (Geld verdienen)
   - feststehende private Aktivitäten (z. B. Sport).

   Die übrigen Zeiten stehen für Ihre anderweitigen persönlichen Bedürfnisse, aber auch für Unvorhergesehenes zur Verfügung.

   Mit Studienaktivitäten sind gemeint:

   - Vorbereitung auf eine nachfolgende Lehrveranstaltung
   - Nachbereitung einer vorausgegangenen Lehrveranstaltung
   - Prüfungsvorbereitung (vertiefendes Lesen, Wiederholen)
   - Einlesen für einen Seminarvortrag oder eine Hausarbeit
   - Arbeiten in der Lerngruppe
   - Bibliotheksrecherchen
   - Auswertung aktueller Fachzeitschriften
   - Rücksprache mit Dozenten
   - Sprachkurs im Sprachenzentrum
   - praktische soziale Tätigkeit
   - Arbeit als studentische Hilfskraft.

Legen Sie Ihre Studienaktivitäten zu ① im Einzelnen durchaus fest. Bei Bedarf können und sollten Sie die Nutzung dieser Zeiteinheiten von Woche zu Woche Ihrem aktuellen Bedarf anpassen. Die vier Zeiteinheiten am Wochenende sollten Sie u. a. dazu nutzen, Liegengebliebenes nachzuholen, sich den Stoff der Woche noch einmal durch den Kopf gehen zu lassen und eigene Studieninteressen

**Tab. 4:** Beispiel für einen Semesterstundenplan

| Tag/Uhrzeit | Montag | Dienstag | Mittwoch | Donnerstag | Freitag | Samstag | Sonntag |
|---|---|---|---|---|---|---|---|
| **08–10** | Vorlesung „Sozialmedizin" | ① | Projekt | ④ | Übung „Kommunikation" | | |
| **10–12** | ① | Seminar „Ethik" | Projekt | ① | Seminar „Geschichte" | | ② |
| **12–14** | Vorlesung „Sozialrecht" | Übung „Praxisforschung" | Projekt | Fachschaftsrat | Seminar „Methoden" | | ② |
| **14–16** | Pause/ Anreise für ③ | Pause ① | Pause ① | Jobben | ③ | ① | |
| **16–18** | ③ | Vorlesung „Erz.wiss." | ① | Jobben | ③ | ① | |
| **nach 18** | ④ | Sport | ④ | Jobben | Sport | ④ | ④ |

① = situationsflexibel einsetzbare Zeit, z. B. Vor-/Nachbereitung einer Lehrveranstaltung/Einlesen für Referat oder Hausarbeit/Lerngruppe/Bibliothek/Arbeit im Selbstlernzentrum/Sprachenzentrum/Sprachen lernen/Prüfungsvorbereitung/Rücksprache mit Dozenten/unvorhergesehene Verpflichtungen
② = eigene Studieninteressen
③ = Honorartätigkeit in der Sozialen Arbeit (z. B. flexible Erziehungshilfe, Senioreneinrichtung, Abenteuerspielplatz)
① = Zeit für persönliche Interessen/Angelegenheiten

zu verfolgen. Vor wichtigen Prüfungen werden Sie die Wochenendarbeitszeit vermutlich weiter ausdehnen (müssen).

Wenn Sie das Zeitgitter auf Ihrem PC anlegen, können Sie es unmittelbar für Ihre Wochenplanung nutzen.

### 2.4.2 Wochenzeit

In Ihrem Zeitgitter in Tab. 4 beschreiben Sie die inhaltlichen und zeitlichen Elemente Ihres Studienalltags in der Vorlesungszeit (Kap. 2.4.1). Mit dem Zeitgitter können Sie nun am Ende einer jeden Vorwoche Ihre einzelne Semesterwoche planen. Dabei passen Sie das Gitter kontinuierlich an die aktuelle Situation an. Beachten Sie dabei die Termine, die Sie in Ihren Kalender eingetragen haben (z. B. wann Sie mit einer Hausarbeit beginnen wollen bzw. wann sie diese abgeben müssen!). Ihr Terminkalender und ihre Wochendisposition gehören also zusammen!

Planen Sie so gut es geht. Bleiben Sie flexibel, ergänzen und verändern Sie Ihren Plan auch während der Woche. Entscheidend ist nicht, einen Plan „durchzuziehen", sondern die knappe Zeit sinnvoll zu nutzen.

**Ausgangspunkte für Ihre Wochenplanung**

- Was aus der vergangenen Woche ist noch offen?
- Haben sich Veränderungen ergeben (z. B. der Termin für den Seminarvortrag wurde verschoben)?
- Welche konkreten Aufgaben stehen neben den Routineaufgaben (Besuch der Lehrveranstaltungen) in der kommenden Woche an (Aktivbeitrag für Seminar vorbereiten, Kommentierung zu § 36 SGB VIII durcharbeiten, Telefonat mit Einrichtung X. führen, Informationen bei Bundesministerium anfordern, Einlesen für Hausarbeit, Rücksprache mit Dozent/in, Treffen mit Kommilitonen, Abgabe Projektbericht ...)?
- Welche Aufgabe hat bei einer Kollision Priorität? Welche kann ggf. noch verschoben werden?
- Wie will ich die in meinem Zeitgitter benannte flexible Zeit (①) konkret nutzen?
- Welche Aufgabe erfordert welche Vorleistung (z. B. Literatur ausleihen; Text lesen vor Treffen mit Lern-AG)?
- Welche selbst gesetzte Aufgabe will ich in dieser Woche angehen (z. B. Recherche im Internet zum Thema X, Studie über psychische Probleme von Kindern drogenabhängiger Mütter lesen)?
- Was will ich außerhalb meiner Arbeitszeit gemeinsam mit Anderen unternehmen?
- Last but not least: Wie kann ich meine strategischen Ziele angemessen berücksichtigen?

### 2.4.3 Tageszeit

Ergänzen Sie Ihre Wochenplanung durch eine Tagesplanung. Auch hier ist nicht daran gedacht, situative Flexibilität, sondern *unproduktives Dahintreiben* zu verhindern.
Das könnten Ihre Fragen sein:

- Was will ich morgen ganz konkret tun?
- Was ist vom Vortag noch übrig geblieben? Ist es noch wichtig?
- Wie könnte – wenn nichts dazwischen kommt – der Tagesablauf morgen aussehen?
- Wie nutze ich die in meinem Zeitgitter vorgesehene Reservezeit sinnvoll?
- Wann mache ich Pause? Was tue ich zu meiner Entspannung?
- Was ist besonders wichtig und dringlich und was nicht?

Ein Tagesplan kann die Form einer einfachen Spiegelstrichliste haben, auf der die anstehenden Aufgaben nach der Reihenfolge ihrer Wichtigkeit geordnet werden können. Mehr als *zwei Drittel* der zur Verfügung stehenden Zeit sollten allerdings nicht verplant werden.

### 2.4.4 Vorlesungsfreie Zeit

Die vorlesungs- und prüfungsfreie Zeit umfasst ca. 15 Wochen im Jahr. Zwischen Wintersemester und Sommersemester sind es nur wenige Wochen, zwei Drittel der „Semesterferien" erstrecken sich auf die Zeit nach dem Sommersemester. Auf den ersten Blick mag die Zahl der veranstaltungs- und prüfungsfreien Wochen zwar hoch erscheinen, tatsächlich gilt es aber auch hier eine Vielzahl konkurrierender Ziele und Aufgaben auszutarieren. Selbst wenn der Druck, bestimmte Dinge zu einem festen Zeitpunkt zu erledigen, in den „Semesterferien" weniger stark ist, bedarf es Ihrer klaren Entscheidungen, wie Sie diese Zeit für sich nutzen wollen (bzw. müssen).

Folgende Aktivitäten kommen vorrangig in Betracht:

- Anfertigung von Hausarbeiten
- das Lernen für die Wiederholungsklausur zu Semesterbeginn
- die Nachbereitung der Lehrveranstaltungen (Vertiefung, Festigung)
- das Selbststudium
- ein Praktikum bzw. die stundenweise Praxistätigkeit bei einem Träger der Sozialen Arbeit
- die Geldbeschaffung durch einen Ferienjob, und natürlich auch
- der Urlaub.

Zweckmäßigerweise sollte sich Ihr Plan für die vorlesungsfreie Zeit auf Wochen als Zeiteinheit beziehen. Denn viele der ins Auge gefassten Aktivitäten spielen sich in dem offenen Zeitrahmen der „Semesterferien" nicht im Tages- oder gar Stundentakt ab, sondern im Wochenrhythmus. Legen Sie aber auch fest, *wann Sie mit Ihrer Tagesarbeit beginnen* und wann Sie diese beenden, um sich erst dann anderen Dingen zu widmen. Vorbild kann auch hier die allgemeine Arbeits woche eines durchschnittlichen Arbeitnehmers mit zwei arbeitsfreien Wochentagen sein. Ein einfaches Zeitraster hilft Ihnen dabei, die verschiedenen Zeitblöcke „auf die Reihe“ und in eine Gesamtübersicht zu bekommen. Darauf aufbauend erstellen Sie Ihre Tagespläne.

**Tab. 5:** Planung der vorlesungsfreien Zeit

| **30. KW** | **31. KW** | **32. KW** | **33. KW** | **34. KW** |
|---|---|---|---|---|
| Hausarbeit 1<br><br>Selbststudium: Buchkapitel X lesen | Hausarbeit 1<br><br>Selbststudium: Buchkapitel Y lesen | Hausarbeit 1<br><br>Selbststudium: Aufsatz Z lesen<br><br>WE: Umzug | Jobben<br><br>Neue Wohnung einrichten | Jobben |
| **35. KW** | **36. KW** | **37. KW** | **38. KW** | **39. KW** |
| Urlaub | Urlaub | Prüfungsvor-bereitung<br><br>Hausarbeit 2<br><br>Vertiefende Fachliteratur zum Seminar X lesen | Prüfungsvor-bereitung<br><br>Hausarbeit 2<br><br>Vertiefende Fachliteratur zum Seminar X lesen | Prüfungsvor-bereitung<br><br>Hausarbeit 2<br><br>Vertiefende Fachliteratur zum Seminar X lesen |
| KW = Kalenderwoche<br>WE = Wochenende | | | | |

# 3 LERNEN IM STUDIUM

Studentisches Lernen vollzieht sich auf unterschiedlichen Wegen; erst die Zusammenführung und die richtige Gewichtung dieser Lernwege führt zu dem gewünschten Lernerfolg im Sinne eines soliden Fundamentwissens über soziale Probleme und ihre zielgerichtete Bearbeitung.

## 3.1 Lehrveranstaltungen

Das wichtigste Medium des akademischen Lernens bilden die Lehrveranstaltungen der Hochschule. Sie werden als klassische Vorlesungen, Seminare oder Übungen angeboten. Lernen in Lehrveranstaltungen erfordert Unterschiedliches:

### Aktives Zuhören

Ob es Ihnen gelingt, den Ausführungen Ihrer Dozentin in einer Vorlesung zuzuhören, hängt von vielen Faktoren ab, die Sie zumindest zum Teil beeinflussen können (und sollten). Entscheidend dürfte zunächst Ihre grundlegende *Motivation* sein. Lehrinhalte, deren Wichtigkeit man erkennen kann, motivieren mehr als Themen, die man als randseitig oder gar als Hobbythema der Dozentin ansieht. Versuchen Sie daher, z. B. mit Hilfe Ihres Modulhandbuches, ggf. auch durch Rücksprache mit der Lehrenden, zu klären, warum Sie welches Wissen erwerben sollen. Lehrinhalte sollten sich dadurch rechtfertigen können, dass sie in einen Zusammenhang mit den im Berufsleben erforderlichen Handlungskompetenzen stehen.

Neben motivationalen Komponenten spielen *situative Bedingungen* eine wichtige Rolle beim konzentrierten Zuhören (ausgeschlafen sein; sich fernhalten von „kommunikativen" Kommiliton/innen; Sitzplatz in räumlicher Nähe zur Lehrenden; Abstellen des Handys; keine ablenkenden Unterlagen auf dem Tisch; Hinweise an den Lehrenden, wenn dieser zu schnell vorgeht; Vorbereitung auf die Vorlesung durch Rekapitulation des Stoffs der letzten Sitzung).

Entscheidend für das erfolgreiche Zuhören ist im Übrigen das *Mitdenken und Mitschreiben*, nicht aber das stenografische Festhalten des Gehörten. Mitdenken führt zu einem Abgleich des Gehörten mit bereits bekannten Inhalten. Dadurch entstehen wiederum Fragen, die entweder in der Lehrveranstaltung ad hoc angesprochen oder im Rahmen der Nachbereitung (siehe unten) angegangen werden können. Halten Sie diese Fragen unmittelbar fest. Da der Stoff häufig aufeinander aufbaut, setzt das Verstehen des Gehörten grundsätzlich die regelmäßige Teilnahme an einer Lehrveranstaltung voraus.

### Mitschreiben

Das Mitschreiben ist nicht nur für das unabdingbare Wiederholen und Vertiefen des Stoffes erforderlich, sondern stellt selbst auch eine *aktive Verarbeitung* des Gehörten dar. Das Speichern der Informationen im Gedächtnis wird durch Mitschreiben erleichtert. Um etwas aufschreiben zu können, muss man das Gehörte weitgehend verstanden haben. Wörtliches Mitschreiben ist weder sinnvoll noch möglich. Es behindert das Mitvollziehen des Gesprochenen, führt zu kaum lesbaren, schlecht gegliederten und überlangen Aufzeichnungen. Die Folge ist: Sie verspüren kaum noch Lust, sich mit Ihren Aufzeichnungen nachgehend noch weiter zu beschäftigen (vgl. auch Heister u. a. 2007, 7). Beschränken Sie sich darauf, zentrale Aussagen *stichpunktartig*, aber aussagekräftig in eigenen Worten festzuhalten. Achten Sie auf Schlüsselworte und -sätze wie „Ursachen von ...“, „Voraussetzungen für ...“, „Folgen von ...“, „Schlussfolgerungen“ „steht im Widerspruch zu“, „Theorie behauptet“, „dieser Ansatz ist umstritten“, „Drei Punkte will ich besonders hervorheben ...“, „einerseits – andererseits“, „Um was geht es hierbei?“, „Diesen Begriff kann man wie folgt definieren“, „Ich fasse noch einmal kurz zusammen“. Oft gibt der Dozent auch Hinweise zur Bedeutung eines Sachverhaltes („Das könnten Sie sich merken“).

Wichtig ist beim Mitschreiben, die gedankliche Gliederung des Vorgetragenen zu erkennen („roter Faden“). Dabei helfen Ihnen die Folien, die üblicherweise bei einer Vorlesung oder einem Seminarvortrag zum Einsatz kommen. Hilfreich ist es, wenn diese Folien vor der Veranstaltung als Papierfassung vorliegen oder ausgedruckt werden können, sodass Sie das Skript punktgenau ergänzen können.

Nutzen Sie zur Erleichterung des Schreibvorgangs ein *Abkürzungssystem*, das Sie sich schon im ersten Semester aneignen sollten (Tab. 6). Gehen Sie mit Ihrem Schreibblock großzügig um, sodass Sie bei der Nachbereitung immer wieder Erläuterungen und Ergänzungen hinzufügen können. Halten Sie dazu ein breiten *Außenrand* auf Ihren Seiten frei bzw. die Rückseiten.

Ob Sie Ihr Notebook dem einfachen Ringelheft bei der Mitschrift vorziehen, sollten Sie im Zweifelsfall ausprobieren. Für die hergebrachte Papiervariante spricht, neben dem Transportvorteil, dass Sie graphische Mittel flexibler nutzen

**Tab. 6:** Abkürzungen

| **Wortbeispiele** | **Abkürzungsvorschlag** |
|---|---|
| Definition | Def |
| Gesetz | G |
| allerdings | alld |
| Individuum | Ind |
| Gruppenarbeit | Grarb |
| Vernetzung | Vn |
| Zusammenhang | Zushg |
| Benachteiligung | Bena |
| pädagogisch | päd |
| Lebenswelt | Lw |
| Ressourcen | Ress |
| Organisationsentwicklung | OE |
| Theorie | Th |
| Kinder und Jugendliche | K+J |
| behinderte Menschen | beh Men |
| Beispiel | Bsp |
| und/oder | u/o |

können (z.B. Sichtbarmachung von Zusammenhangen durch Pfeile, Unterstreichungen, Kringel; Übertragung von Schaubildern). Ihr Schreibblock ist für andere außerdem weniger wertvoll als Ihr Notebook.

### Vor- und Nachbereiten

Mit der Vorbereitung auf eine Lehrveranstaltung öffnen Sie sich für das behandelte Themenfeld. Dies kann bereits in der veranstaltungsfreien Zeit geschehen, indem Sie Literaturhinweisen, z.B. im kommentierten Vorlesungsverzeichnis, folgen. Während des Vorlesungsbetriebs bedeutet Vorbereitung, sich den Stoff der letzten Sitzung am Vortag einer Veranstaltung wieder in Erinnerung zu rufen. Hierbei können sich offene Fragen ergeben. Bitten Sie Ihre Dozentin ggf., diese Fragen zu Beginn der Lehrveranstaltung aufzugreifen. Die Annahme, dass „nur Sie" etwas nicht begriffen haben, trifft fast nie zu. Tragen Sie durch mutiges Fragen zu einer Lernkultur bei, in der *Fragen kein Defizit* anzeigen, sondern als Zeichen des aktiven, ergebnisorientierten Lernens gewertet wird. Ihr Fragen hilft auch den anderen sich zu trauen.

Mit Ihren Fragen geben Sie dem Dozenten eine *aktive Rückmeldung* darüber, was von seinem Vortrag bei Ihnen noch nicht hinreichend angekommen ist.

Genauso wie Sie eine Lehrveranstaltung vorbereiten, sollten sie diese auch regelmäßig nachbereiten. Erst dadurch erfolgt eine Verankerung des Stoffs im Langzeitspeicher Ihres Gehirns. Nachbereiten bedeutet: Die Mitschrift Schritt für Schritt durchzugehen und die stichpunktartig angefertigten *Notizen zu vervollständigen* und zu ergänzen. Dies gewährleistet, dass Sie Ihre Notizen später erheblich besser nachvollziehen können. Skripten, aus denen Sie später nicht mehr schlau werden, weil sie zu „mager", „chaotisch" oder unverständlich sind, nützen Ihnen nichts! Prüfen Sie bei Ihrem Durchgang, ob Sie das Notierte wirklich verstanden haben. Notieren Sie sofort, was Ihnen unklar geblieben ist. Überlegen Sie, wie Sie an die richtige Antwort gelangen können. Hier ist oft eine Lerngruppe von großem Wert (siehe 3.6) oder die Rückfrage an den Dozenten. *Rückfragen per E-Mail* ermöglichen dem Dozenten, sich auf die Antwort in der kommenden Sitzung vorzubereiten.

Ergänzungen der Mitschrift können z.B. in der Einfügung von strukturbildenen/die Struktur wieder herstellenden Überschriften, in Erläuterungen, in selbst gefundenen Beispielen oder eingefügten Definitionen aus Lexika bestehen. Empfehlenswert ist, den gehörten Stoff möglichst auch grafisch aufzubereiten. Fertigen Sie eigene Schaubilder oder Mind-Maps an, um Inhalte und ihre Beziehungen zueinander auch mit dem Auge als „zweitem Kanal" erschließen zu können. Das Auf- und Durcharbeiten fördert nicht nur das Verstehen der Materie, sondern ermöglicht Ihnen auch die schnelle Rekapitulation des Stoffs in der „heißen Phase" vor der Prüfung.

Eine besonders intelligente Form der Nachbereitung liegt darin, den Stoff mit selbst entwickelten *Prüfungsfragen auszustatten* (Beispiel: Haben Gewaltdelikte Jugendlicher nach der Polizeilichen Kriminalstatistik zugenommen oder abgenommen?). Dazu können Sie eine einfache *Karteikarte* („Lernkarte") nutzen, die auf der Vorderseite Ihre Frage und auf der Rückseite Ihre Antwortnotizen enthält, ergänzt um einen Hinweis auf die Stelle im Manuskript, wo Sie den Sachverhalt bei Bedarf noch einmal nachlesen können.

Lernkarten dienen nicht nur der Prüfungsvorbereitung, sondern auch der *Selbstkontrolle* „zwischendurch“: Ist das Gelernte bereits fest im Gedächtnis verankert oder bedarf es weiterer Wiederholung?

Reicht die Zeit zur Klärung offener Fragen nicht aus, setzen Sie diese auf eine To-Do-Liste, um diese bei nächster Gelegenheit angehen zu können. Bei dieser konsequenten Lernstrategie können Sie sich beim Herannahen der Prüfungen auf die nochmalige Wiederholung des Stoffs konzentrieren. Sie müssen sich nicht mühselig wieder in eine Materie hineinarbeiten, die bis dahin nur halbherzig Eingang in Ihre Mitschriften und kaum einen Zugang zu Ihrem Gedächtnis gefunden hatte.

Wenn Sie Ihre Nachbereitung *noch am Tag der Lehrveranstaltung* betreiben, ist Ihnen vieles noch präsent, was Ihnen Tage später bereits entfallen ist. Rechnen Sie mit etwa 45–60 Minuten Routine-Nachbereitungszeit für eine 90-minütige Lehrveranstaltung. Beachten Sie hierbei Hinweise, den Stoff selbständig durch Lesen zu vertiefen.

### Aktive Beteiligung

Im Studium entsteht Wissen und wissensgeleitete Befähigung auch durch die aktive Beteiligung an der Durcharbeitung eines Stoffes. Die aktive Mitarbeit bei der Beantwortung von Fragen im Unterricht („Was ist das Besondere an diesem Ansatz?“; „Was könnte Maria Montessori sich hierbei gedacht haben?“; „Wie könnte man die drei Hauptannahmen der Theorie zusammenfassen?“) führt nicht nur zur Aufstockung des (Halb-)wissens und zur Ausscheidung von Missverständnissen, sondern auch zu einer deutlich besseren Haftung des Besprochenen. *Nehmen Sie das Angebot zur aktiven Beteiligung an Seminargesprächen an.* Bleiben Sie nicht passiver Beobachter eines scheinbaren Privatissimums, an dem sich neben dem Dozenten nur wenige Seminarteilnehmer/innen beteiligen. Passivität bedeutet, eine Chance zum vertieften Lernen zu vertun. Lassen Sie Lehrveranstaltungen daher nicht wie einen Film an sich ablaufen. Studienerfolg ist eine *Co-Produktion*, nicht anders als die Soziale Arbeit auch. Akzeptieren Sie, dass Ihre Antwort auf eine gestellte Fragen nicht nur falsch sein kann, sondern auch falsch sein darf. Lernen heißt auch Irrtümer zu erkennen und diese durch besseres Wissen zu ersetzen.

Weiter gehende Gelegenheiten der aktiven Partizipation geben Übungen. Gerade in der Sozialen Arbeit macht es Sinn, sich für reale Situationen des späteren Berufsalltags zu sensibilisieren, indem man spielerisch die Rollen der beteiligten Akteure übernimmt. Diesen Zweck erfüllen Simulationen und Trainings, in denen man nicht nur aktives Zuhören, sondern auch den Umgang mit erregten Klienten, das Führen einer Verhandlung, die Schlichtung eines Streits etc. lernt. Auch hier entsteht Lernen durch Sich-Einlassen, Mitmachen und gemeinsames Reflektieren von Beobachtungen.

## 3.2 Lesend Lernen

Eine der wichtigsten Lernstrategien im Studium stellt die eigenständige Lektüre von Fachliteratur dar. Intensives Lesen stößt bei Studierenden allerdings nicht immer auf Gegenliebe. Das dürfte mit dem Schwierigkeitsgrad vieler wissenschaftlicher Materien, mit mangelnder Übung, mit dem hohen Zeitaufwand des Lesens, aber auch der mitunter geringen Leserfreundlichkeit wissenschaftlicher Texte zu tun haben. Abschreckend können auch lange und wenig spezifizierte Literaturlisten der Professoren wirken. Die Verschulung und Verkürzung des Studiums begünstigt außerdem die Selbstbeschränkung auf das in Lehrveranstaltungen persönlich vermittelte Wissen.

Für den persönlichen Lerngewinn geht es nicht darum, ein Buch, ein Buchkapitel oder einen Fachaufsatz „durchzulesen" (wie Studierende es oft bezeichnen), sondern einen Text nach Aufbau und Inhalt zu verstehen und bezogen auf das eigene oder das vorgegebene *Leseziel* auszuwerten. Dieser Vorgang ist anstrengend und mit dem üblichen Entspannungslesen in der Freizeit nicht zu vergleichen. Wissenschaftliches Lesen findet allenfalls phasenweise auf der Couch, ansonsten aber durchweg am Schreibtisch statt, bei laufendem Computer, ausgerichtet auf das Auffinden und Festhalten von Wissen, das für den Erwerb berufsbezogener Kompetenzen relevant ist und daher nachhaltig im Gedächtnis gespeichert werden soll. Die intensive Auseinandersetzung mit Fachliteratur führt nicht nur zu neuen Antworten, sondern auch zu neuen Fragen. Dieser Effekt, einen Lernvorgang nicht ein für allemal abschließen zu können, erzeugt bisweilen Frustration, ist zugleich aber Motor für den persönlichen Erkenntnisfortschritt.

Lesen im Studium sollte allerdings *nie ein „Drauflos-Lesen"* sein, sondern stets mit einer vorher geklärten Zielstellung erfolgen: Warum will/soll ich diesen Text lesen? Was erwarte ich als Ergebnis oder konkreten Nutzen meiner Lesearbeit?

**Leseziele**

- Will ich eine erste Orientierung über ein Thema gewinnen?
- Will ich die Grundpfeiler einer wissenschaftlichen Theorie kennen lernen?
- Will ich vertiefende Kenntnisse über ein mir bereits bekanntes Handlungskonzept erwerben?
- Suche ich nach einem bestimmten Begriff oder einer begrifflichen Systematik?
- Geht es um die wichtigsten Ergebnisse einer Studie?
- Interessiert mich hauptsächlich das methodische Konzept einer Untersuchung?
- Suche ich nach kritischen Einwänden gegen eine These, eine Theorie, ein Praxismodell?
- Suche ich Zahlen, Fakten oder Beispiele?

Ihre Leseziele können Sie auch als Fragen formulieren.

*Beispiele:*
- Welche Grundpfeiler kennzeichnen die in dem Lehrbuch dargestellte Theorie?
- Wie begründet der Autor sein Konzept?

Ziele (oder Fragen) verhindern, dass Sie sich in einem Text verlieren, dass Sie am Ende zwar alles gelesen haben, aber nur wenig „hängen" geblieben ist. Betreiben

Sie Ihre Informationssuche deshalb interessegeleitet und möglichst angebunden an einen aktuellen Lernkontext (z. B. an ein Seminarthema, ein persönliches „Forschungsthema", das Sie gezielt über einen längeren Zeitraum verfolgen). Gezieltes, und das bedeutet auch bewusst auswählendes Lesen, *macht Sie aufmerksamer*; es führt erfahrungsgemäß zu einem *nachhaltigeren Lernerfolg* als fleißiges,

| **Exzerpt** | |
|---|---|
| **Verfasser** | |
| **Titel** | [Kapitel, Aufsatz, Textabschnitt] |
| **Signatur/ISBN** | |
| **Kopie/Ablageort** | |

| Thema/Fragestellung/Untersuchungsgegenstand |
|---|
| [Studieren Sie dazu neben dem Titel auch die kurze Inhaltsangabe am Anfang von Aufsätzen („Abstract") bzw. die Einleitung eines Kapitels oder die Zusammenfassung am Schluss.] |
| Inhalt |
| 1. [Kapitel-Überschrift]<br>2. [Kapitel-Überschrift]<br>3. etc.<br><br>[Erstellen Sie in diesem Feld – ausgehend von Ihrem Informationsziel – für jedes Kapitel des Textes in eigenen Worten eine kurze Inhaltsangabe]<br><br>Beispiel:<br>W. nennt drei Gründe für Zunahme der Scheidungsziffern:<br>1. . . .<br>2. . . .<br>3. . . . |
| Essentials |
| [Fassen Sie am Ende der Lektüre die wichtigsten Aussagen des Textes noch einmal thesenartig zusammen] |
| Offene Fragen |
| [Notieren Sie, welche Antworten Sie in dem Text vermisst haben und welche Verständnisfragen sich ergeben haben. Beides sollten Sie im Seminar, in Ihrer Lerngruppe oder durch weitere Lektüre zu klären versuchen.] |
| Prüfungsfragen zum Text |
| [Übersetzen Sie prüfungsrelevante Inhalte des Textes (z. B. Begriffe, Thesen und ihre Begründungen, Schlussfolgerungen, empirische Daten etc.) in Prüfungsfragen und dazu passende Antworten. Nutzen Sie dazu Lernkarten (Kap. A-3.1 „Vor- und Nachbereiten").] |

**Abb. 1:** Exzerpt-Formular

aber ungesteuertes Lesen. Gleichzeitig lesen Sie mit klarer Ziel- oder Fragestellung *effizienter;* Sie reduzieren die Aufnahme von Informationen, die ohne Ankerpunkte nicht haften bleiben, aber einen hohen Zeiteinsatz verursachen.

Um den längerfristigen Erfolg des Lernens durch Lesen zu fördern, sollte das Gelesene jedoch in einem →Exzerpt schriftlich festgehalten werden. Wichtige Textinhalte können dadurch jederzeit rekapituliert werden, nicht zuletzt zur Prüfungsvorbereitung. Zweckmäßigerweise nutzen Sie für diesen Arbeitsschritt den Computer.

**Empfehlung**

Legen Sie das Exzerpt als Formular auf Ihrem PC an. Vermerken Sie darin kontinuierlich während der Lektüre des Textes die für Ihre aktuelle Fragestellung wichtigen Inhalte, und zwar der Gliederung des Textes folgend. Achten Sie darauf, alle Einträge sorgfältig und übersichtlich vorzunehmen. Der PC ermöglicht Ihnen, jederzeit Nachträge einzufügen (z. B. Ergebnisse der Seminardiskussion). Arbeiten Sie Pflichtlektüre durch, sollten Sie den Stoff schon jetzt für die spätere Prüfung aufbereiten. Das bedeutet: Den Stoff in Fragen und Antworten zu verwandeln (siehe oben „Vor- und Nachbereiten von Lehrveranstaltungen"). Abb. 1 zeigt, wie ein Exzerptformular aussehen kann.

## 3.3 Schreibend Lernen

Eng mit dem Lesen ist das Schreiben im Studium verbunden, denn oft ist das Gelesene im Nachgang als schriftliche Prüfungsleistung zu Papier zu bringen. Schreiben zwingt zur Klarheit des Denkens und der Gedankenführung. Wer einen Text schreibt, schult nicht nur sein Denken und seinen sprachlichen Ausdruck, sondern auch die Fähigkeit zur systematischen Darstellung seines Gegenstandes.

Im Studium wird dieser multiple Lerngewinn des Schreibens über verschiedenartige Studienleistungen gefördert:

- **Hausarbeit (auch: Seminar- oder Semesterarbeit genannt):** Sie behandelt eine fachwissenschaftliche Fragestellung, die in begrenzter Zeit auf ca. 15–20 Seiten systematisch abzuhandeln ist. Der erarbeitete Text kann die Grundlage für einen Seminarvortrag darstellen; der Seminarvortrag ist aber nicht mit dem Verlesen einer Hausarbeit zu verwechseln (Kap. D). Die Arbeit kann als Einzel- oder als Gruppenarbeit angefertigt werden. Bei einer Gruppenarbeit muss erkennbar sein, wer von den Verfasserinnen welchen Teil erstellt hat.
- **Projektarbeit:** Eine Projektarbeit begründet die Ziele, beschreibt das Vorgehen und dokumentiert die Ergebnisse eines im Studium durchgeführten Praxis-Projektes (siehe Kap. 3.5). Ein Projekt ist ein zeitlich begrenztes, in seinem Ablauf systematisch geplantes Vorhaben, wie z. B. Aufbau von Gruppenarbeit mit muslimischen Mädchen in einer offenen Jugendeinrichtung oder Einrichtung eines niedrigschwelligen Kontaktangebotes für psychisch kranke Menschen.

Die zeitliche Begrenzung schließt nicht aus, dass ein erfolgreich verlaufenes studentisches Lernprojekt in der Praxis später weitergeführt wird.

- **Praxisbericht:** Das Studium der Sozialen Arbeit sieht regelmäßig eine oder zwei Praxisphasen vor, deren Verlauf und Lernergebnisse in einem Bericht zu dokumentieren sind. Im Kern geht es dabei um die reflektierende, kritischdistanzierte Beschreibung und Diskussion von Beobachtungen und Erfahrungen, die die Praktikantin in ihrer Auseinandersetzung mit berufstypischen Aufgaben gemacht hat. Beobachtung setzt Kriterien voraus, die sich aus fachwissenschaftlichen Diskursen und Theorien ableiten lassen („Klientenorientierung", „Wirksamkeit", „Ganzheitlichkeit" etc.). Oft geben die Fachbereiche Leitfäden heraus, die die systematische Aufarbeitung eines Praktikums unterstützen.
- **Thesenpapier:** Ein Thesenpapier steht oft in Verbindung mit einem Seminarvortrag (Kap. D), dessen Inhalt und Ertrag es – ggf. entlang der Gliederung des Vortrags – thesenartig und pointiert für die Zuhörer/innen zusammenfasst.

  *Beispiele:*
  „Das Ziel ‚Drogenabstinenz' stellt bei Schwerstabhängigen kein erreichbares Therapieziel dar."
  „Der Zustand des örtlichen Hilfesystems für psychisch Kranke weist erhebliche Lücken und Verwerfungen auf (mangelnde Koordination, Trägeregoismen, ineffiziente Parallelstrukturen)."

  Erkennbar muss sein, ob es sich um die Wiedergabe fremder Gedanken und Erkenntnisse handelt (z. B. von Forschungsergebnissen, Lehrmeinungen) oder um Auffassungen und Argumente des Autors. Fremdes Gedankengut ist auch in einem Thesenpapier belegpflichtig (Kap. C-8). Ebenso ist die verwendete Literatur aufzuführen.

  Ein Thesenpapier kann auch die wichtigsten Erkenntnisse aus der Lektüre eines fremden Textes zusammenfassen und aus Sicht der Verfasserin zugespitzt kommentieren. Zweck der Zuspitzung ist es, die Seminarteilnehmer/innen argumentativ herauszufordern und lebendige Diskussion im Seminar zu fördern. Der Zweck eines Thesenpapiers kann daher deutlich über die Funktion einer nüchternen Zusammenfassung von Vortrags- oder Textinhalten hinausgehen.

  Da das Thesenpapier an die Zuhörer/innen verteilt wird, stellt es immer auch ein Handout dar. Umgekehrt entspricht aber nicht jedes Handout einem Thesenpapier (zum Handout bei einem Seminarvortrag siehe D-3.3).
- **Lernportfolio:** Ein Lernportfolio (Lernmappe) enthält eine Zusammenstellung ausgewählter Leistungen und Beiträge, die in einer Lehrveranstaltung, einem Modul oder im Laufe des gesamten Studiums weitgehend eigenverantwortlich angefertigt worden sind (schriftliche Arbeiten, Präsentationen, Thesenpapiere, Rechercheergebnisse etc.). Die in das Portfolio aufgenommenen Dokumente spiegeln in der Gesamtschau die eigene Lernentwicklung in einem bestimmten Zeitraum wider. Noch mehr dient das Lernportfolio aber einem weiteren Zweck: Die eigenen Arbeitsprodukte und den Lernprozess kontinuierlich schriftlich zu reflektieren (Selbstreflexion) und das eigene Können auf der Grundlage dieser Selbst- und ergänzender Fremd-Bewertungen kontinuierlich

weiterzuentwickeln (selbstgesteuertes Lernen). Es kommt dann zum Einsatz, „wenn es für die Erreichung der Lernziele wichtig ist, dass die Studierenden immer wieder einen Blick auf sich selber richten und einen Abgleich zwischen Soll- und Ist-Zustand vornehmen“ (Arbeitsstelle für Hochschuldidaktik der Universität Zürich 2009, 1; dazu ausführlich Kap. F).

- **Seminarprotokoll:** Das Seminarprotokoll dient nicht nur als Schreibübung und Vorbereitung auf berufliche Dokumentationsaufgaben (z. B. Protokollierung von Fall- und Dienstbesprechungen), sondern es erfüllt auch innerhalb einer Lehrveranstaltung wichtige Funktionen: als Teil einer zu bewertenden Gesamtleistung, zur Rekapitulation einer Sitzung, als Unterlage für die Prüfungsvorbereitung, als Ersatz für eine versäumte Sitzung.

  Zu unterscheiden sind *Verlaufs- und Ergebnisprotokolle*. Verlaufsprotokolle stellen keine stenografischen Berichte dar, sondern dokumentieren die wichtigsten Etappen der Diskussion unter Benennung der in der Hauptsache vertretenden Auffassungen und Gegenauffassungen. Das Ergebnisprotokoll beschränkt sich dagegen auf eine Zusammenfassung wichtiger Erkenntnisse aus der Seminardiskussion. Für das Rekapitulieren und Nachholen von Lernstoff ist ein reines Ergebnisprotokoll wenig ergiebig. In jedem Falle sollten aus dem Ergebnisprotokoll die wichtigsten Gedanken und Argumente, die zu den festgehaltenen Ergebnissen geführt haben, dargestellt werden (sog. erweitertes Ergebnisprotokoll).
- **Abschlussarbeit:** In seiner Bachelorarbeit soll der Studierende zeigen, dass er „befähigt ist, innerhalb einer vorgegebenen Frist eine vornehmlich praxisorientierte Aufgabe aus der Sozialen Arbeit mit wissenschaftlichen und fachpraktischen Methoden selbstständig zu bearbeiten und dabei sowohl die fachlichen Einzelheiten als auch die fachübergreifenden Zusammenhänge der Aufgabe gebührend zu berücksichtigen“ (§ 22 Prüfungsordnung für den BA-Studiengang Soziale Arbeit an der Hochschule Niederrhein). In der Masterarbeit steht deutlicher die Auseinandersetzung mit Theorie und das eigene Forschen im Vordergrund. In der Regel hat die im internationalen Sprachgebrauch auch „Thesis“ genannte Bachelor- und Masterarbeit einen Umfang von ca. 50–80 Seiten.

Wie man eine schriftliche Haus-, Bachelor- oder Masterarbeit erstellt, erfahren Sie in Kapitel C.

Generell gilt: Die Anforderungen, die im Einzelnen an die dargestellten schriftlichen Leistungen gestellt werden, können von Hochschule zu Hochschule und von Dozent zu Dozent variieren und sollten deshalb vor Beginn der Arbeit geklärt werden.

## 3.4 E-Learning-Angebote

Auf dem Vormarsch sind elektronische Lernangebote, die unter dem Begriff E-Learning zusammengefasst werden. E-Learning bezeichnet das mithilfe von Informations- und Kommunikationstechnologien unterstützte Lernen. Gemeint ist der Einsatz von PC, elektronischen Medien wie CD-ROM/DVD und die Nutzung des Internet (vgl. Heister 2007, 124 ff.). Beim elektronischen Lernen spielt die *Selbststeuerung des Lernvorgangs* durch den Lernenden eine wichtige Rolle. Die Anwendungsformen des E-Learning sind vielfältig.

Einige Beispiele:

- Studierende begeben sich von zuhause aus zu vereinbarter Zeit per Internet in einen *virtuellen Hörsaal*, in welchem sie ihren Dozenten in Ton und Bild antreffen. Dabei können Lehrender und Studierende unmittelbar miteinander kommunizieren und Dateien austauschen (Live-Online-Kurs). Um als Studierender an einer solchen Lehrveranstaltung teilzunehmen, braucht man nichts weiter als einen PC, Kopfhörer mit Mikrofon und einen Internetzugang.
- Der Studierende erhält multimedial aufbereitete Lerninhalte auf einer *CD-ROM/DVD*, die er zeitlich ungebunden zuhause nutzen kann, z. B. zur Vertiefung des in einer Präsenzveranstaltung gehörten Stoffes.
- Lernmaterialien (Kursmodule, Wissensbausteine, PDF-Dokumente, zu bearbeitende Aufgaben etc.) werden auf einer *Lernplattform* abgelegt. Von dort können Sie durch den Studierenden abgerufen und bearbeitet werden. Gleichzeitig ist ein Austausch der Teilnehmer/innen über Diskussionsforen möglich.
- Lernangebote (Texte, Fallbeispiele, Aufgaben etc.) werden per *E-Mail* verschickt. Mittels eines Forums im Internet können die Teilnehmer/innen miteinander kommunizieren und womöglich sogar eine Prüfung ablegen.
- Lehrende, Studierende und ehemalige Studierende bilden eine *Learning Community*, also ein elektronisches Netzwerk, in dem gemeinsam interessierende wissenschaftliche oder praktische Fragegestellungen diskutiert, Problemlösungsansätze angeboten, aktuelle Informationen zur Verfügung gestellt und Arbeitsergebnisse veröffentlicht werden.
- Studierende *tauschen über eine Webseite* Skripten, Mitschriften und andere Materialien aus.
- Studierende haben die Möglichkeit, an elektronischen *Wissenschecks* teilzunehmen.

E-Learning-Angebote werden in Form des Blended Learning (wörtlich: gemischtes Lernen) als *Ergänzung*, nicht als Ersatz für das Lernen in Präsenzlehrveranstaltungen gesehen. In der akademischen Ausbildung von Sozialarbeitern sind E-Learning-Angebote im engeren Sinne bisher erst ansatzweise verbreitet. Dass man auf Lernplattformen Skripte, Übungsaufgaben und veranstaltungsbezogene Informationen herunterladen kann, ist dagegen gang und gäbe. Auch die Lernergebnisse (Prüfungsnoten) lassen sich heute problemlos online abrufen.

## 3.5 Praxisbezogenes und handlungsorientiertes Lernen

In einer berufsbefähigenden Ausbildung kommt der Verknüpfung von Theorie und Praxis ein besonderes Gewicht zu. Im Studium der Sozialen Arbeit wird das Ziel des praxisorientierten Lernens auf verschiedenen Wegen angesteuert. Am Beispiel des Studiums der Sozialen Arbeit an der Hochschule Niederrhein sei dies verdeutlicht:

### Praxisphase

Kernstück der praxisnahen Ausbildung ist eine längere, in der Mitte des Studiums liegende Praxisphase, die sich über 18 Wochen erstreckt (dazu Heister u.a. 2007). In der Praxiszeit sollen die Studierenden „sozialarbeiterische Aufgabenstellungen in der Praxis kennen lernen, in gewissem Umfang unter Anleitung selbständig bearbeiten und sich dabei mit den Gegebenheiten der Berufswirklichkeit vertraut machen. Die in dem beruflichen Arbeitsfeld gemachten Erfahrungen und erworbenen Handlungskompetenzen werden in kontinuierlich begleitenden Hochschul-Seminaren reflektiert, systematisiert und ausgewertet" (Modulhandbuch für den Bachelor-Studiengang Soziale Arbeit an der Hochschule Niederrhein).

### Projektstudium

Wesentliches Merkmal des Projektes ist die exemplarische Verknüpfung von Theorie und Praxis zu ausgewählten Zielgruppen und Handlungsfeldern der Sozialen Arbeit. Die Durchführung erfolgt in Kooperation zwischen Lehrenden des Studienganges und Praxisvertretern. Im Projekt erhalten Studierende eine arbeitsfeldbezogene theoretische Einführung in die spezifischen Problemstellungen, Rahmenbedingungen und Interventionsstrategien. Begleitend wird in unmittelbarer Kooperation mit der Praxisfachkraft die Durchführung praktischer Aufgaben geplant, erprobt und reflektiert. Um auch anspruchsvollere Problemstellungen bearbeiten zu können, erstreckt sich das Projekt über zwei Semester.

### Eigenständige Praxistätigkeit

Über das Pflichtprogramm hinaus bietet eigenständige Praxistätigkeit die gute Gelegenheit, sukzessive aufgebautes theoretisches Wissen auf Problemstellungen der Praxis zu beziehen, erlernte methodische Fähigkeiten zu erproben und das Theorieangebot der Hochschule aus dem Blickwinkel praktischer Handlungserfordernisse zu reflektieren. Hierbei ist oft nicht entscheidend, in welchem Arbeitsfeld der Einsatz erfolgt, denn viele der zu gewinnenden Erfahrungen und die durch praktisches Tun ausgeformte Handlungsfähigkeit sind ebenfalls in anderen Arbeitsfeldern relevant (*„Schlüsselkompetenzen"*). Eigenständige Praxiseinsätze sollten in enger Zusammenarbeit mit einer erfahrenden Fachkraft erfolgen und kontinuierlich reflektiert werden.

### Einbindung von Sozialfachkräften in die akademische Lehre

Ein weiteres Qualitätsmerkmal einer praxisorientierten Ausbildung ist die Einbindung von berufserfahrenen Fachkräften in die Lehre. Einsatzmöglichkeiten ergeben sich vor allem bei der Einführung von Studierenden in Arbeitsfelder der Sozialen Arbeit sowie in der ergänzenden Schulung methodischer Kompetenzen. Die Einbindung in die Lehre erfordert allerdings, die Lehrbeauftragten in methodisch-didaktischer Hinsicht auf ihre Aufgabe gezielt vorzubereiten und sie in ihrer Lehrtätigkeit zu begleiten. Häufig sind die Praktiker nur rudimentär in die Fachbereiche eingebunden. Dies erschwert ein gemeinsames Verständnis von Aufgaben und Anforderungen.

## 3.6 Lernen in der Gruppe

### 3.6.1 Potenziale des Gruppenlernens

Der Löwenanteil des Studiums entfällt auf das individuelle Lernen, auch wenn sich dieses oft – wie in einer klassischen Lehrveranstaltung – in Anwesenheit Dritter abspielt. Als Ergänzung des individuellen Lernens spielt das Lernen in einer Gruppe eine wichtige Rolle. Eine funktionierende Lerngruppe bietet eine Vielzahl von Vorteilen.

**Vorteile**

- Sie gelangen zu einem tieferen Verständnis der Materie. Der Austausch über die Frage, wer was wie verstanden hat, führt zu einer Überprüfung des individuellen Verständnisses. Diesen Klärungsprozess kann man alleine nicht bewirken.
- Die Tatsache, dass mehrere kluge Köpfe an der Klärung eines Problems arbeiten, beschleunigt nicht nur das Finden einer Lösung, es kommt auch zu differenzierteren Lösungen; unbrauchbare Lösungen werden schneller ausgeschieden.
- Die Unvollständigkeit der Informationsaufnahme (durch Unaufmerksamkeit, selektives Hören, Erschöpfung) wird durch die Gruppe, die eine Lehrveranstaltung nachbereitet, zumindest teilweise ausgeglichen. Acht Ohren haben mehr aufgenommen als zwei Ohren.
- Gruppenmitglieder stimulieren sich wechselseitig durch Ihre Beiträge. Die Produktivität jedes Einzelnen steigt.
- In der Gruppe lernen kann sehr motivierend sein. Individuelle Motivationskrisen (z. B. bei der Vorbereitung auf schwierige Prüfungen, bei der Erstellung der Bachelor- oder Masterarbeit) schlagen bei Einbindung des Einzelnen in eine Gruppe deutlich weniger durch; ggf. kann das „Durchhängen" des Einzelmitglieds durch die Gruppe aufgefangen werden (wechselseitige Stabilisierung in der Gruppe). Auch mit Prüfungsangst wird eine Gruppe besser fertig als der Einzelne alleine („Gemeinsam sind wir stark.").
- Die Gruppe ist eine Vorkehrung gegen Vereinzelung. Dies fördert nicht nur das persönliche Wohlbefinden im Studium, sondern zugleich die Leistungsbereitschaft.
- Die Gruppenmitglieder schulen ihre kommunikative und soziale Kompetenz, d. h. ihre Fähigkeit, sich auf andere Menschen einzustellen, trotz wahrgenommener Divergenz zusammen zu arbeiten, mit Meinungsverschiedenheiten sachlich umgehen, dem anderen zuzuhören, sich bei aller Aktivitätsbereitschaft auch zurückzunehmen, überzeugende Argumente zu finden und diese gegen unberechtigte Einwände zu verteidigen etc. Diese *kommunikativen und sozialen Fähigkeiten* sind für einen Kommunikationsberuf wie die Soziale Arbeit essenziell.
- Arbeitsgruppen im Studium sind oftmals der Grundstein für persönliche Beziehungen, die weit über das Studium hinaus andauern.

Wann sich eine Gruppe als Ergänzung des individuellen Lernens anbietet, lässt sich anhand typischer Lernsituationen im Studium beantworten:

- **Studium von Fachliteratur:** Während Sie das eigentliche Lesen am besten alleine verrichten, kann die Gruppe sehr hilfreich sein beim gedanklichen Durcharbeiten eines anspruchsvolleren Textes, z. B. eines Fachaufsatzes.
- **Nachbereitung von Vorlesungen:** In der Gruppe können Sie Verständnisfragen klären, Ihre Mitschriften abgleichen und ergänzen, Absprachen treffen, wer sich um die Klärung einer für alle offenen Frage bemüht etc. Sie können gemeinsame Fragen aus dem Stoff herausarbeiten, die Sie bei der Prüfungsvorbereitung als Testfragen einsetzen können, Sie können die Mitschriften der anderen bekommen, wenn Sie einmal verhindert waren.
- **Prüfungsvorbereitung:** Prüfungsvorbereitung findet zwar im gesamten Semester statt, in der „heißen Phase" – etwa drei Wochen vor Beginn der Prüfungen – aber besonders intensiv. Die Hauptlast der Vorbereitung wird jeder Einzelne individuell tragen, ergänzend bietet die Gruppe aber einige Vorteile: arbeitsteilige Erstellung von Lernkarten (Vorderseite: Frage; Rückseite: Antwort); gegenseitiges Abfragen; arbeitsteilige Klärung offener Fragen; Reduzierung von Prüfungsangst.
- **Erstellung von Studienleistungen (Seminarvortrag, Hausarbeit, Praxisrecherchen, Fallbearbeitungen):** Die Vorbereitung eines Seminarvortrags in der Gruppe bietet die Chance, Vorstellungen über den Aufbau des Vortrags abzugleichen und abzuwägen, gemeinsame Ideen über das Wie des Vortrags zu entwickeln, die Hauptteile des Vortrags arbeitsteilig vorzubereiten, Zwischenergebnisse auszutauschen und zu diskutieren, einen Testlauf des Vortrags durchzuführen, die technische Organisation aufzuteilen (wer kopiert das Handout, wer ...). Ähnliche Vorteile ergeben sich auch bei anderen Leistungen.

Gemeinsames Lernen in der Gruppe bedeutet nicht grundsätzlich, dass die Gruppenmitglieder in jeder Phase ihres Arbeitsprozesses physisch präsent sein müssen. Zumindest streckenweise kann sich Gruppenarbeit auch internetbasiert vollziehen, z. B. über sog. Wikis. Wikis stellen Webseiten dar, auf denen die Mitglieder einer Arbeitsgruppe Gedanken oder Textentwürfe notieren, die von den anderen Mitgliedern weiterbearbeitet werden können. Sukzessive entsteht so ein gemeinsamer Text. Alle Änderungen werden hierbei dokumentiert (zu den Einsatzmöglichkeiten von Wikis im Studium: Iske/Koenig/Müller 2010). Denkbar ist die Wiki-Nutzung auch zur Vorbereitung von Prüfungen.

### 3.6.2 Risiken

Gruppen entfalten Ihre *Potenziale nicht automatisch*, sondern nur wenn es gelingt, ihren typischen Risiken zu begegnen. Dazu müssen diese bewusst sein. Unbedenkliches Experimentieren führt am Ende zwar zu der Erfahrung, klüger geworden zu sein, vielleicht aber auch zur Abneigung gegen zukünftige Gruppenarbeit. Die typischen Risken der Gruppenarbeit liegen zum einen in der Nichtbeachtung grundlegender Regeln, zum anderen aber auch in menschlichen Faktoren:

- Es fehlt an klaren und verbindlichen *Absprachen* darüber: Was ist das Ziel der Gruppe und wie wollen wir unser Ziel verfolgen?
- Es besteht nur eine *vordergründige Übereinstimmung* darüber, dass es sich um eine Lern- bzw. Arbeitsgruppe handelt. Einige Teilnehmer/innen sehen die Gruppe eher als persönliches Meeting, bei dem man gemütlich beieinander sitzt und „ratscht und tratscht". Ein ergebnisorientiertes Arbeiten ist so nicht möglich.
- Es gibt keine verbindliche Absprache, welche Aufgaben beim nächsten Treffen der Gruppe erledigt werden sollen und was hierfür an Vorbereitungsarbeit von wem zu leisten ist.
- Gruppenmitglieder bereiten sich nicht oder unzureichend auf die Sitzungen vor. Es gelingt deshalb nicht, den verabredeten Text zu besprechen oder die Gliederung für den Seminarvortrag abzustimmen. Beim nächsten Mal haben sich auch die ehedem Fleißigen nur noch *halbherzig vorbereitet*. Schließlich sieht man nicht ein, seine „Hausaufgaben" zu machen, während andere nur ein minimales Bemühen zeigen. Erklärungen wie „Ich hab es nicht geschafft" haben ihren Grund oft nicht in tatsächlichen Sachzwängen, sondern in fehlender Arbeitsplanung und fehlender Arbeitsdisziplin.
- Gruppenmitglieder erscheinen *nicht regelmäßig*, nicht pünktlich oder müssen immer wieder „früher weg". Dies demotiviert, eine kontinuierliche Arbeit ist nicht möglich.
- Einzelne Mitglieder verhalten sich *dominant*, konkurrieren miteinander oder missbrauchen die Gruppe zur Selbstdarstellung. Es gelingt der Gruppe nicht, korrigierend einzugreifen (ggf. durch Ausschluss des Mitglieds). Nach kurzer Zeit zeigt die Gruppe Auflösungserscheinungen. Auch persönliche Abneigungen oder das Gefühl, nicht akzeptiert zu werden, können die Sacharbeit überlagern.
- Einzelne Gruppenmitglieder versuchen von der Arbeit der anderen zu profitieren, bringen selbst aber nichts in die Gruppe ein *(„Trittbrettfahrer")*.
- Die Gruppe ist *zu groß*. Mit der Größe sinkt das Gefühl des Einzelnen, für das Arbeitsergebnis persönlich (mit)verantwortlich zu sein. Mangels Verbindlichkeit gilt es als lässliche Sünde, „heute nicht zu können".
- Die Gruppenmitglieder sind in ihrem Lernstand und Leistungsvermögen *zu unterschiedlich*, sodass einige von der Gruppe profitieren, andere nicht.
- Sachliche Auffassungsunterschiede werden als *persönliche Differenzen* erlebt. Konflikte sind die unvermeidliche Folge.

### 3.6.3 Regeln festlegen, Grenzen setzen

Wenn es ernsthaft „menschelt" (mangelnde Verantwortungsübernahme, Dominanz, Besserwisserei, Überheblichkeit, Lethargie, ausbeuterisches Verhalten etc.) sollten Studierende der Sozialen Arbeit als angehende ‚Spezialisten für die Einflussnahme auf abweichendes Verhalten' zunächst die Chance ergreifen, ihr Können auf diesem Gebiet zu trainieren. Auf der anderen Seite ist eine Arbeitsgruppe *keine sozialtherapeutische Veranstaltung*, sondern ein Lernarrangement mit einem definierten Ergebnisziel. Kommt es in der Gruppe zu interpersonellen

Konflikten, die sich nicht kurzfristig durch ein offenes, lösungsorientiertes Gespräch klären lassen, sollte die Gruppe ihre Arbeit einstellen. Konzentriert sich das Problem auf ein einzelnes Gruppenmitglied, ist dessen Ausschluss zu erwägen, bevor die Gruppe als ganze „den Bach herunter geht".

Der Erfolg von Gruppenarbeit hängt aber nicht nur davon ab, ob es gelingt, Konflikte erfolgreich zu bewältigen, es sind – wie schon angedeutet – auch andere Regeln zu beachten.

1. Eine Arbeitsgruppe braucht ein klares, *gemeinsam geteiltes Ziel*: Was ist Auftrag der Gruppe und was gehört nicht zum Auftrag der Gruppe?
2. Eine Arbeitsgruppe sollte *nicht mehr als vier Mitglieder* haben. Dies ermöglicht jedem Einzelnen sich aktiv zu beteiligen und stabilisiert die gemeinsame Verantwortung für das Arbeitsergebnis.
3. Eine Arbeitsgruppe sollte in ihrer *Zusammensetzung ausgewogen* sein. Überflieger und extrem schwache Studierende bilden kein gutes Gespann, wenn es darum geht, dass alle Gruppenmitglieder gleichermaßen einen Lernzuwachs erzielen sollen. Andererseits tut es einer Gruppe gut, wenn sie von differenziellen Fähigkeiten ihrer Mitglieder profitieren kann, z. B. der Fähigkeit strukturiert vorzugehen, an Absprachen zu denken und die Tagesordnung im Blick zu behalten.
4. Es bedarf verbindlicher *Regeln* für die Zusammenarbeit, die möglichst schriftlich festgehalten werden sollten (z. B. Arbeitszeit, Gruppenleitung, Verfahren bei Verhinderung, Vorbereitung der Sitzungen, Umgang mit Störungen).

## *Gut zu wissen – gut zu merken*

Eines der wichtigsten Mittel des eigenverantwortlichen Studiums ist eine mit Augenmaß und Flexibilität betriebene Planung des Lernens, die auch persönlichen und sozialen Bedürfnissen genügend Raum lässt. Lernen im Studium hat viele Gesichter: die aktive Teilnahme an den Lernangeboten der Hochschule unter Einschluss der neuen Medien; die intensive Auseinandersetzung mit der Fachliteratur; das Trainieren der Fähigkeit zu systematischer wissenschaftlicher Arbeit durch diverse Formen schriftlicher Studienleistungen; die Berührung und Auseinandersetzung mit den komplexen Anforderungen der späteren Berufspraxis sowie das gemeinschaftliche Lernen mit Kommiliton/innen. Selbst- und Mitverantwortung für die Entwicklung beruflicher Handlungsfähigkeit zu übernehmen bedeutet, die verschiedenen Bühnen des Studienalltags täglich aufs Neue für die berufliche und persönliche Entwicklung selbstaktiv zu nutzen.

## *Literaturempfehlungen*

Echterhoff, G./Neumann, B. (2009): Projekt- und Zeitmanagement. Strategien für ein erfolgreiches Studium. 4. Aufl., Stuttgart: Klett.

Heister, W./Wälte, D./Weßler-Poßberg, D./Finke, M. (2007): Studieren mit Erfolg: Prüfungen meistern – Klausuren, Kolloquien, Präsentationen, Bewerbungsgespräche, Stuttgart: Schaeffer-Poeschel.

Metzig, W./Schuster, M. (2009): Lernen zu lernen. Lernstrategien wirkungsvoll einsetzen, 8. akt. Aufl., Berlin: Springer.

# B WISSENSCHAFTLICHES ARBEITEN

**Was Sie in diesem Kapitel lernen können**

Wissenschaftliches Arbeiten im Studium der Sozialen Arbeit erfordert zu klären, was man unter „Wissenschaft" überhaupt versteht (Kap. 1.1), wodurch sich wissenschaftliches Wissen von unserem Wissen als Alltagsmenschen unterscheidet (Kap. 1.2), was Wissenschaft leisten kann (Kap. 1.3), in welchem Verhältnis wissenschaftliches Wissen und Wahrheit zueinander stehen (Kap. 1.4), ob Wissenschaft uns sagen kann, was wir in der Sozialen Arbeit praktisch tun sollten (Kap. 1.5), und welche grundlegenden Standards wissenschaftliches Arbeiten im Studium kennzeichnen (Kap. 2).

## 1 WISSENSCHAFT

### 1.1 Grundverständnis

Wissenschaft geht von der Vorstellung aus, auf begründete Art und Weise an Erkenntnisse zu gelangen, die über die Ungeprüftheit und Beliebigkeit intuitiver Richtigkeit und subjektiver Lebenserfahrung hinausreichen. Das gilt jedenfalls für die Realwissenschaften, die im Unterschied zu den Formalwissenschaften (Mathematik und Logik) einen realen Gegenstand haben, wie z. B. die Psychologie und Soziologie. Realwissenschaften suchen auf ihren jeweiligen Gegenstandsbereich bezogen nach möglichst wahren und gehaltvollen Aussagen und Regelmäßigkeiten (Schurz 2008, 23). Was *Wahrheit* ist und wie man zu wahren Aussagen gelangt, steht jedoch nicht ein für allemal fest, sondern bedarf der Klärung. Jede Epoche und jede Kultur haben Engelke/Spatscheck/Borrmann (2009, 173) zufolge eigene Kriterien dafür entwickelt, unter welchen Voraussetzungen Erkenntnisse allgemeine Anerkennung als „Wahrheit" beanspruchen können. In bestimmten Epochen ist Wahrheit mit dem Wort von Weisen (Propheten, Philosophen, Herrschern) und seiner Auslegung durch Gelehrte identisch (vgl. zum Folgenden Dies. 2009, 173 ff.). Erst im späten Mittelalter bildet sich mit der Entfaltung der Naturwissenschaften ein neues, empirisch ausgerichtetes Wissenschaftsverständnis heraus. Alle Erkenntnisse, die über das sinnlich Erfahrbare (Mess-, Wieg- und Zählbare) hinausgehen und sich der Überprüfung entziehen, sind fortan von wissenschaftlicher Anerkennung ausgeschlossen.

Auch heute gibt es keine vollkommene Übereinstimmung darin, was mit Wissenschaft gemeint ist und welche Kriterien an wissenschaftliche Aussagen anzulegen sind. Engelke/Spatscheck/Borrmann überprüften zahlreiche explizite und implizite Definitionen und Verständnisse von Wissenschaft aus dem letzten Jahrhundert unter der Fragestellung, welche Kriterien für Wissenschaft am häufigsten genannt werden. Das Ergebnis seiner Studien fasst er in der folgenden These zusammen:

„Der Begriff ‚Wissenschaft' beinhaltet sowohl gezielte, systematische, kritische und reflektierte Bemühungen um Erkenntnisgewinnung als sozialen Prozess als auch die so gewonnenen, in Sprache gefassten, begründeten und überprüfbaren Erkenntnisse und die daraus abgeleiteten Theorien und Modelle für die Praxis" (ebd., 175).

Im Einzelnen bedeutet dies:

- Wissenschaftliche Erkenntnisgewinnung ist ein *sozialer Prozess* mit vielen Beteiligten. Sie lebt von der Neugier; ihr Ziel ist, neue Erkenntnisse zu gewinnen.
- Die Erkenntnisgewinnung geschieht *gezielt*: Es geht um die Erforschung eines präzisen Ausschnitts aus dem jeweiligen Gegenstandsbereich, nicht um Erkenntnisse über das Leben allgemein.
- Die Beschaffung von Wissen geschieht *kontrollierbar und planmäßig*; Aussagen werden in Form von Theorien miteinander verbunden.
- Erkenntnis gilt als prinzipiell *fehlbar*. Begründete und nachprüfbare Zweifel an der Geltung wissenschaftlicher Erkenntnisse gelten als Motor des Erkenntnisfortschritts.
- Der Prozess der Beschaffung von Wissen bedarf *kritischer Reflexion*. Es wird zum Beispiel hinterfragt, wie, in welchem Kontext, mit welchem Interesse und mit welchen Methoden bestimmte Erkenntnisse gewonnen worden sind.
- Nur *überprüfbare Aussagen* sollen als wissenschaftliche Aussagen gelten. Zur Überprüfung sind die eingesetzten Methoden der Erkenntnisgewinnung zu beschreiben, zu dokumentieren und zu begründen.
- Wissenschaftliche Aussagen müssen *begründet* sein. Dies unterscheidet sie von bloßen subjektiven Meinungen und Überzeugungen. Wissenschaftliche Aussagen sind nach Engelke/Spatscheck/Borrmann (ebd., 176) dann begründet, wenn sie in einem unvoreingenommenen, rationalen, nicht →persuasiv ablaufenden Dialog „vernünftig und kompetent argumentierender Gesprächspartner" zustimmungsfähig sind. Jede kognitiv hinreichend kompetente Person muss von der Wahrheit einer Aussage nach hinreichender Kenntnis der Datenlage zumindest im Prinzip überzeugt werden können (Schurz 2008, 27).
- Wissenschaft bedarf einer *präzisen Sprache*. Forschungsfrage, -methode und -ergebnis sind „sprachlich genau, verständlich und eindeutig darzustellen, so dass sie für andere nachvollziehbar sind" (ebd.).

Lässt sich heute auf der einen Seite ein breiter Fundus an Übereinstimmungen über das Verständnis von Wissenschaft ausmachen, ist auf der anderen Seite nicht zu übersehen, dass es auch in grundlegenden Fragen durchaus *Differenzen* gibt. Diese betreffen etwa das Erkenntnisinteresse von Wissenschaft, Fragen zu adäquaten Erkenntnismethoden („Erklären", „Verstehen"), das Verhältnis von Wissenschaft und Gesellschaft, die Theoriebildung und nicht zuletzt die Frage nach der Berechtigung, im Namen der Wissenschaft normative Vorgaben für die Gestaltung der sozialen Wirklichkeit zu machen.

Die Unterschiedlichkeit der Positionen bildet sich in *verschiedenen Konzepten* von Wissenschaft ab, die auch bei den Bemühungen um die Entwicklung einer →Sozialarbeitswissenschaft von Bedeutung sind. Dazu gehören neben dem *empirisch-analytischen Wissenschaftsparadigma* vor allem die *geisteswissenschaftliche Hermeneutik* sowie das von den Ideen der „*Frankfurter Schule*" um Horkheimer, Adorno und Habermas getragene Konzept einer „kritischen Sozialwissenschaft". Auf diese Vielfalt der wissenschaftstheoretischen Richtungen (→Wissenschaftstheorie) kann im vorliegenden Rahmen nur hingewiesen, aber nicht näher eingegangen werden (eine gut verständliche Übersicht gibt Koller 2012, 177 ff.).

Unter den genannten Strömungen repräsentiert das empirisch-analytisch ausgerichtete Wissenschaftskonzept heute das bei weitem dominierende methodologische Selbstverständnis in den Sozialwissenschaften. Es wird deshalb im Mittelpunkt der folgenden Darstellung stehen.

## 1.2 Verhältnis von wissenschaftlichem Wissen und Alltagswissen

Die Besonderheiten wissenschaftlichen Wissens lassen sich erkennen, wenn man seine *Differenzen* zum Alltagswissen herausarbeitet. „Erkenntnis" entsteht schließlich nicht nur in systematischer wissenschaftlicher Bemühung, sondern fortwährend in der Auseinandersetzung eines Jeden mit seinen tagtäglichen Lebensanforderungen. Sozialwissenschaftliches Wissen, das sich mit der Lebenswirklichkeit von Menschen befasst, tritt damit nahezu zwangsläufig in Konkurrenz zum persönlichen Alltagswissen.

Alltagswissen ist Wissen, welches jeder Mensch im alltäglichen Vollzug seines Lebens erwirbt, als mehr oder weniger stabile Orientierungsgrundlage für sein Handeln verwendet und hierfür auch benötigt (vgl. Engelke/Spatscheck/Borrmann 2009, 158 ff.). Alltagswissen bildet sich aus den individuellen Wahrnehmungen, Beobachtungen, Erlebnissen und Erfahrungen im Lebensablauf. Diese Erfahrungen führen zu bestimmten Auffassungen, Sichtweisen und Bildern von der Wirklichkeit, die bewusst sein oder unbewusst bleiben können. Als „ganz persönliche Erfahrungen" werden sie gegen die Infragestellung durch andere Menschen in der Regel immunisiert. Als subjektive Theorien oder Lebensdeutungen sind sie einerseits individuelle Schöpfungen, andererseits stehen Sie in einem mehr oder weniger engen Zusammenhang zu den Überzeugungen der engeren und weiteren sozialen Umgebung und Lebensumstände. Alltagswissen und Alltagstheorien erleichtern individuelles Verhalten und soziale Interaktion. Gleichzeitig wird der Einzelne an dem, was er für wahr hält, für einen Anderen erkennbar und berechenbar.

Alltagswissen wird in der Regel nicht ausdrücklich thematisiert oder reflektiert: „Wir leben mit ihm als einer selbstverständlichen Ressource für den alltäglichen Umgang miteinander. Es ist ein Sockel gemeinsamer (impliziter) Werte, Vorstellungen, Meinungen und Grundannahmen, auf denen unser Denken

**Tab. 7:** Gemeinsamkeiten und Unterschiede zwischen Alltagswissen und wissenschaftlichem Wissen (idealtypischer Vergleich)

| ***Gemeinsamkeiten zwischen Alltagswissen und wissenschaftlichem Wissen*** | |
|---|---|
| Beobachtungen/Erfahrungen dienen als Grundlage des Wissens. | |
| Erfahrungen werden geordnet; neue Erfahrungen werden mit vorhandenen Erfahrungen abgeglichen. | |
| Aus Beobachtungen entstehen Theorien i. S. verallgemeinerbarer Annahmen über die soziale Wirklichkeit. | |
| Wissen wird zur Erklärung von Beobachtungen, zur Vorhersage von Ereignissen und als Handlungsgrundlage verwendet. | |
| Wissen kann wahr oder falsch sein. | |
| Wissen kann mehr oder weniger nützlich sein. | |
| ***Unterschiede zwischen Alltagswissen und wissenschaftlichem Wissen*** | |
| **Alltagswissen** | **Wissenschaftliches Wissen** |
| Persönliche Erfahrung, subjektives Erleben, Intuition, Hören-Sagen und Überlieferung als Erkenntnisgrundlage | Einsatz fachlich legitimierter, in ihrer →Zuverlässigkeit, →Gültigkeit und →Objektivität geprüfter Erkenntnismethoden (z. B. Beobachtung/Befragung/Experiment/Inhaltsanalyse) und Prüfverfahren (z. B. statistische Prüfverfahren) |
| Zufallscharakter von Beobachtungen | Systematische Erforschung eines Gegenstandes |
| selektive Beobachtung auf der Grundlage eigener Vorerfahrungen/-meinungen/Befindlichkeiten/Wunschvorstellungen/Gruppendruck | objektive, d. h. von der Person des Wissenschaftlers unabhängige Erkenntnis |
| Bedeutungsoffenheit der Begriffe (Umgangssprache) | Präzision aller relevanten Begriffe; Klarheit und Tauglichkeit der →Indikatoren für →theoretische Begriffe wie z. B. „häusliche Gewalt" |
| Willkürliche Auswahl der Beobachtungsobjekte (z. B. Menschen in meiner Umgebung) | Reflektierte Auswahl der Beobachtungsobjekte (z. B. Zufallsauswahl aus allen Merkmalsträgern einer definierten →Grundgesamtheit) |
| Ungeklärte Reichweite persönlicher Theorien | Angabe, was eine Theorie erklärt und was nicht; Beachtung von Regeln für die Repräsentativität (Verallgemeinerbarkeit) von empirischen Befunden |
| Neigung zur Stabilisierung vorhandenen Wissens | Offenheit gegenüber neuer Erkenntnis; auf wiederholte kritische Überprüfung des Wissens ausgerichtet |
| Mangelnde Nachprüfbarkeit der gewonnenen Erkenntnisse; Erkenntnisweg bleibt unreflektiert | Anspruch auf intersubjektive Prüfbarkeit von Erkenntnissen und Erkenntniswegen; Dokumentation aller Untersuchungsschritte |
| Wissen dient der konkreten Situationsbewältigung | Neben praxisverwertbarem Wissen geht es auch um Grundlagenwissen ohne unmittelbaren Handlungsbezug |
| Unterstellung von gesicherter Erkenntnis | Beschränkung des Wahrheitsanspruchs auf „vorläufig bewährtes Wissen" |

und Handeln beruht und mit denen wir unser Denken und Handeln bestreiten" (ebd., 182).

Schon weil das Alltagswissen von wissenschaftlichem Wissen mehr oder weniger weit durchdrungen sein kann, ist nicht davon auszugehen, dass Alltagswissen und wissenschaftliches Wissen sich immer und überall im Widerstreit befinden. Trotz mancher Strukturähnlichkeiten können beide Wissenssysteme aber *nicht* als *gleichwertig* gelten. Eine Profession wie die Soziale Arbeit, die ihr Handeln der Ungeprüftheit alltäglichen Denkens und Meinens entziehen will (und muss, sonst wäre sie keine Profession), kann nicht alleine auf Alltagswissen vertrauen. Als professionelle Tätigkeit benötigt sie verlässlichere Wissensgrundlagen, die auch über die von Praktikern gerne zitierte Berufserfahrung („Berufswissen") nicht ausreichend bereit gestellt werden können.

Der Vergleich in Tab. 7 ist *idealtypisch* angelegt. Er soll die strukturellen Gemeinsamkeiten und Unterschiede zwischen alltäglicher und wissenschaftlicher Erkenntnisgewinnung pointieren. Die Objektivität der wissenschaftlichen Erkenntnis ist ein Anspruch, der womöglich nur begrenzt eingelöst wird. Auch Wissenschaftler können dazu neigen, ihren Vermutungen widersprechende Befunde „wegzudiskutieren", statt ihre Theorien zu revidieren. Die Erzeugung wissenschaftlichen Wissens ist überdies von vielfältigen Entscheidungen abhängig (z. B. von dem Einsatz oder Nicht-Einsatz bestimmter Forschungsmethoden, der Intensität und Reichweite der Erkenntnissuche). Diese Entscheidungen können mehr oder weniger gut begründet sein, in jedem Falle schlagen sie aber auf die Erkenntnisse durch. So erbringt eine Befragung nicht selten andere Ergebnisse als eine Beobachtung. Forschungsinstrumente können einfach oder aufwändig konstruiert sein. Die Überprüfung einer Annahme durch Wissenschaftler kann strenger oder weniger streng erfolgen. Begriffe, mit denen die soziale Wirklichkeit erschlossen wird, sind nicht frei von vorausgehenden Wertungen des Wissenschaftlers. Je nach Definition eines Begriffs (z. B. „Rechtsradikalismus", „Armut") ergeben sich voneinander abweichende Diagnosen über die soziale Wirklichkeit.

Im Ergebnis ist also auch die *Geltung* wissenschaftlichen Wissens nicht über jeden Zweifel erhaben, sondern *reflexionsbedürftig*. Für das Studium folgt daraus, nicht nur das eigene im Alltag entstandene Vorwissen, sondern auch wissenschaftliches Wissen kritisch zu hinterfragen: Welcher Wissenschaftler hat wann welche Erkenntnisse mit welcher Methode gewonnen? Handelt es sich um Aussagen, die an der Wirklichkeit überprüft wurden und sich hierbei bewährt haben? Handelt es sich um hypothetische, womöglich alltagsgestützte, aber noch überprüfungsbedürftige Aussagen? Sind die Behauptungen prinzipiell überprüfbar? Welche Reichweite haben die angebotenen Erkenntnisse? Sind sie verallgemeinerbar oder gelten sie nur unter sehr spezifischen Bedingungen? Wurden die ‚Regeln der Kunst' im gesamten Forschungsprozess eingehalten?

Der kritisch-prüfende Umgang mit Wissen (dem eigenen Alltagswissen, dem Praktikerwissen, dem wissenschaftlichen Wissen) muss vor diesem Hintergrund als *die entscheidende Grundhaltung* wissenschaftlichen Arbeitens im Studium gelten.

## 1.3 Inhalt und Funktionen wissenschaftlicher Tätigkeit

Wissenschaftliche Tätigkeit ist kein reiner Selbstzweck. In den Sozialwissenschaften ist sie ebenso *Aufklärung der Praxis* durch externe Forscher wie Medium der *Selbstreflexion* praktischen Tuns durch die Handelnden selbst (Selbstbewertung der eigenen Praxis). Wissenschaft soll vor allem dort aufhellend wirken, wo die alltägliche Beobachtung versagt oder mit Ungewissheiten behaftet ist. Sie soll ebenso die *Theorieentwicklung* fördern wie durch den Rückgriff auf wissenschaftlich begründetes Wissen *praktisches Handeln fundieren* (Anwendungsbeispiele: Engelke u.a. 2007; Sommerfeld/Hüttemann 2007). Das gilt erst recht in einer anwendungsorientierten wissenschaftlichen Disziplin wie der Sozialen Arbeit. So wenig wie in anderen professionellen Hilfesystemen (z.B. Medizin, Psychologie) wird es heute in der Sozialen Arbeit für akzeptabel gehalten, anstelle von wissenschaftlich fundierter Erkenntnis auf subjektive Überzeugungen, persönliche Erfahrung, das „Bauchgefühl" o.Ä. zu setzen, wenn wissenschaftliches Wissen vorliegt oder beschafft werden kann.

Aus dem Blickwinkel eines erfahrungswissenschaftlich geprägten Wissenschaftsverständnisses, welches die Grundlage aller →empirischen Wissenschaftsdisziplinen darstellt (darunter die Psychologie, Soziologie, Medizin, Sozialarbeitswissenschaft), stellt die Bezugnahme auf die *beobachtbare Wirklichkeit* das Proprium der Wissenschaft dar. Aussagen, die von vornherein keinen Bezug auf Beobachtbares nehmen und daher nicht durch Vergleich mit der Realität geprüft werden können, gelten nach diesem Verständnis von Wissenschaft als nicht-wissenschaftliche Aussagen. Nicht-wissenschaftliche Aussagen wie „Es gibt einen Gott" werden dadurch nicht sinn- oder bedeutungslos, sie gehören jedoch einer anderen Sphäre menschlicher Erkenntnis an. Niemand kann uns schließlich vorschreiben, unser Handeln ausschließlich an wissenschaftlichen Aussagen auszurichten.

Aufgabe der empirischen Sozialwissenschaften ist es, die soziale Wirklichkeit (die Soziale Arbeit eingeschlossen) zu *beschreiben* und zu *erklären*, Entwicklungen zu *prognostizieren* und rationale(re) *Handlungsoptionen* aufzuzeigen.

#### Beschreiben

Um soziale Wirklichkeit (von Menschen, einer sozialen Lage, eines Sozialraums etc.) beschreiben (und vergleichen) zu können, benötigt man *klare Begriffe*. Denn Wissenschaft arbeitet „nie mit konkreten Ereignissen, sondern immer mit in Sprache gefasster Realität, mit Aussagen über die Realität" (Schnell/Hill/Esser 2005, 46). Ein Begriff meint den mit einem Wort (z.B. Lebenswelt, Stress, Ressourcenorientierung) verbundenen Vorstellungsinhalt (Prim/Tilmann 2000, 27). In der alltäglichen Kommunikation wird notwendigerweise, oft aber zu Unrecht, unterstellt, beide Sprecher meinten dasselbe, wenn sie ein bestimmtes Wort verwenden. In der wissenschaftlichen Arbeit muss dagegen präzise definiert werden, was gemeint ist, wenn von „Menschen mit Migrationshintergrund" oder „Fallmanagement" die Rede ist. Bei einer Definition ersetzen wir den zu definierenden Begriff solange durch andere Begriffe, bis wir zu einem ausreichend klaren Vorstellungsinhalt gelangt sind („definitorischer Regress").

Die in der Wissenschaft zwingende Notwendigkeit der Definition aller wesentlichen Begriffe stellt sich vor allem (aber nicht nur) bei *theoretischen Begriffen.* Während deskriptive Begriffe wie „Auto“, „Buch“ oder „Hund“ einen direkten empirischen Bezug aufweisen, haben theoretische Begriffe nur einen indirekten empirischen Bezug. Das bedeutet: Wir können nicht unmittelbar feststellen, ob „Ausländerfeindlichkeit“, „autoritärer Führungsstil“ oder „Ausbildungsfähigkeit“ gegeben sind. Dies ermöglicht uns erst die Zuhilfenahme von *Indikatoren.* Diese zeigen an, ob das jeweilige Phänomen – gemessen an den Indikatoren – in der Wirklichkeit vorliegt. Indikatoren für „Gewalt in der Pflege alter Menschen“ können u.a. sein „Anschreien“, „Schlagen“, „nicht einverständliches Duzen“, „Fixieren ohne zwingenden Grund“. Definitionen geben nicht an, was Gewalt ist, sondern was wir darunter verstanden wissen wollen. Deshalb können Definitionen nicht wahr oder falsch sein, sie können sich lediglich als brauchbar oder unbrauchbar erweisen (Prim/Tilmann 2000, 31). Der Verständigung mit anderen Wissenschaftlern und Nicht-Wissenschaftlern wegen würde es allerdings keinen Sinn machen, Begriffe mit beliebigem Inhalt zu füllen.

*Beispiele für beschreibende wissenschaftliche Fragestellungen:*

- Wie bewerten schwangere Frauen die Schwangerschaftskonfliktberatung durch pro familia?
- Welche konzeptionellen Unterschiede kennzeichnen die Schulsozialarbeit im Vergleich Deutschland – Dänemark?
- Wie und mit welchen Ergebnissen erfolgt die Umsetzung des Modellprogramms „Berufseinstiegsbegleitung“?
- Wie erleben und interpretieren langzeitarbeitslose Menschen ihre Situation?

Da sich wissenschaftliche Beschreibungen in der Regel auf eine größere Menge von Objekten beziehen (z.B. eine Vielzahl von Teilnehmern, Fällen, Dokumenten), werden die erhobenen Daten im Rahmen der →deskriptiven Statistik aufbereitet (= übersichtlich dargestellt) und ausgewertet. Bei der Auswertung können z.B. Fragen wie die folgenden geklärt werden:

*Beispiel:*
Zeigen Kinder aus Ein-Eltern-Familien in der Schule bessere oder schlechtere Leistungen als Kinder aus vollständigen Familien? Gibt es also einen statistischen Zusammenhang (= Korrelation) zwischen den Variablen „Familiensituation" (Ein-Eltern-Familie/Zwei-Eltern-Familie) und dem Schulerfolg (gute, mittlere, schlechte Schulleistungen)? Tritt dieser Zusammenhang zufällig oder überzufällig auf (Inferenzstatistik)?

### Erklären

Beim Erklären geht es nicht mehr um die bloße Beschreibung sozialer Phänomene, sondern um das Ausfindigmachen ihrer – womöglich komplexen – *Ursachen.* Um ein Phänomen wie Ausländerfeindlichkeit erklären zu können, braucht man ein allgemeines →Gesetz, das zuverlässig Auskunft darüber gibt, welche Gegebenheiten zu Ausländerfeindlichkeit führen. Schnell/Hill/Esser (2011, 53) nennen als Beispiel für ein solches (prinzipiell denkbares) Gesetz: „Wenn die einheimischen Mitglieder einer multinationalen Gesellschaft sich auf dem Arbeitsmarkt in Konkurrenz zu Ausländern sehen, dann neigen sie zu Ausländerfeindlichkeit." Liegt das „Empfinden von Konkurrenz" bei den von uns beobachteten Personen (z.B. langzeitarbeitslose Menschen in X-Stadt) tatsächlich vor, könnte das allgemeine Gesetz als Erklärung für die von uns konkret beobachtete Ausländerfeindlichkeit herangezogen werden.

Das Problem freilich ist, dass in den Sozialwissenschaften – anders als es für die Naturwissenschaften angenommen wird – keine allgemeinen Gesetze vorliegen. Ob es sie überhaupt gibt, ist umstritten. Bisher ist es jedenfalls nicht gelungen, für den Gegenstandsbereich der Sozialwissenschaften, die soziale Wirklichkeit und das soziale Handeln, allgemein gültige Gesetzesaussagen zu formulieren. An die Stelle von Gesetzesaussagen, die nicht nur für einen oder mehrere Einzelfälle gelten, sondern auch unabhängig von Raum und Zeit (also überall und immer) gelten, treten in den Sozialwissenschaften probabilistische bzw. statistische Aussagen (Wahrscheinlichkeitsaussagen). Sie beanspruchen keine Geltung für jeden einzelnen Fall, sondern geben – weniger anspruchsvoll – an, in wie vielen Fällen mit dem in Frage stehenden Ereignis zu rechnen ist (z.B. dass ein Drittel der Arbeitnehmer unter bestimmten Bedingungen ausländerfeindliche Einstellungen zeigen wird). Sozialwissenschaftliche Theorien haben zudem meist einen Raum-Zeit-Bezug, beschränken sich also einen bestimmten Zeitraum und auf ein bestimmtes Untersuchungsfeld (vgl. Bortz/Döring 2006, 15). „An die Stelle von Gesetzen treten hier meistens mehr oder weniger begründete bzw. empirisch abgesicherte Theorien oder auch subjektive Vermutungen und Überzeugungen, deren Erklärungswert nicht gegeben, sondern Gegenstand empirischer Forschung ist" (ebd., 17). Statt von Gesetzesaussagen ließe sich angemessener von hypothetischen Erklärungen (Hypothesen, Theorien) sprechen, deren Bestätigungsgrad noch weitgehend unklar ist (Schnell/Hill/Esser 2011, 55).

Hypothesen sind vorläufige Annahmen über *Zusammenhänge* zwischen realen Phänomenen, ausgedrückt in einer „wenn-dann"- oder „je-desto"-Form.

*Beispiele:*

- Wenn Menschen frustriert sind, reagieren sie häufig aggressiv.
- Je häufiger Kinder fernsehen, desto schlechter sind ihre Schulleistungen.

Handelt es sich um eine Mehrzahl miteinander verbundener Hypothesen, spricht man von einer *Theorie* (siehe Kasten). Nur selten wird ein soziales Phänomen nämlich durch eine einzelne Ursache bedingt, meist handelt es sich um einen ganzen Komplex verschiedener Wirkmechanismen, die mit unterschiedlichem Gewicht auf ein Ereignis einwirken.

*Beispiel:*
Frauenfeindlichkeit kann z.B. durch eine Vielzahl von Ursachen bedingt sein, wie z.B. negative persönliche Erfahrungen mit Frauen, gestörte Mutter-Kind-Beziehungen, Selbstwertprobleme als Mann, das Frauenbild in Medien ...

**Theorie**

Der Begriff Theorie wird auch in der Wissenschaft nicht einheitlich verwendet. Diekmann (2009, 141) spricht sogar von einem „schillernden Allerlei", das von Zukunftsszenarien und sozialphilosophischen Entwürfen bis hin zu mathematischen Modellen und konkreten Aussagen über empirisch beobachtbare Zusammenhänge reiche. Im empirisch-analytischen Verständnis stellen Theorien eine Menge miteinander verbundener Aussagen dar, die sich auf empirisch prüfbare Zusammenhänge zwischen Variablen beziehen (z. B. den Zusammenhang Bildungsstatus und Arbeitsmarktintegration). Zum Teil werden aber auch einzelne Hypothesen als Theorien bezeichnet.

Auch im persönlichen und beruflichen Alltag greifen wir ständig auf Theorien zurück, z. B. wenn wir darüber nachdenken, warum der eigene Partner so gereizt ist, warum die Verkäuferin mal grantig und mal freundlich auftritt, warum S. heute nicht zum Gespräch erschienen ist, warum das Kind J. nach wie vor nicht spricht oder A. wieder trinkt. Überall ist Theorie im Spiel. Die Antworten auf unsere Fragen beeinflussen unser Handeln, auch wenn es keine Ableitungsbeziehung zwischen unseren „Diagnosen" und dem darauf bezogenen Handeln gibt: Mit der grantigen Verkäuferin kann ich mich ebenso anlegen wie ich das störende Verhalten ignorieren kann.

In der wissenschaftlichen Befassung mit Sozialer Arbeit geht der Theoriebegriff weit über das empirisch-analytische Verständnis hinaus. Er bezieht sich hier nicht nur auf die Analyse der Wirklichkeit der Sozialen Arbeit, sondern auch auf die Konstruktion modellhafter Entwürfe und konzeptioneller Ansätze von Sozialer Arbeit: Was soll Gegenstand, Ziel, Auftrag und Methode der Sozialen Arbeit in der gegenwärtigen gesellschaftlichen Situation sein? Welche ethisch-normativen Prämissen sollen die Soziale Arbeit tragen? Welche Anforderungen an die fachliche Qualität sollen gelten?

Ein statistischer Zusammenhang zwischen zwei oder mehr Variablen bedeutet allerdings noch nicht, dass auch ein Ursache-Wirkungs-Verhältnis vorliegt. Um ein *Ursache-Wirkungs-Verhältnis* anzunehmen, müssen bestimmte Voraussetzungen vorliegen, die es zu prüfen gilt (z. B. Vorliegen eines starken Zusammenhangs, die Ursache sollte zu einer spezifischen Wirkung führen, der Zusammenhang sollte sich an unterschiedlichen Populationen zeigen; vgl. Bortz/Döring 2006, 11; Schnell/Hill/Esser 2005, 58).

Die seitens der Wissenschaft zu prüfenden Hypothesen (Beispiel: „Sozialarbeiter, die sich angemessen bezahlt fühlen, zeigen eine höhere Leistungsbereitschaft") können sich aus der persönlichen Alltagserfahrung, aus zufälligen Beobachtungen in der Berufspraxis, als Ergebnis →explorativer Untersuchungen oder durch logische Ableitung aus einer allgemeinen Theorie ergeben. Der durch die Überprüfung entstandene Befund kann die Theorie vollständig oder teilweise bestätigen bzw. ihr widersprechen und Anlass zu ihrer Modifikation bzw. Verwerfung geben.

### Vorhersagen

Aus Theorien können prinzipiell auch Vorhersagen gewonnen werden. Unterstellen wir, die Theorie „Wenn die einheimischen Mitglieder einer multinationalen Gesellschaft sich auf dem Arbeitsmarkt in Konkurrenz zu Ausländern sehen, dann neigen sie zu Ausländerfeindlichkeit" habe sich bisher bewährt, gibt sie uns einen verlässlichen Hinweis darauf, dass Ausländerfeindlichkeit droht, falls die Konkurrenzsituation auf dem Arbeitsmarkt tatsächlich auftritt. Selbst wenn die Theorie weniger strikt formuliert wäre, würde sie uns immerhin auf Risiken hinweisen.

### Bereitstellung von Gestaltungsoptionen

In einer anwendungsbezogenen wissenschaftlichen Disziplin wie der Sozialarbeitswissenschaft legitimiert sich das systematisch gewonnene wissenschaftliche Wissen durch sein Nutzbarkeit für ein rationales, *planvolles Handeln* in der Praxis.

> *Beispiel:*
> „Je früher Jugendliche über Möglichkeiten der Empfängnisverhütung aufgeklärt werden, umso geringer ist die Zahl minderjähriger Eltern."
> Unterstellt, die Hypothese habe sich bewährt, lässt sich folgende Empfehlung daraus ableiten:
> „Wenn die Zahl minderjähriger Eltern gesenkt werden soll, sollten Jugendliche so früh wie möglich über Möglichkeiten der Empfängnisverhütung aufgeklärt werden."

Wissenschaftliche Theorien können also praktische Gestaltungsoptionen aufzeigen, sofern man – wie im vorliegenden Beispiel – das Ziel teilt, die Elternschaft Minderjähriger zu vermeiden. Je umfassender, differenzierter und bewährter unser in Theorien gebündeltes Wissen über die soziale Wirklichkeit ist, umso mehr eignet es sich als Basis für begründete Entscheidungen, um nicht Gewünschtes zu vermeiden und Gewünschtes gezielt zu fördern. Anders als in der grundlagenwissenschaftlichen Forschung geht es in einer angewandten Wissenschaft wie der Sozialarbeitswissenschaft darum, zur Lösung praktischer Probleme beizutragen (Wissenschaft als *Mittel zum Zweck*). Eine technologische Erfolgsgarantie können wissenschaftliche Theorien nicht geben, vor allen Dingen dann nicht, wenn sie auf einzelne Subjekte angewendet werden. Auch wenn sich eine Theorie oder Hypothese im „Großen und Ganzen", d. h. statistisch, wiederholt bestätigt hat, kann sie im Einzelfall versagen. Menschen sind keine nach Plan reagierenden Gegenstände, sondern eigensinnige Wesen, die sich z. B. der Aufklärung über Empfängnisverhütung und damit zugleich der von ihr erwarteten Wirksamkeit entziehen. Liegen die Ursachen für ein Phänomen weit zurück (z. B. in der frühen Kindheit), kann die technologische Nutzung wissenschaftlicher Theorien schon deshalb scheitern, weil nicht jede Schädigung nachträglich noch beseitigt werden kann. Ebenso wird immer wieder vorkommen, dass überhaupt keine Gestaltungsoptionen verfügbar sind. Zwar lässt sich Globalisierung als Ursache von Armut in Deutschland womöglich theoretisch und empirisch begründen, de facto lässt sie sich mit Mitteln der Sozialen Arbeit aber nicht beeinflussen (vgl. Biermann 2007, 118).

## 1.4 Wissenschaft und Wahrheit

Schon weil es immer wieder vorkommen kann, dass sich wissenschaftliche Befunde widersprechen, sollte man der These, Wissenschaft könne zu unbezweifelbarer Erkenntnis führen, mit Skepsis begegnen. Dass es eine endgültige Wahrheit geben könnte, wird aber von Seiten der →Wissenschaftstheorie auch grundsätzlich bestritten. Theorien über die soziale Wirklichkeit können danach keinen Wahrheitsstatus beanspruchen, sie können allenfalls als *bewährt* gelten.

Woran das liegt, lässt sich gut an einem Beispiel zeigen: Selbst wenn man noch so viele Gruppen von langzeitarbeitslosen Jugendlichen sozusagen „erfolgreich" auf „Ausländerfeindlichkeit" untersuchen würde, bleibt es möglich, dass es eine Gruppe von Jugendlichen jetzt gibt oder zu irgendeinem Zeitpunkt geben könnte, auf die der angenommene Zusammenhang von Langzeitarbeitslosigkeit und Ausländerfeindlichkeit nicht zutrifft. Die Theorie bzw. Hypothese lässt sich also durch noch so eifrige Forschungstätigkeit nicht als wahr beweisen (*Unmöglichkeit der →Verifikation*). Auch wenn eine Hypothese immer wieder bestätigt wurde, folgt daraus nicht, dass sie sich auch weiterhin (unter unveränderten Ausgangsbedingungen) bestätigen muss. Aus einer endlichen Zahl von Beobachtungen können wir logisch nicht auf alle denkbaren Fälle schließen. Allenfalls mag es uns gelingen, eine Theorie bzw. Hypothese zu Fall zu bringen, wenn wir auf ein ihr diametral widersprechendes Ereignis stoßen. Würde die Theorie z. B. lauten: „In jeder beliebigen Teilmenge von langzeitarbeitslosen Jugendlichen zeigen mindestens 5 % der Jugendlichen ausländerfeindliche Einstellungen", so wäre diese Theorie eindeutig widerlegt, wenn sich bei einer Überprüfung herausstellt, dass bei den untersuchten langzeitarbeitslosen Jugendlichen in Köln weniger als 5 % der Befragten ausländerfeindliche Einstellungen gezeigt haben. Die Theorie müsste infolge der gelungenen Widerlegung verworfen werden. Wäre dagegen die Widerlegung misslungen, weil die Kölner Befunde allen übrigen Befunden entsprechen, hätten wir Anlass, der Theorie auch weiterhin zu vertrauen, d. h. sie als bewährt anzusehen. Die Tatsache aber, dass eine Theorie allen bisherigen Versuchen der kritischen Überprüfung an der Wirklichkeit Stand gehalten hat, ist logisch kein Beweis für ihre „Wahrheit". Wir konnten lediglich den Gegenbeweis nicht führen. Das bedeutet im Ergebnis:

Wahrheit ist weder durch Verifikation noch durch →Falsifikation zu begründen. Die Richtigkeit einer sozialwissenschaftlichen Theorie kann durch empirische Forschung *niemals endgültig bewiesen* werden.

Erfolgreiche Widerlegungsversuche können lediglich den Ausschluss definitiv falschen Wissens aus unserem Theorienbestand bewirken. Wissenschaftstheoretisch betrachtet geht es bei der Wahrheitsfindung also lediglich um einen Prozess der *Annäherung an die Wahrheit durch Ausschaltung von Irrtümern* (Prim/Tilmann 2000, 80).

Eine ganz andere Facette von fraglicher Wahrheit liegt in dem Umstand, dass nicht alles, was nach dem dargelegten Verständnis „wahr" ist, jemals das Licht der Welt erblickt und tatsächlich intersubjektiver Nachprüfung zugänglich gemacht wird. Ein Beispiel ist die Wirkstoffforschung in der Medizin, die sich weithin unkontrolliert in Eigenregie der pharmazeutischen Industrie vollzieht. Wiederholt konnte die Unterdrückung von Befunden nachgewiesen werden, weil diese den wirtschaftlichen Interessen der Pharmafirmen zuwiderliefen. Forschung hat offensichtlich nicht (immer) die Funktion, über Irrtümer aufzuklären (z. B. dass das untersuchte Medikament keine Schädigungen hervorruft). Dies spricht dafür, die Produktion wissenschaftlichen Wissens so wenig wie möglich gesellschaftlichen Interessenträgern zu überlassen.

## 1.5 Wissenschaft und Werturteile

Keine Wissenschaft kommt ohne eine innere *Wertbasis* aus. Zu dieser Wertbasis gehören z. B.

- der Wille, den Bestand an gesichertem Wissen über die Realität zu vermehren,
- Daten nicht zu manipulieren,
- Forschungsergebnisse nicht zu unterdrücken, wenn diese eigene Vermutungen enttäuschen,
- die Identität von Befragten zu schützen und bestimmte ethisch verwerfliche Untersuchungsanordnungen („Menschenversuche") zu unterlassen,
- Erkenntnisse eines Anderen nicht als eigene auszugeben und kenntlich zu machen, wenn man von den Gedanken, Theorien, wissenschaftlichen Ergebnissen eines Dritten Gebrauch macht.

Dass wissenschaftliche Tätigkeit in Wertentscheidungen eingebunden ist, ist unstrittig (vgl. Deutsche Forschungsgemeinschaft 1998). Weniger selbstverständlich ist dagegen, wie Wissenschaftler im Rahmen ihrer *wissenschaftlichen* Tätigkeit mit ihren eigenen Überzeugungen umgehen sollten. Sollten Wissenschaftler neben der nüchternen Auskunft über die soziale Wirklichkeit auch präskriptive (wörtlich: vorschreibende, Werturteile zum Ausdruck bringende) Aussagen machen dürfen wie die folgenden:

*Beispiele:*

- Die Jugendstrafe sollte abgeschafft werden.
- Behinderte Kinder sollten nicht in Sonder- sondern in Regeleinrichtungen gefördert oder beschult werden.
- Die Vertreibung wohnungsloser Menschen aus den Innenstädten durch Polizei- und Ordnungskräfte ist humanitär nicht vertretbar.

Anfang des 20. Jahrhunderts hatte der berühmte Soziologe Max Weber (1864–1920) im so genannten „Werturteilsstreit" Wissenschaftlern mit Nachdruck nahe gelegt, sich im Rahmen ihrer wissenschaftlichen Tätigkeit wertender Stellungnahmen zu enthalten (Weber 1968). Werturteile seien wissenschaftlich nicht begründbar und daher nichts anderes als die Werturteile nicht wissenschaftlich tätiger Menschen. Persönliche Stellungnahmen des Wissenschaftlers dürften sich daher auch nicht mit dem Mantel der Wissenschaftlichkeit umgeben. Deshalb forderte Weber „jederzeit deutlich zu machen, dass und wo der denkende Forscher aufhört und der wollende Mensch anfängt" (Weber 1968, 157).

Ende der 1960er Jahre flammte der Streit über Wissenschaft und Wertung in der Auseinandersetzung mit Vertretern der so genannten Kritischen Theorie (Adorno, Habermas) wieder auf. Die Vertreter des Kritischen Rationalismus (Popper, Albert, in der Erziehungswissenschaft Brezinka) pochten darauf, im Kontext von Wissenschaft zwischen Aussagen über das Sein und Aussagen über das Sollen bestmöglich zu trennen. Wissenschaft könne zwar Veränderungsmöglichkeiten aufzeigen, den werthaften Entschluss solle sie aber der demokratischen Meinungsbildung überlassen, anstatt diesen quasi-wissenschaftlich begründen zu wollen (Schurz 2008, 40).

*Beispiel für das Aufzeigen von Veränderungsmöglichkeiten*
Forscher ermitteln, ob sich durch Schulsozialarbeit die Kosten für erzieherische Hilfen des Jugendamtes senken lassen, ohne dass sich die Wirksamkeit der Hilfen dadurch verschlechtert. Das Ziel „Kostensenkung" stellt dabei eine Wertentscheidung dar, die nach Auffassung der Werturteilsgegner nicht wissenschaftlich begründet werden kann.

**Auszug aus W. Brezinka: Metatheorie der Erziehung (1978, 8)**

„Die Erziehungswissenschaft unterscheidet sich von den anderen Formen der Pädagogik dadurch, daß sie auf Probleme beschränkt ist, die die Wirklichkeit oder das Seiende betreffen. Hier wird danach gefragt, was ist, warum es so ist, was unter bestimmten Umständen möglich ist, was Menschen wollen, was sie tun und was zur Erreichung bestimmter Ziele getan werden kann. Dagegen wird nicht festgesetzt, was sein und getan werden soll. Auf die Aufstellung und Begründung von Sollensforderungen, auf die Setzung von Zwecken, Idealen und anderen Normen wird aus methodischen Gründen verzichtet. Es wird allein nach erfahrungswissenschaftlichen Erkenntnissen gesucht, d.h. nach hypothetischem Wissen, das empirisch möglichst gut begründet ist. Entscheidungen für bestimmte Weltanschauungen und Bekenntnisse zu bestimmten Idealen werden als erfahrungswissenschaftlich unbegründbar angesehen, und deshalb ausgeklammert. Die Behandlung normativer Probleme wird der Philosophie der Erziehung überlassen, die als unentbehrliche Ergänzung der Erziehungswissenschaft betrachtet wird. Anlaß für diese Arbeitsteilung ist die wissenschaftstheoretische Überzeugung, daß normative Probleme im Rahmen empirischer Wissenschaften nicht gelöst werden können, und dass vorgefaßte, der Kritik entzogene Meinungen, wie es Weltanschauungen zwangsläufig sind, die wissenschaftliche Erkenntnis eher behindern als fördern."

Nach dem Wissenschaftskonzept des Kritischen Rationalismus – Grundlage der empirisch-analytischen Wissenschaften – ist es Aufgabe der Wissenschaft, anhand von *Beobachtungsaussagen* zu prüfen, inwieweit unsere Annahmen über die Wirklichkeit einer kritischen Prüfung standhalten. Von dem so gewonnenen empirischen Wissen lässt sich logisch aber nicht auf eine *erwünschte Realität* schließen. „Aus dem, was ist, kann nicht hergeleitet werden, was sein soll. Wertungen informieren also nicht über die ‚objektive' Realität, sondern über die subjektive Sicht der wertenden Person oder Instanz. Auf Wertungen kann nicht das Kriterium der Wahrheit oder Falschheit angewendet werden" (Kromrey 2006, 81). Auch bei identischen Sachverhalten können deshalb verschiedene Personen zu unterschiedlichen persönlichen Schlussfolgerungen (Wertungen) kommen.

*Beispiele:*

- Stellt sich heraus, dass Jugendarrest auf die weitere Legalbewährung von Jugendlichen keine Wirkung hat, ist es ebenso möglich, die Abschaffung wie die Verbesserung des Jugendarrestes zu fordern. Ebenso kann behauptet werden, auf die Wirksamkeit komme es überhaupt nicht an.
- Die Tatsache, dass es in einer Bevölkerung extreme Einkommensdiskrepanzen gibt, zwingt nicht dazu, die Einkommensverteilung für „ungerecht" zu halten.

Wenngleich Werturteile sich nicht logisch zwingend aus Erkenntnissen über die Wirklichkeit ableiten lassen, dürfen Wissenschaftler nach heute weithin akzeptierter Meinung dennoch *Werturteile äußern.* Sie sollten diese aber als solche transparent machen und ihre persönlichen Überzeugungen nicht als wissenschaftliche Erkenntnisse darstellen. „Die Leserin bzw. der Leser eines wissenschaftliches Textes kann dann evtl. die Gültigkeit der empirischen Aussagen akzeptieren, ohne dass sie oder er gezwungen ist, auch die Werturteile des Verfassers anzuerkennen" (Dieckmann 2009, 81).

Werturteile zu vermeiden ist – nach hier vertretener Auffassung – weder möglich noch wünschenswert. Schon die Entscheidung für ein bestimmtes Forschungsthema (z.B. Diskriminierung von Frauen, Benachteilungen von Unterschichtskindern beim Zugang zu Bildung) beruht auf der vorausgehenden (politischen) Wertung, dass dieses Thema überhaupt Erkenntnisanstrengungen verdient und dass es Vorrang vor anderen potenziellen Themen haben soll. Dementsprechend wird auch die Aufstellung von Hypothesen und Theorien von persönlichen Wertungen beeinflusst (sog. *Entdeckungs- bzw. Entstehungszusammenhang* wissenschaftlicher Theorien). Die Objektivität der Wissenschaft, d.h. die Unabhängigkeit ihrer Aussagen von den persönlichen Sichtweisen des Wissenschaftlers, leidet darunter keineswegs. Die Objektivität der Wissenschaft ist nicht durch die politische Abstinenz des Denkens, sondern nur durch den ungehinderten Prozess der kritischen Diskussion der Wissenschaftlergemeinschaft zu garantieren (vgl. Prim/Tilmann 2000, 131). Wissenschaftliche Aussagen müssen demzufolge von anderen überprüft und bestritten werden können. Nicht die Herkunft einer Theorie entscheidet über ihren Wahrheitsgehalt, sondern die Güte des Verfahrens, in dem sie überprüft wird.

Eng verbunden mit der wertenden Vor-Entscheidung des Wissenschaftlers sind Wert-Entscheidungen über die gewünschte Verwendung von wissenschaftlichen Ergebnissen. Auch hier spielen Interessen und persönliche Zielvorstellungen eine große Rolle: Für welche Zwecke sollen Erkenntnisse gewonnen und praktisch genutzt werden? Wem sollen sie zugute kommen? (sog. *Verwendungszusammenhang* von Wissenschaft). Es wäre kaum nachvollziehbar, wenn Wissenschaftler der Verwendung ihrer Ergebnisse keine Beachtung schenkten, obwohl diese womöglich für nicht erwünschte Schlussfolgerungen genutzt werden können (vgl. Prim/Tilmann 2000, 132). Es ist daher nicht kritikwürdig, wenn sich Wissenschaftler im Zusammenhang mit ihrer wissenschaftlichen Tätigkeit aktiv politisch betätigen, also z. B. dafür eintreten, dass auch Asylbewerber eine menschenwürdige Behandlung erfahren.

Das Webersche Wertfreiheitspostulat hat seine Bedeutung ausschließlich dort, wo es um den Erkenntnisvorgang selbst geht, d. h. wo mit Hilfe der eingesetzten Methoden Daten über die Wirklichkeit erhoben und analysiert werden und Aussagen als zutreffend oder unzutreffend begründet werden (*Begründungszusammenhang* von wissenschaftlichen Theorien). Hier hat die Untersuchung des Gegenstandes so neutral wie möglich zu erfolgen. Die Datenerhebung, -aufbereitung und -auswertung darf nicht von der Person des Wissenschaftlers abhängig sein (Gebot der Objektivität). „Im Begründungszusammenhang der Forschung haben subjektive Werturteile keinen Platz; hier haben sich die Wissenschaftler auf methodologisch begründbare Schlussfolgerungen und intersubjektiv nachprüfbare Aussagen zu beschränken" (Kromrey 2006, 82). Erkenntnisse über die Viel-Ehe im Islam dürfen also nicht davon abhängig sein, ob der Forscher zu den Befürwortern oder den Gegnern der Viel-Ehe zählt (Beispiel von Schurz 2008, 40).

Wird diese grundlegende Regel beachtet, muss es kein Verbot für Wissenschaftler geben, ihre wissenschaftliche Tätigkeit in den Dienst (sozial-)politischer Ziele zu stellen. Wissenschaftler sollten jedoch klar zwischen ihren wissenschaftlich begründeten *Aussagen* und ihren persönlichen *Wertungen unterscheiden*. Persönliche Wertsetzungen dürfen nicht als wissenschaftliche Erkenntnisse dargestellt werden. Daraus folgt nicht, dass die vertretenen Ziele bzw. Wertentscheidungen als beliebig und willkürlich gelten müssen. Wissenschaftler, die in sozialer Mitverantwortung Gestaltungsvorschläge für die Praxis machen, werden im Gegenteil auf die Erkenntnisse ihrer Disziplin zurückgreifen, um ihre Auffassungen rational zu begründen. Auch wenn nicht zwingend von einem Sein auf ein Sollen geschlossen werden kann, ist eine argumentativ *plausible Verknüpfung von Sein und Sollen*, d. h. von Aussagen über die Wirklichkeit und präskriptiven Aussagen möglich.

> *Beispiel:*
> Das auf einer Wertentscheidung beruhende Ziel, „Behinderte Menschen sollen aus Regel-Kindergarten und Regel-Schule nicht ausgesondert werden", lässt sich stützen, wenn man belegen kann, dass weder die behinderten noch die nicht behinderten Kinder unter bestimmten vorauszusetzenden Rahmenbedingungen Nachteile aus der gemeinsamen Erziehung und Unterrichtung haben. Das normative Ziel der Nicht-Aussonderung lässt sich demzufolge mit wissenschaftlichen Informationen stützen. Insofern lässt sich von einer argumentativ plausiblen Verknüpfung von politischer *Wertentscheidung* und wissenschaftlich begründeter *Erkenntnis* sprechen.

Davon abgesehen können Wertentscheidungen Dritter jederzeit zum Gegenstand wissenschaftlicher Analyse gemacht werden.

*Beispiele:*

- Welche Folgen hat die Realisierung bestimmter Präferenzen (z. B. für einen bestimmten Führungsstil in einem Sozialunternehmen) nach dem Stand vorliegender wissenschaftlicher Erkenntnisse?
- Sind politische Vorschläge und ihre Zielsetzungen (z. B. Absenkung des Strafalters auf 12 Jahre) mit wissenschaftlichen Befunden (z. B. entwicklungspsychologischen und kriminologischen Befunden) kompatibel?

Die zuvor skizzierte – normative – Grundposition, zwischen empirischen Ist-Aussagen und präskriptiven Soll-Aussagen zu unterscheiden, lässt sich auch auf die *Soziale Arbeit* übertragen. Dabei ist zu berücksichtigen, dass Soziale Arbeit in der Praxis ohne Werturteile nicht auskommt. Werturteile konstituieren sogar erst den Gegenstandsbereich Soziale Arbeit: „Ohne diesen Wertbezug kann Soziale Arbeit kein Phänomen als ‚problematisch' oder ‚unproblematisch' identifizieren und konstruieren und keine begründete Entscheidung treffen für die Notwendigkeit von Interventionen" (Sahle 2005, 113). Wer Soziale Arbeit betreibt, braucht nicht nur eine Vorstellung davon, welche Zustände als veränderungsbedürftig gelten sollen, sondern auch in welche Richtung die Veränderung gehen soll. Er braucht Ziele, die immer eine Soll-Projektion enthalten („Kinder schützen", „gewaltfreies Zusammenleben", „sozial verantwortliche Lebensführung"). Als *Praxis* ist eine wertfreie, *neutrale Soziale Arbeit* schlechterdings *nicht möglich*.

Diese Erkenntnis zwingt aber im Hinblick auf die *wissenschaftliche* Befassung mit Sozialer Arbeit nicht zu dem Schluss, Aussagen über das, was man – womöglich im Einklang mit der Praxis – als angemessen und wünschenswert ansieht, für ebenso wissenschaftlich begründet zu halten wie empirische Aussagen über die Wirklichkeit. Wissenschaftler können und sollten sich unter Nutzung ihres wissenschaftlichen Wissens an der Gestaltung sozialer Wirklichkeit und darauf bezogener Handlungskonzepte aktiv beteiligen. Es sollte dabei jedoch ersichtlich sein, wie weit ihre Beiträge zur Weiterentwicklung der Praxis auf empirisch begründeten bzw. begründbaren Theorien beruhen bzw. wie weit diese die Vorstellungen eines fach- und sozialpolitisch engagierten Akteurs zum Ausdruck bringen.

Dass dieser Standpunkt in der Sozialarbeitswissenschaft nicht überall auf Zustimmung stößt, sei zumindest erwähnt. Im Gegenteil, normative Aussagen spielen in sozialarbeitswissenschaftlichen Theorien sogar eine wichtige Rolle; Wertsetzung gehört für viele Wissenschaftler zum „Korpus der Wissenschaft", auch wenn hier viele grundlegende Fragen derzeit offen sind (vgl. Schlittmaier 2005, 28).

Lehnt man dagegen die Wissenschaftlichkeit wertsetzender Aussagen ab, bedeutet dies nicht, Werturteile dem rationalen Diskurs zu entziehen und sie der subjektiven Beliebigkeit anheim zu stellen, im Gegenteil. Aussagen über das, was in der Praxis der Sozialen Arbeit geschehen soll, bedürfen der *ethischen und fachlich-normativen Diskussion*, in der Praktiker, Wissenschaftler, Träger und womöglich auch die „Kunden" ihre Vorstellungen begründen und der kritischen Auseinandersetzung zugänglich machen. Damit sind auch normative Aussagen willkürlicher Setzung entzogen und im Hinblick auf ihre Angemessenheit *intersubjektiv prüfbar*.

# 2 WISSENSCHAFTLICHES ARBEITEN IM STUDIUM

Fragen wir nun abschließend unter Berücksichtigung der vorangegangenen Ausführungen danach, was Wissenschaftliches Arbeiten im Studium ausmacht. Um die Antwort vorwegzunehmen: Es bedeutet ebenso Selbstverständliches wie nicht Selbstverständliches, es geht um ebenso grundlegende Haltungen wie praktische Fertigkeiten.

- Wissenschaftliches Arbeiten im Studium bedeutet, sich Schritt für Schritt das nötige *Wissen* zu *erschließen*, um theoretische und praxisbezogene Fragestellungen im Rahmen des Studiums selbständig in Form von schriftlichen Arbeiten und Seminarvorträgen bearbeiten zu können. Deshalb ist die *intensive Befassung mit der Fachliteratur* eine der wichtigsten Anforderungen im Studium. In der Auseinandersetzung mit der Fachliteratur gilt es selbständig Zusammenhänge herzustellen, Begriffe zu durchleuchten, Definitionen zu analysieren, Argumentationen zu kritisieren, eigene Positionen zu entwickeln etc. (vgl. Bohl 2008, 11).
  Das erforderliche Wissen schließt ein
  - die auf den Gegenstandsbereich der Sozialen Arbeit bezogenen wissenschaftlichen Theorien und das mit ihnen korrespondierende empirische Wissen (wissenschaftliches Wissen);
  - die normativ-ethischen Grundlagen der Sozialen Arbeit;
  - die Theorien der Sozialen Arbeit (i. S. von Entwürfen, Ansätzen, Modellen der Sozialen Arbeit);
  - das durch wissenschaftliche Forschung und berufspraktische Bewährung fundierte Interventions- und Methodenwissen.
- Wissenschaftliches Arbeiten im Studium erfordert einen *kritisch-reflektierenden Umgang mit Wissen*, bei dem Theorien und empirische Befunde nach ihrer Begründbarkeit und Reichweite befragt werden. Das gilt nicht nur dann, wenn man fremdes Wissen nutzt, sondern auch dann, wenn man selbst mit Annahmen über die Wirklichkeit operiert: Was rechtfertigt meine Annahmen über die Realität? Wie gut ist meine Behauptung tatsächlich belegt? Sind meine Behauptungen und Argumente für einen Dritten *nachvollziehbar und überprüfbar*?
- Wissenschaftliches Arbeiten im Studium bedeutet, kognitive, sprachliche und instrumentelle *Fähigkeiten* und *Fertigkeiten* für das eigene Lernen zu *mobilisieren* und zu erweitern. Die hierfür typischen Anforderungen lauten
  - Fachliteratur gekonnt aufzufinden und nach Maßgabe des eigenen Erkenntnisziels systematisch auszuwerten;
  - für das zu erstellende Produkt ein gedankliches Gerüst zu erstellen und einen roten Faden zu spinnen, der sukzessive von der Ausgangsfrage zu einer überzeugenden theoretisch oder empirisch begründeten Antwort führt;
  - die Antwort auf die gestellte Ausgangsfrage sprachlich angemessen zu formulieren (Verständlichkeit, Klarheit der Begriffe, Beachtung von Syntax, Grammatik, Orthografie und Interpunktion);

- die verwendeten Quellen korrekt auszuweisen, damit sie auch von einem Dritten überprüft werden können;
- das eigene Produkt auch formal so zu gestalten, dass es die Aufmerksamkeit und die Lesebereitschaft Anderer (meist sind es die Prüfer/innen) aktiv fördert (Kap. C).

• Wissenschaftliches Arbeiten kann sich schlussendlich auch im Studium darauf richten, »neues« Wissen zu schaffen. Dabei wird weniger das Ziel im Vordergrund stehen, das Repertoire an empirisch gesicherten, womöglich sogar verallgemeinerbaren Forschungsergebnissen zu erweitern, als
  - auf →explorativem Wege neue Hypothesen zu generieren,
  - eigenen Zusammenhangsvermutungen empirische Plausibilität zu verschaffen,
  - spezifische Ausschnitte der sozialen Wirklichkeit persönlich besser zu verstehen (Warum werden Seniorentreffs in M. immer weniger angenommen? Wie schätzen Abgänger der drei Förderschulen in D. ihre Chancen der beruflichen Integration ein?),
  - eigene Befunde mit vorliegenden Forschungsergebnissen zu vergleichen,
  - vorliegende Befunde bzw. Hypothesen im Rahmen eigener Möglichkeiten zu überprüfen,
  - die eigene Forschungsfähigkeit zu erweitern,
  - Praxiskontakte aufzubauen,
  - zur Lösung eines Problems in der Praxis zu unterstützen, und – last but not least –
  - sich eine bessere Note zu verschaffen.

Trotz der begrenzten Reichweite solcher Examensforschungsprojekte erfordert die Wissenschaftlichkeit des Vorgehens auch hier, dass grundlegende methodologische Standards eingehalten werden, wie z. B. die Definition zentraler Begriffe, Begründung der gewählten Forschungsmethode, Begründung der Auswahl der Untersuchungsobjekte (z. B. Interviewpersonen).

### *Gut zu wissen – gut zu merken*

Wissenschaft zielt auf die Beschreibung, Erklärung und Prognose sozialer Phänomene. Sie hilft uns, soziale Probleme wie Armut oder Benachteiligung einschließlich der subjektiven Bewältigungsformen und der darauf bezogenen öffentlichen Reaktionen besser zu verstehen und unser Handeln erkenntnisgeleitet zu fundieren. Wissenschaft ersetzt bloßes Meinen, Glauben und persönliche Erfahrung durch systematisch gewonnenes, intersubjektiv überprüfbares Wissen, auch wenn es keine endgültige Wahrheit geben kann. Wissenschaftliches Arbeiten im Studium bedeutet, sich vorhandenes Wissen anzueignen, es zur Bearbeitung theoretischer oder praxisbezogener Fragestellungen im Rahmen von schriftlichen und mündlichen Studienleistungen zu nutzen und nicht zuletzt durch eigenes Forschen zum individuellen Lernen und zur Weiterentwicklung des Wissens beizutragen.

## *Literaturempfehlungen*

Schlittmaier, A. (2005): Wissenschaftstheoretische Elemente einer Praxiswissenschaft. In: Sozialmagazin 3/2005, 26–30.
Schülein, J. A./Reitze, S. (2005): Wissenschaftstheorie für Einsteiger. 2. Auflage, Wien: Facultas.
Schurz, G. (2008): Einführung in die Wissenschaftstheorie. 2. durchgesehene Auflage, Darmstadt: Wissenschaftliche Buchgesellschaft.

# C SCHRIFTLICHE ARBEITEN ERSTELLEN

**Was Sie in diesem Kapitel lernen können**

Die Bachelor- oder Masterarbeit sind die „großen Schwestern" der studienbegleitenden Hausarbeit. Sie stehen im Mittelpunkt dieses Kapitels. Wer mit ihnen zurecht kommt, ist auch für eine typische Hausarbeit gut gerüstet. Einzelne Teilschritte mögen bei einer Hausarbeit zwar entfallen oder weniger aufwändig sein, die grundlegende Vergleichbarkeit des Arbeitsprozesses ist jedoch unverkennbar. Das Kapitel beschreibt Schritt für Schritt, wie Sie von der Findung des Themas bis zur Abgabe Ihres fertigen Produktes vorgehen können.

## 1 DAS GRUNDPRINZIP: ZWEI SCHRITTE VOR, EIN SCHRITT ZURÜCK

Materielle Gegenstände entstehen gewöhnlich in einem linear strukturierten Prozess: auf jeden vollzogenen Schritt folgt nach einer festgelegten Abfolge der nächste Schritt. Ein effektives (zielorientiertes) und effizientes (zeitsparendes) Vorgehen, ohne Irr- und Umwege, lässt sich auf diese Weise am besten gewährleisten. Auch beim wissenschaftlichen Arbeiten sind typische Arbeitsschritte zu gehen, dennoch folgt die Erstellung einer schriftlichen Arbeit keinem strikt linearen Ablaufmodell.

> Eine wissenschaftliche Arbeit ist kein Billy-Regal.
> Es gibt zwar typische Arbeitsschritte,
> aber keine mechanisch abzuarbeitende Bauanleitung.
> Ihre geistige Kreativität ist gefragt.

Für wissenschaftliches Arbeiten ist neben dem Nacheinander auch ein Gleichzeitig typisch. Neben dem Voranschreiten gibt es auch ein Zurückkehren an einen bereits bearbeiteten Punkt. Teilschritte überlagern sich zeitlich und werden zu verschiedenen Zeitpunkten wiederholt vollzogen: Am Anfang steht das (oft noch diffuse) Thema, es leitet die erste Literaturrecherche an. Der Blick in die Literatur verändert aber zugleich den Blick auf das Thema. Denn je mehr man über eine Sache weiß, umso mehr Optionen für Fragestellungen können entstehen. Die veränderten Fragen verändern ihrerseits die Suche nach Literatur. Literaturstudium und Fragestellungen befinden sich in einem ständigen Wechselspiel; im selben Atemzug verändert sich auch die Gliederung. Und weiter: Dass die Literaturrecherche eigentlich schon abgeschlossen ist, schließt nachträglich entstehenden Recherchebedarf nicht aus. Nicht selten schreibt auch die rechte Hand bereits am Manuskript, während die linke nicht aufhören will, an der Gliederung zu feilen.

In letzter Sekunde gerät ein Buchtitel in den Blick, der unbedingt noch berücksichtigt werden soll, obwohl das Manuskript schon nahezu vollendet ist. Kurzum: Wissenschaftliches Arbeiten ist ein lebendiges Geschehen, an dessen Ende zwar ein Ergebnis steht, das aber – von der geistigen Kreativität seines Betreibers und dem Fortgang seiner Erkenntnis gesteuert – nicht auf striktem Geradeauskurs erreicht wird.

Wenn man dies im Auge behält, lässt sich die Erstellung einer wissenschaftlichen Arbeit gleichwohl als ein *Prozess* beschreiben, der trotz aller Rückbezüge, Schleifen und Parallelabläufe einer nachvollziehbaren Logik folgt. Dieser sozusagen „natürliche Fortgang der Dinge“ beginnt bei der Planung des Vorhabens und endet mit der fristgerechten Abgabe der Arbeit. Auch dazwischen herrscht durchaus Ordnung: die Niederschrift der Arbeit wird schließlich nicht vor der Literaturauswertung erfolgen; und eine Literaturauswertung ohne jedes Thema wäre weder möglich noch sinnvoll. Die zeitlichen und sachlichen Verknüpfungen der Elemente werden in die folgende prozessorientierte Darstellung integriert.

# 2 PLANUNG DES ARBEITSPROZESSES

## 2.1 Vorteile des geplanten Vorgehens

Wer eine schriftliche Arbeit wie z. B. eine Bachelor- oder Masterarbeit zu erstellen hat, wird am Anfang vor allem eines verspüren: Unbehagen. Denn viele Fragen sind erst einmal offen: Wie geht „man" am besten vor? Womit ist anzufangen? Was wird inhaltlich von mir erwartet? Welche formalen Standards gelten? Wie bekomme ich die zu erledigenden Aufgaben so geordnet, dass am Ende das fertige Produkt fristgerecht auf dem Tisch des Prüfers liegt?

Dieses Unbehagen ist völlig normal. Niemandem wurde schließlich die Fähigkeit, eine größere schriftliche Arbeit nach wissenschaftlichen Kriterien zu erstellen, in die Wiege gelegt. Was gegen anfängliches Unwohlsein und lähmende Orientierungslosigkeit hilft, ist, die Erstellung einer wissenschaftlichen Arbeit als *Projekt* zu definieren. Das bedeutet nicht mehr und nicht weniger, als die Gesamtaufgabe in Teilaufgaben zu zerlegen, diese nach ihrer sachlogischen Reihenfolge zu ordnen und die Bearbeitung der Teilaufgaben zeitlich zu strukturieren. Dabei ist durchgängig zu berücksichtigen, dass sich die Bearbeitung von Teilaufgaben jederzeit wiederholen kann (z. B. Wiedereinstieg in die Literaturrecherche) und Teilprozesse sich von vorneherein zeitlich überlagern (Kap. C-1).

Die systematische Planung des Projektes „Erstellung einer schriftlichen Arbeit" bietet viele Vorteile.

**Planungsvorteile**

- Sie vermeiden Kopflosigkeit, die Ihnen wertvolle Zeit stiehlt.
- Sie behalten bei der Anfertigung Ihrer Arbeit den Überblick über den Stand der Dinge. Das entlastet Sie.
- Sie vermeiden es, am Ende der Bearbeitungszeit unter einen enormen Stress zu geraten, weil noch ein Berg unerledigter Aufgaben vor Ihnen liegt.
- Sie vermeiden, widerwillig ein Billig-Produkt abzuliefern, das nur deshalb in Schieflage geraten ist, weil Ihnen die Zeit davon gelaufen ist.
- Sie vermeiden mit der punktgenauen Abgabe Ihres Produktes das zerknirschende Erlebnis, ein wichtiges Ziel im Studium verfehlt zu haben.
- Sie lernen für Ihr zukünftiges Berufsleben, in dem immer wieder Projekte zu planen sind.

## 2.2 Arbeitsschritte im Überblick

Die Erstellung einer wissenschaftlichen Arbeit ist üblicherweise mit den folgenden Arbeitsschritten verbunden:

- Klärung des Themas (Thema finden, Einlesen, Eingrenzung des Themas und Entwicklung der Fragestellung, Abstimmung mit dem Prüfer)
- Literaturrecherche und -beschaffung
- Literatursichtung und -auswertung
- Gliederung des Themas
- Erstellung des Rohmanuskriptes
- Überarbeitung des Rohmanuskriptes
- Korrekturlesen durch Dritte
- Erstellung/Überarbeitung der Verzeichnisse und Anlagen (Inhalts-, Abkürzungs-, Abbildungs- und Literaturverzeichnis; Erhebungsinstrument u. Ä.; eidesstattliche Versicherung)
- Endkorrektur
- Ausdruck/Indruckgabe/Binden/Abgabe

Besonderheiten ergeben sich bei Arbeiten, die *empirisch* angelegt sind oder zumindest einen empirischen Teil beinhalten. Hier wir die typische Schrittfolge wie folgt aussehen:

- Klärung des (Forschungs-)Themas (Entwicklung der Fragestellung, Eingrenzung etc.)
- Planung und Vorbereitung der empirischen Erhebung (Untersuchungsdesign, Absprachen etc.)
- Literaturrecherche und -beschaffung
- Literatursichtung und -auswertung
- Gliederung der Arbeit
- Herausarbeitung der Forschungsfragen und der zu prüfenden Hypothesen
- Entwicklung des Forschungsinstruments (z. B. Interviewleitfaden)
- Durchführung der Erhebung
- Datenaufbereitung, -auswertung
- Erstellung des Rohmanuskriptes
- Überarbeitung des Rohmanuskriptes
- Erstellung/Überarbeitung der Verzeichnisse und Anlagen (Inhalts-, Abkürzungs-, Abbildungs- und Literaturverzeichnis; Erhebungsinstrument u. Ä.; eidesstattliche Versicherung)
- Endkorrektur
- Ausdruck/Indruckgabe/Binden/Abgabe.

## 2.3 Startzeitpunkt

Die Abgabe einer schriftlichen Arbeit ist oft mit einer bestimmten Frist verbunden. Diese Frist kann vorgegeben oder selbst gesetzt sein. Bei einer Bachelor- oder Masterarbeit wird sie zumeist selbst festgelegt. Maßgeblich dafür ist das Ziel, das Studium zu einem bestimmten Zeitpunkt abzuschließen. Unweigerlich steht damit die Frage an, wann mit der Erstellung der schriftlichen Arbeit begonnen werden sollte. Dieser Zeitpunkt ist fast immer offen. Nur ausnahmsweise dürfte es der

Fall sein, dass neben dem Abgabe- auch der Beginnzeitpunkt durch die Hochschule vorgegeben sind. Bei einer solchen Gestaltung erfährt die Studierende das zu bearbeitende Thema erst an einem festgelegten Tag, so dass sie sich auch erst von diesem Zeitpunkt an mit der Bearbeitung der Aufgabe befassen kann. Wer sich in dieser Situation befindet, kann dieses Unterkapitel kurzerhand überschlagen. Der Startzeitpunkt steht fest, es gilt nach Eröffnung des Themas unverzüglich mit der Arbeit zu beginnen. In den übrigen Fällen steht dagegen die Frage an, wann man mit der Erstellung der schriftlichen Arbeit beginnen sollte, um das zeitliche Abgabeziel tatsächlich zu erreichen.

Bei einer *Hausarbeit*, deren inhaltliche und zeitliche Anforderungen im Allgemeinen überschaubar sind, wird man den Beginnzeitpunkt ohne genauere Zeitplanung bestimmen können, falls er nicht ohnehin vorgegeben ist. Wer die prüfungsrechtliche Bearbeitungszeit (z. B. vier Wochen zuzüglich einer Verlängerung um bis zu zwei Wochen) sicherheitshalber mit einem Ein-Drittel-Zeitzuschlag versieht, dürfte sein Ziel in der Regel gefahrlos erreichen. Das gilt jedenfalls dann, wenn keine außergewöhnlichen Umstände vorliegen, die das persönliche Zeitbudget schwerwiegend belasten. Der richtige Beginnzeitpunkt ist somit leicht zu ermitteln.

Bei einer *Bachelor- oder Masterarbeit* sollten die Planungen dagegen weniger pauschal erfolgen. Meist stehen nämlich nur zwei Prüfungsversuche zur Verfügung. Außerdem schlägt die Abschlussarbeit in erheblichem Umfang auf die Gesamtnote durch, bei gleichzeitig höheren Anforderungen an die inhaltliche Qualität. Eine Fehleinschätzung des Zeitbedarfs sollten Sie daher vermeiden.

Gehen wir bei der Zeitplanung von folgendem Sachverhalt aus:

Sie haben sich dazu entschieden, Ihr Studium zu einem bestimmten Zeitpunkt zu beenden. Das Datum, zu dem sie ihre Abschlussarbeit spätestens vorlegen müssen, steht damit fest bzw. lässt sich in Rücksprache mit Prüfungsausschuss oder Prüfern klären. Offen ist deshalb nur noch, wann Sie mit Ihrer Arbeit beginnen, um weder das Risiko des Scheiterns noch das Risiko einer übermäßigen Belastung einzugehen.

Um den *Startzeitpunkt* für das Projekt realistisch zu bestimmen, empfiehlt es sich

a) den *Zeitbedarf* zu kalkulieren, den die Erstellung einer Bachelor- oder Masterarbeit im Durchschnitt erfordert,
b) die Zeitanteile zu berücksichtigen, die während des Bearbeitungsprozesses für fest stehende *anderweitige Aufgaben und Verpflichtungen* benötigt werden, (Besuch von Lehrveranstaltungen, Prüfungsvorbereitung, Geldbeschaffung etc.),
c) Zeiten für *unvorhersehbare Störungen des Arbeitsablaufs* in die Kalkulation einzubeziehen.

Der Zeitbedarf für die Erstellung der Arbeit (Ziffer a) ist nur bedingt mit der prüfungsrechtlichen Bearbeitungszeit identisch. Die tatsächliche Bearbeitungszeit hängt nämlich von verschiedenen Variablen ab: von der Schwierigkeit der Materie, vom Umfang des Themas, von der Übung und Leistungskraft des Verfassers, von der erwarteten Textmenge, von dem gewünschten Vertiefungsgrad, vom Anspruch an die zu verarbeitende Literatur, von den Vorstellungen der Betreuerin der Arbeit etc. Der tatsächliche Zeitbedarf kann also durchaus höher sein, als die Prüfungsordnung annehmen lässt. Deshalb sollte man so gut es geht auf „*Echtzeit-Basis*“ kalkulieren.

Während die zeitlichen Auswirkungen für unvorhersehbare Störungen (Ziffer c) nur mit einem pauschalen Zeitwert veranschlagt werden können, lassen sich die Faktoren in Ziffer b) am präzisesten berücksichtigen.

Der folgende Zeitbedarfsplan geht davon aus, dass das Thema der Arbeit bereits feststeht. Beachten Sie aber: Um ein geeignetes Thema zu finden, benötigt man bisweilen einen längeren Zeitraum. Dieser Zeitraum lässt sich kaum in Arbeitstage fassen. Wer sich schwer tut, sein Thema zu „entdecken“, sollte diesem Punkt umso größere Aufmerksamkeit schenken und seine Suche sehr frühzeitig beginnen (z.B. in der Mitte des Semesters vor Erstellung der Arbeit). Vorschläge für Ihr Vorgehen finden Sie in Kap. C-3.1.

Tab. 8 gibt am Beispiel einer Bachelorarbeit an, mit welchem durchschnittlichen Zeitbedarf bei der Bearbeitung der einzelnen Prozesselemente zu rechnen ist. Veranschlagt ist der Nettozeiteinsatz für jeden Prozessschritt. Nicht gemeint ist z.B., dass Sie an zwei Arbeitstagen hintereinander nichts Anderes tun, als Ihre Fragestellung zu klären (Arbeitsschritt 1), um sodann am dritten Tag eine achtstündige Arbeits- und Zeitplanung in Angriff zu nehmen (Arbeitsschritt 2). Wie bereits erläutert überlappen sich außerdem viele Aktivitäten.

**Tab. 8:** Durchschnittlicher Zeitbedarf für eine Bachelorarbeit (in Anlehnung an Stickel-Wolf/Wolf 2009, 131)

| | **Arbeitsschritte (nach grundlegender Bestimmung des Themas)** | **geschätzter Zeitbedarf in Arbeitstagen** |
|---|---|---|
| 1 | Klärung der Fragestellung | 2 |
| 2 | Arbeits- und Zeitplanung | 1 |
| 3 | Literaturrecherche und -beschaffung | 3 |
| 4 | Literatursichtung | 3 |
| 5 | Literaturauswertung | 14 |
| 6 | Feingliederung des Themas | 2 |
| 7 | Abstimmung mit Gutachtern | 1 |
| 8 | Erstellung des Rohmanuskriptes (ca. 50 Seiten) | 20 |
| 9 | Überarbeitung des Rohmanuskriptes | 4 |
| 10 | Erstellung/Überarbeitung der Verzeichnisse und Anlagen | 2 |
| 11 | Korrekturlesen/Layout | 5 |
| 12 | Ausdruck/Indruckgabe/Binden/Abgabe | 3 |
| | Zeitbedarf insgesamt | 60 |

Nach grundsätzlicher Festlegung des Themas ergibt sich bei der hier unterstellten *Sechs-Tage-Arbeitswoche* ein Netto-Arbeitszeitbedarf von 10 Wochen. Diesen sind die im selben Zeitraum anfallenden weiteren Anforderungen hinzurechnen (z. B. Vorbereitung auf Prüfungen, Vorlesungsbesuche).

*Planungsbeispiel:*
Unterstellen wir, Sie haben sich entschieden, Ihre Arbeit Mitte Mai 2014 einzureichen, um das Studium punktgenau im Juli 2014 abschließen zu können. Mit Hilfe Ihres Kalenders rechnen Sie nun vom 19. 5. 2014 (dem hier angenommenen Abgabetag) 60 Tage zurück. Da Sie die Sonntage als Entspannungs- und Reservetage freihalten wollen, entspricht die 60-tägige Bearbeitungszeit genau 10 Wochen. Als neues Datum ergibt sich der 10. 3. 2014.

In der Zeit vom 10. 3. 2014 bis 19. 5. 2014 haben Sie aber noch andere Verpflichtungen, die beispielhaft in Tab. 9 zusammengefasst sind.

**Tab. 9:** Zeitliche Bindungen im Bearbeitungszeitraum (Arbeitstage)

| **Verpflichtungen neben der Erstellung der Bachelorarbeit (in Arbeitstagen*)** | **Zeitraum 10. 3. 2014 bis 19. 5. 2014** | | |
|---|---|---|---|
| | März | April | Mai |
| Vorlesungszeiten einschl. Vor- und Nachbereitung** | 5,5 | 7,5 | 5,75 |
| Prüfungen, Prüfungsvorbereitung (geschätzt) | 0 | 0 | 0 |
| anderweitige Verpflichtungen*** | 2 | 2,5 | 2 |
| Unvorhersehbares**** | 1,5 | 2 | 1,5 |
| Summe der gebundenen Zeiten | 9 | 12 | 9 |

*1 Arbeitstag = 8 Zeitstunden; **Annahme: 1 Stunde Lehrveranstaltungszeit (= 45 Min.) bedingt einen Gesamtzeitaufwand von 75 Min.; nicht berücksichtigt: evtl. Anfertigung von Hausarbeiten; Grundlage: Studienordnung der Hochschule Niederrhein für das 6. Fachsemester ***z. B. Jobben; Annahme: 5 Stunden/Woche; ****Annahme: 0,5 Tage pro Woche

Grob gerechnet sind laut Tab. 9 im Zeitraum 10. 3. bis 19. 5. 2014 insgesamt 30 Arbeitstage bereits zeitlich ausgefüllt. Diese für die Bachelorarbeit nicht einsetzbare Zeit muss folglich im Zeitraum vor dem 10. 3. 2014 kompensiert werden. Dies ist jedoch nur möglich, soweit in diesem Zeitraum wiederum freie Zeitkontingente zur Verfügung stehen. Berücksichtigt man auch hier die Verpflichtungen durch Vorlesungen, Prüfungen/Prüfungsvorbereitung, Geldbeschaffung, arbeitsfreie Tage und Unvorhergesehenes ergeben sich in unserem Beispielfall die folgenden freien Zeitkontingente (Tab. 10).

Im Zeitraum 30. 12. 2013 bis 9. 3. 2014 stehen rechnerisch 30 Arbeitstage zur Verfügung, die für die Bachelorarbeit genutzt werden können. Bei einem geschätzten Zeitbedarf von insgesamt 60 vollständig einsetzbaren Arbeitstagen sollte mit der Arbeit also zu Beginn des Jahres begonnen werden, um die Abgabefrist

Mitte Mai einhalten zu können. Dabei wird vorausgesetzt, dass das Thema bereits feststeht.

**Tab. 10:** Freie Zeitkontingente in Arbeitstagen (Beispiel)

| Zeitraum 30. 12. 2013–9. 3. 2014 | Arbeitstage (6 Tage/Woche) | bereits gebunden | noch frei |
|---|---|---|---|
| März (anteilig) | 9 | 1,5 | 7,5 |
| Februar | 25 | 15,5 | 9,5 |
| Januar | 26 | 13 | 13 |
| Summe | 60 | 30 | 30 |

Wichtig ist, dass Sie bei der Ermittlung Ihres Startzeitpunktes von Ihrer *persönlichen Situation* ausgehen:

- Müssen Sie zusätzlich einen Seminarvortrag oder eine Hausarbeit vorbereiten?
- Fällt Ihnen kontinuierliches wissenschaftliches Arbeiten acht Stunden täglich eher leicht oder eher schwer?
- Geraten Sie, wenn etwas nicht wie geplant verläuft, schnell in Unruhe?
- Halten Sie es für besser, mit weiterem unvorhergesehenem Zeitbedarf zu rechnen, z. B. weil Sie Kinder haben oder gesundheitliche Risiken tragen?

Niemand hindert Sie daran, *früher* als hier beispielhaft berechnet anzufangen! Nutzen Sie für Ihre persönliche Rechnung die hier aufgezeigte Methode als einfach zu handhabendes Planungsinstrument.

# 3 KLÄRUNG DES THEMAS

## 3.1 Themenfindung

Während das zu bearbeitende Thema bei einer Hausarbeit meist durch den Dozenten vorgegeben wird, wird bei Abschlussarbeiten von Studierenden in der Regel erwartet, dass diese das Thema selbst *vorschlagen*. Zum Teil besteht die Ansicht, dass ein Studierender am Ende seines Studiums erkannt haben sollte, wo seine persönlichen Schwerpunkte und Selbstqualifizierungswünsche liegen, die ihn unmittelbar zu einer Themenwahl befähigen.

Das Vorschlagsrecht hat *Vor- und Nachteile*. Einerseits kann man selbst bestimmen, womit man sich über viele Wochen hinweg intensiv beschäftigen möchte; auf der anderen Seite ist man aber auch zu einer klaren Entscheidung genötigt, ohne diese endlos aufschieben zu können. Mit der Selbstbestimmung verantwortet man in der Regel auch die Realisierbarkeit des Vorhabens. Irrtümer wie „Ich habe Aufwand und Schwierigkeit überschätzt" gehen hierbei zu eigenen Lasten.

Bevor Sie sich auf die Suche nach einem für Sie geeigneten Thema machen, sollten Sie einige *grundlegende Fragen* erörtern:

- Soll die Arbeit als Einzel- oder als Gruppenarbeit erstellt werden? Welche Argumente sprechen für die eine, welche sprechen für die andere Variante? Sind Sie im Falle einer Gruppenleistung sicher, dass eine weitgehend störungsfreie Zusammenarbeit mit Ihrem Schreibpartner möglich ist? Welche Anforderungen stellt die Prüfungsordnung an eine Gruppenleistung? Können Sie diese entsprechend umsetzen (z. B. Aufteilung der einzelnen Kapitel auf die beteiligten Verfasserinnen)?
- Liegt Ihnen eher ein *praxisnahes* Thema oder fühlen Sie sich gerüstet genug, um auf den abstrakten Pfaden wissenschaftlicher *Theorien* erfolgreich zu wandeln?
- Interessiert Sie eher ein Thema von *aktueller* Bedeutung oder könnten Sie sich auch für eine *historische* Fragestellung erwärmen?
- Wollen Sie sich mit dem gewählten Thema gegenüber einem zukünftigen *Arbeitgeber* empfehlen?
- Könnten Sie sich vorstellen, Ihr Werk mit einer (kleineren) empirischen *Erhebung* anzureichern (z. B. Durchführung von Experteninterviews, Dokumentenanalyse) oder möchten Sie es lieber bei einer reinen *Literaturarbeit* belassen? Reichen Ihre Methodenkenntnisse aus, um zumindest ein einfaches empirisches Untersuchungsdesign vertretbar umzusetzen? Gibt es möglicherweise sogar Vorgaben in Ihrer Prüfungsordnung, die einen empirischen Teil vorschreiben?

Wenn sich Ihr Wunsch-Thema im Laufe des Studiums nicht „ganz von alleine" ergeben hat, besteht Ihre Aufgabe im weiteren darin, aus dem nahezu unendlichen Universum denkbarer Themen eine für Sie passende Alternative auszuwählen und nach einem Prüfer Ausschau zu halten, der die Betreuung Ihrer Arbeit übernimmt.

Welcher Prüfer zur Begleitung bereit ist, wird trotz der oft großen Flexibilität der Prüfer auch von dem gewählten Thema abhängen.

Folgende Hinweise können Sie bei der Themenfindung unterstützen.

**Wie finde ich ein Thema?**

- Versuchen Sie sich zu erinnern, welches Themenfeld Sie im bisherigen Studienverlauf am meisten angesprochen hat.
- Überlegen Sie, welcher Zielgruppe bzw. welchem Handlungsfeld der Sozialen Arbeit Sie am ehesten zugeneigt sind.
- Rekapitulieren Sie, ob es Dinge gab, die Sie in Ihrer Praxisphase besonders beschäftigt oder angesprochen haben (z. B. methodische Vorgehensweisen, Grundsatzfragen wie Professionalität, Qualität)?
- Sehen Sie einschlägige Handwörterbücher der Sozialen Arbeit durch und lassen Sie sich beim Durchblättern auf Ideen bringen.
- Gehen Sie auf die Web-Seiten großer Verlage: Welche Buchtitel sprechen Sie spontan an?
- Blättern Sie in Ihrer Bibliothek die aktuellen Hefte einschlägiger Fachzeitschriften durch. Welche Themen, die Sie interessieren könnten, bestimmen aktuell die fachwissenschaftliche Diskussion?
- Ermitteln Sie, welcher Professor möglicherweise eine Liste mit Themenvorschlägen herausgegeben hat.
- Nehmen Sie Kontakt zu Trägern der Sozialen Arbeit auf: Gibt es dort Wünsche, bestimmten Fragen der Praxis einmal systematischer nachzugehen?

Ein Thema ist dann für Ihre Abschlussarbeit geeignet,

- wenn es Sie fordert, aber nicht überfordert;
- wenn es an Ihr Vorwissen anknüpft, so dass Sie nicht „bei Adam und Eva" beginnen müssen und sich nicht der Gefahr aussetzen, ein Fass ohne Boden aufzumachen. Prüfen Sie aber auch bei einem schon bekannten Thema, ob dieses auch bei näherer Betrachtung tatsächlich handhabbar für Sie ist;
- wenn Sie ernsthaft motiviert sind, sich mit diesem Thema zu beschäftigen; dies hilft Ihnen nicht nur über Schreibkrisen hinweg, sondern macht sich oft auch in einer besseren Note bemerkbar;
- wenn es den Einstieg in ein bevorzugtes Arbeitsfeld fördert, jedenfalls nicht behindert;
- wenn es genügend Literatur für die fundierte Bearbeitung gibt;
- wenn es so zugeschnitten ist, dass es sich in dem begrenzten zeitlichen Rahmen tatsächlich bearbeiten lässt;
- wenn der Dozent sein Plazet zu Ihrem Themenvorschlag gibt (Ob er Ihre erste, noch nicht ausgereifte Idee überhaupt für akzeptabel hält, sollten Sie so früh wie möglich klären.);
- wenn Sie glauben, mit diesem Thema eine akzeptable Note erzielen zu können, die Sie womöglich für ein nachfolgendes Studium benötigen;

- wenn das Thema keine traumatischen Situationen in Erinnerung ruft, die Sie während des Schreibprozesses stark belasten (z. B. eigene Gewalterfahrungen) oder Ihnen keine distanziert-wissenschaftliche Betrachtung ermöglichen.

## 3.2 Klärung und Eingrenzung der Fragestellung

Ist das Thema gefunden, gilt es ist zu klären, was im Einzelnen untersucht werden soll. Das bedeutet: Das anfänglich meist noch vage Thema muss auf eine konkrete Fragestellung ausgerichtet werden.

Die Fragestellung kann ihren *Ursprung* in unterschiedlichen Entstehungskontexten haben:

Sie kann dem freien Nachdenken, dem persönlichen Wissensbedürfnis oder lang gehegten Interessen entspringen; sie kann auch aus persönlichen Berührungspunkten mit einem Thema entstehen; sie kann durch (fach-)öffentliche Diskussionen evoziert werden oder den zufälligen oder nicht zufälligen Beobachtungen der Praxis entstammen. Eine wichtige Quelle für die Entstehung einer konkreten Fragestellung wird häufig die Befassung mit der Fachliteratur darstellen. Beim Lesen, und sei es auch nur dem kursorischen Sichten einschlägiger Titel, entstehen meist ohne großes Zutun Fragestellungen, die sich hervorragend für eine schriftliche (Abschluss-)Arbeit eignen. Je weiter man sich in eine *Materie einliest*, um so eher gelingt es, eine Fragestellung zu extrahieren, die sich im weiteren Gang der Bearbeitung des Themas nicht nur als fachlich und wissenschaftlich relevant, sondern gemessen an den vorhandenen Quellen auch als umsetzbar erweist. Das Einlesen in ein Thema und die Herausarbeitung einer eigenen, *problemorientierten* Fragestellung sind daher eng miteinander verbunden.

Im Mittelpunkt muss immer die Frage stehen:

Was will ich in meiner Arbeit herausfinden/herausarbeiten? Auf welche Frage(n) soll meine Arbeit eine Antwort geben?

**Nur eine Arbeit, die eine klare Fragestellung hat, kann auch ein klares Ergebnis haben.**

Der Rahmen für eine Fragestellung kann hierbei enger oder weiter gezogen werden, z. B. durch

- die Beschränkung auf einen mehr oder weniger speziellen *Sachaspekt;*
- die Bezugnahme auf eine bestimmte *Theorie* (z. B. Anomietheorie);
- den Blickwinkel, aus dem das Thema betrachtet wird (z. B. *Perspektive* der Nutzer oder der Anbieter sozialer Dienste);
- *historisch-zeitliche* Grenzziehungen;
- *geografische* Eingrenzungen;
- Enge bzw. Weite des betrachteten Praxisfeldes bzw. der *Zielgruppe.*

*Dazu ein Beispiel:*
Ihr Wunschthema lautet: „Das Persönliche Budget für Menschen mit Behinderung" (Anmerkung: Ein Persönliches Budget ist ein Geldbetrag, mit dem die betreffende Person die von ihr benötigten Dienstleistungen bei freier Wahl des Anbieters selbständig einkaufen kann, um ihren persönlichen behinderungsspezifischen Bedarf zu decken.).

Fragestellungen für Ihre schriftliche Arbeit könnten sein:

- Akzeptanz des Persönlichen Budgets auf Seiten der Nutzer: Nutzungshindernisse- und Nutzungsprobleme; Erwartungen an Leistungsträger und -erbringer;
- Praktische Umsetzung durch die Leistungsträger: Rechtmäßigkeit der Entscheidungen, Kundenfreundlichkeit der Abläufe, Bedarfsgerechtigkeit der Ergebnisse;
- Auswirkungen auf die Angebotsstrukturen: Markt statt Fürsorge?
- Herausforderungen für die Leistungserbringer durch mehr Wettbewerb;
- Auswirkungen auf die Versorgungsqualität und Bedarfsdeckung für Menschen mit Behinderung;
- Erfolg/Nutzen z.B. in Form von erweiterten Selbstbestimmungsmöglichkeiten, Kosteneinsparung, Entbürokratisierung.

Zusätzliche Eingrenzungsmöglichkeiten ergeben sich aus der Beschränkung des Untersuchungsfeldes. So wäre es im vorstehenden Beispiel denkbar, das Thema auf eine bestimmte Zielgruppe (z.B. Menschen mit psychischen Behinderungen) oder auf regionale Aspekte (z.B. auf ein Bundesland) auszurichten.

*Beispiel:*
*Probleme* bei der *Umsetzung* des Persönlichen Budgets *aus der Sicht von* Menschen mit *psychischen* Behinderungen in *Brandenburg*

Allerdings muss bei jeder Engerführung geklärt werden, ob die verfügbaren und zugänglichen Quellen für den gewählten Ausschnitt genügend hergeben, falls die fehlenden Informationen nicht durch eigene Erhebungen beschafft werden sollen. Letzteres dürfte in einer Bachelor- oder Masterarbeit schon wegen des hohen Zeitbedarfs empirischer Untersuchungen nur sehr begrenzt möglich sein. Trifft dies zu, ist ein Thema erst dann sinnvoll eingegrenzt, wenn neben der inhaltlichen Fokussierung auch die Quellen-Frage geklärt ist. Die Festlegung des Themenfokus wird sich endgültig erst nach Abschluss der Literaturrecherche beantworten lassen (C-4).

**Tipp**

Betrachten Sie Ihre schriftliche Arbeit, die einfache Hausarbeit ebenso wie Ihre Abschlussarbeit, grundsätzlich als *Untersuchung*, die Sie anstellen wollen, und zwar auch dann, wenn es sich nicht um eine empirische Arbeit handelt. Der Begriff Untersuchung macht deutlich, dass Sie in Ihrer Arbeit etwas herausfinden wollen.

Klären Sie die Fragestellung Ihrer Arbeit grundsätzlich mithilfe der folgenden Formel:

„Ich will in meiner Bachelorarbeit/Masterarbeit klären/beschreiben/untersuchen/erforschen ... ob, warum, wozu, unter welchen Bedingungen, wie ..., was man tun kann, um ... ."

Geben Sie sich selbst eine möglichst präzise Auskunft und halten Sie diese schriftlich fest. Tragen Sie Ihr Ergebnis außerdem mündlich einer Kommilitonin oder Freundin vor. An deren Reaktion, aber auch bei sich selbst, werden Sie schnell bemerken, wie präzise Sie Ihr Thema bereits formuliert haben.

Wenn Sie das Thema der Arbeit grundlegend bestimmt, näher eingegrenzt und ihm eine oder mehrere erkenntnisleitende Fragen zu Grunde gelegt haben, sind Sie in der Lage, wichtige *Dimensionen* Ihres Themas in einer ersten Punktesammlung für die Gliederung der Arbeit zusammenzufassen. Diese bildet nicht nur ein – wenn auch noch grobes – Suchraster für die anstehende Literaturrecherche (Kap. C-4), sondern sie dient Ihnen auch als Grundlage für das notwendige Abstimmungsgespräch mit Ihrem Professor. So lernt dieser nicht nur Ihre Fragestellung kennen, sondern er kann sich auch ein erstes Bild vom möglichen Aufbau Ihrer Arbeit machen und Sie dementsprechend beraten.

*Beispiel einer ersten Punktesammlung:*
Vorläufiges Arbeitsthema: „Häusliche Gewalt: Welche Handlungsoptionen ergeben sich für die Soziale Arbeit (akut, präventiv)"?

- Häusliche Gewalt – Begriff und Formen
- Verbreitung
- Ursachen/Entstehungsbedingungen (Theorien, Forschungsdaten)
- Staatliche Reaktion auf häusliche Gewalt (Polizei, Staatsanwaltschaften, Gerichte)
- Häusliche Gewalt als Arbeitsfeld der Sozialen Arbeit (Wo? Praxis? Modelle? Möglichkeiten/Grenzen?)
- Perspektiven der Prävention (mit Bezug zur Sozialen Arbeit)

## 3.3 Kontakte zur Betreuerin der Arbeit

Schon früh sollten Sie alle wesentlichen Überlegungen zum Inhalt und Aufbau ihrer Arbeit mit der Betreuerin Ihrer Arbeit besprechen. Dadurch profitieren Sie nicht nur von deren Ratschlägen, Sie schützen sich auch vor späteren Einwänden gegen Ihre Arbeit. Wenn Ihre Professorin dazu bereit ist, sollten Sie sie auch während des weiteren Erstellungsprozesses Ihrer Arbeit immer dann konsultieren, wenn Sie Entscheidungen beabsichtigen, die die *Architektur* der Arbeit betreffen. Heister (2007, 12) empfiehlt, sich des weiteren auch mit dem obligatorischen *Zweitprüfer* zu beschäftigen. Dieser kann eigene Vorstellungen zu Ihrer Arbeit haben.

Bereiten Sie das Gespräch mit Ihrer Prüferin stets vor. Umso lieber wird diese sich mit Ihrem Anliegen befassen. Eine gute Vorbereitung bedeutet:

- Sie haben eine Besprechungsunterlage erstellt, z. B. mit Ihren Ideen zum Inhalt und zum Aufbau der Arbeit.
- Sie haben alle klärungsbedürftigen Fragen vor dem Gespräch zusammengestellt und müssen nicht im Gespräch mühsam nach Zetteln kramen, auf denen Sie sich Stichworte aufgeschrieben hatten.

Während des Gesprächs und nach dem Gespräch sollten Sie sich unbedingt *Notizen* machen.

Manche Gutachter/innen wünschen ein *Exposé*, entweder vor oder nach der Zusage, die Arbeit betreuen zu wollen. Die Anfertigung einer solchen schriftlichen Erläuterung Ihrer Arbeit mag Ihnen auf Anhieb zwar lästig erscheinen, sie hat aber viele Vorteile. Der größte Vorteil liegt darin, dass die Verschriftlichung sie zwingt, sich sehr systematisch Gedanken zur Fragestellung und zum Aufbau der Arbeit zu machen. Bei der Niederschrift erkennen Sie sehr schnell, wo Dinge noch unverstanden oder diffus sind. Da sie alle inhaltlichen Punkte eines Exposés ohnehin klären müssen, bedeutet die Erstellung eines Exposés keinen nennenswerten Mehraufwand.

**Exposé**

Ein Exposé benennt auf wenigen Seiten den vorläufigen Titel der Arbeit und erläutert und begründet ihre Fragestellung(en) und ihren voraussichtlichen Aufbau. Es nimmt zur Frage Stellung, wie die Untersuchungsfrage beantwortet werden soll (Literaturauswertung, Beobachtung, Befragung, Durchführung und Auswertung eines Projektes in einem natürlichen Feld), welche Quellen zur Verfügung stehen und wann die Arbeit vorgelegt werden soll. Das Exposé sollte auch in formaler Hinsicht (Orthografie, Ausdruck, Gestaltung, Literaturverzeichnis) eine Vorschau auf die zu erstellende Arbeit geben, damit der Betreuer der Arbeit bei Bedarf entsprechende Korrekturhinweise geben kann.

Anhand des Exposés lässt sich am besten über die Erwartungen reden, die die Gutachterin an Inhalt, Form und Qualität der Arbeit stellt. Wer im Studium nur gelegentlich eine Hausarbeit erstellt hat, hat oft keine ausreichenden Maßstäbe dafür entwickeln können, worauf es bei einer Bachelor-/Masterarbeit tatsächlich ankommt. Prüfer/innen merken dies u. a. daran, dass Studierende sich zuerst nach Zeilenabständen oder anderen Formalia erkundigen, anstatt nach den *Qualitätskriterien* zu fragen, die Prüfer/innen bei ihrer Begutachtung heranziehen. Die Kriterien hängen nicht zuletzt von dem „Produkttyp" ab. So ist eine Hausarbeit sowohl dem Umfang als auch der Eigenständigkeit der gedanklichen Bearbeitung des Stoffes nach meist mit geringeren Erwartungen verbunden als eine Bachelor- oder Masterarbeit. Eine Bachelor- oder Masterarbeit gilt als krönender Abschluss des Studiums; sie soll darlegen, dass Studierende am vorläufigen Ende ihrer akademischen Ausbildung zu einer wissenschaftlich respektablen Leistung in der Lage sind. Weniger gute Leistungsergebnisse in Abschlussarbeiten sind nicht selten dadurch bedingt, dass es auf Seiten der Studierenden keine Vorstellungen darüber gab, von welchen Kriterien die Prüfer/innen bei der Bewertung ausgehen werden.

Deshalb sollte im Vorfeld zwischen Prüfer/innen und Studierenden besprochen werden, welche *Maßstäbe bei der Beurteilung* angelegt werden:

- Wird erwartet, dass Sie bestimmte *inhaltliche Aspekte* (mit-)berücksichtigen?
- Wie *detailliert* soll die Fragestellung bearbeitet werden?
- Welche und wie *viel Literatur* soll ausgewertet werden?
- Wie *eigenständig* muss die Leistung sein?
- Muss die Arbeit nicht nur einen theoretischen, sondern auch einen *empirischen* Teil haben?
- Welches sind wichtige *Wertungskriterien* für die inhaltliche und sprachliche Darstellung des Textes (z. B. schlüssige Gedankenfolge, sprachliche Klarheit)?
- Ist die Übermittlung von *Zwischenständen* gewünscht?
- Gibt es bestimmte *formale Regeln*, die einzuhalten sind?
- Gibt es *Punktabzüge*, wenn eine bestimmte Textmenge unter- oder überschritten wird?
- Gibt es „*kleine Todsünden*" (z. B. Abfassung der Arbeit in der Ich-Form)?

Klären Sie darüber hinaus aber auch

- Wann muss die Arbeit spätestens vorliegen, damit Sie den gewünschten Abschlusstermin erreichen können (Nicht alle Prüfer/innen prüfen während der vorlesungsfreien Zeit!)?
- Wie können Sie während der Erstellung der Arbeit *Kontakt zu der Prüferin* halten? Ist es z. B. möglich, über E-Mail offene Fragen zu klären? Kann der der persönliche Kontakt nach Bedarf erfolgen oder soll er in festen Zeitabständen stattfinden?

Die Anforderungen an die Qualität einer Bachelor- oder Masterarbeit dürften bisher – sieht man von allgemeinen Ausführungen in Modulhandbüchern ab – nur im Ausnahmefall schriftlich niedergelegt und für Studierende nachlesbar sein. Selbst wenn dies zuträfe, bliebe ein Rest an *Unsicherheit:* Was meint der Prüfer, wenn er eine „kritische Reflexion" der untersuchten Materie erwartet? Was bedeutet, eigene Standpunkte zu entwickeln und zu begründen? Ist das unbesehene, aber korrekte Referieren wichtiger Fachliteratur nicht auch eine eigenständige Leistung?

Auch wenn manche Fragen sich nicht abschließend klären lassen: Versuchen Sie gleichwohl schon vor Beginn ihrer Arbeit herauszufinden, auf welche Anforderungen es nach der Prüfungsordnung, dem dazu gehörenden Modulhandbuch und den Vorstellungen des Prüfers ankommt. So ersparen Sie sich im Nachhinein die leidige Erkenntnis „Wenn ich gewusst hätte, dass …".

**Tipp**

Geben Sie bei unklaren Auskünften des Prüfers nicht gleich auf. Halten Sie benannte Kriterien schriftlich fest. Fragen Sie Kommiliton/innen aus einem höheren Semester, auf was der Prüfer speziell Wert legt, wenn Sie dies selbst nicht ausreichend beurteilen können. Nehmen Sie im gesamten Studium weit im Vorfeld Ihrer Abschlussarbeit, z. B. nach Erstellung einer Hausarbeit, Rücksprache mit dem jeweiligen Prüfer, um herauszufinden, welche Maßstäbe an schriftliche Studienleistungen angelegt werden. Last but not least: Beachten Sie die Ausführungen, die in diesem und ähnlichen Büchern über die inhaltliche und formale Qualität einer wissenschaftlichen Arbeit gemacht werden (Klare Fragestellung, Begründung aller Behauptungen, Logik der Gliederung ...).

## *Literaturempfehlungen*

Weiterführende Hinweise zur Themenfindung und -formulierung gibt:

Kornmeier, M. (2013): Wissenschaftlich schreiben leicht gemacht für Bachelor, Master und Dissertation. 6. Aufl., Bern: Haupt.

# 4 LITERATURRECHERCHE

## 4.1 Einführung

Die systematische Suche nach geeigneten Quellen erfordert Zeit, vor allem, wenn es sich um eine Abschlussarbeit handelt. Hier gehen die Erwartungen an das Literaturfundament deutlich weiter als bei einer einfachen Semesterhausarbeit. Beginnen Sie Ihre Recherche deshalb *frühzeitig*. Vor allem, wenn Sie Ihr Thema selbst gewählt haben, muss geklärt sein, dass der Fundus an Quellen wirklich ausreicht, um die Fragestellung zu bearbeiten.

**Tipp**

Belegen Sie zu Beginn Ihres Studiums einen Kurs zur Einführung in die Nutzung Ihrer Hochschulbibliothek. Frischen Sie Ihre Kenntnisse vor Beginn eines weiterführenden Studiums unbedingt auf. Die Möglichkeiten der Literatursuche erweitern sich zunehmend – mit deutlichen Komfortvorteilen.

Recherchieren ist *kein einmaliger Vorgang*, sondern ein iterativer (schrittweise verlaufender, sich wiederholender) Prozess. Häufig stellt man nach eingehender Sichtung der aufgefundenen Quellen fest, dass diese weniger oder Anderes hergeben, als man aufgrund von Titelangaben erwartet hatte. Einige Quellen setzen zu viel an Vorkenntnissen voraus, um auf Anhieb mit ihnen arbeiten zu können. Mit wachsender Durchdringung des bearbeiteten Themas verändert und erweitert sich außerdem der Informationsbedarf, so dass nachrecherchiert werden muss.

Ein Vorteil des iterativen Vorgehens ist, dass jedes beschaffte Werk den Weg zu weiteren Quellen ebnet. Dazu muss man nichts anderes tun, als das Literaturverzeichnis des jeweiligen Titels durchzusehen („sog. *Schneeballverfahren*“).

**Tipp**

Je aktueller das zuerst aufgeschlagene Buch bzw. der zuerst gelesene Fachaufsatz ist, umso aktueller ist auch die darin verarbeitete Fachliteratur. Anhand der neuesten Literatur gewinnt man rasch einen Überblick über den gegenwärtigen Diskussionsstand in einem Themenfeld.

Die Recherche kann (vorläufig) beendet werden, wenn die Zahl der Quellen ausreichend erscheint. Die Vermutung mancher Studierender, man könne dieses „ausreichend“ in eine feste Zahl münzen, geht leider fehl. Der Umfang der zu berücksichtigenden Quellen hängt von verschiedenen Gesichtspunkten ab: Der Reichweite des Themenbogens, dem beabsichtigten Vertiefungsgrad, dem Stand der wissenschaftlich-fachlichen Diskussion, dem Verhältnis von theoretischen und praxisbezogenen Anteilen, der verfügbaren Bearbeitungszeit, der Menge der verfügbaren Fachliteratur etc.

Grundsätzlich gilt: Die Quellen müssen ihrem Inhalt nach repräsentativ sein für den aktuellen *Stand der wissenschaftlich-fachlichen Diskussion*. Es muss mithilfe der Quellen möglich sein, die Fragestellung der Arbeit in ihrer jeweiligen Breite und in der erwarteten Vertiefung so zu bearbeiten, dass wesentliche Beiträge der wissenschaftlich-fachlichen Diskussion hierbei Berücksichtigung finden. Ob dies der Fall ist, lässt sich nicht ex ante, sondern erst nach sukzessiver Sichtung der Quellen beurteilen. Bilden sich Entwicklungs- und Diskussionsstand in den aufgefundenen Quellen mutmaßlich ab, sollte man die Suche beenden. Ziel der Recherche kann nicht sein, sämtliche Veröffentlichungen ausfindig zu machen, die jemals zu einem Gegenstand erschienen sind. Auf der anderen Seite reicht es nicht aus, auf einige wenige, zufällig aufgefundene Werke zurückzugreifen oder eine rein willkürliche Auswahl vorzunehmen, womöglich daran orientiert, was in der Bibliothek zurzeit nicht ausgeliehen war. Bei einer sorgfältigen Recherche mit begründeter Auswahl von Titeln wird das Literaturverzeichnis einer 50seitigen Bachelorarbeit im Allgemeinen etwa 40–60 Quellennachweise enthalten (grober Schätzwert). Das bedeutet nicht, dass sämtliche dieser Quellen von der ersten bis zur letzten Seite durchgearbeitet und ausgewertet werden müssen. Das ist weder sachlich sinnvoll noch zeitlich möglich.

## 4.2 Geeignete Quellen

Quellen müssen nicht nur zur Fragestellung passen und den aktuellen Stand der wissenschaftlich-fachlichen Diskussion und Forschung abbilden, sie müssen auch für eine wissenschaftliche Themenbearbeitung grundsätzlich geeignet sein. So wie Sie bei Krankheit Ihren Arzt oder Apotheker fragen, sollten Sie auch bei Ihrer wissenschaftlichen Arbeit auf zuverlässige Quellen setzen.

### 4.2.1 Eignungskriterien

Welche Materialien eine geeignete Grundlage für Ihre Arbeit bilden, hängt von verschiedenen Kriterien ab. Dabei macht es keinen Unterschied, ob das Material in elektronischer oder in gedruckter Form vorliegt.

- Es muss erkennbar sein, wer der *Urheber* einer Quelle ist. Daher können keine Dokumente (z. B. aus dem Internet) verwendet werden, bei denen der Verfasser (Person, Behörde, Verband) nicht eindeutig ausgewiesen ist.
- Die Quelle muss auch für Dritte *zugänglich* sein. Diese müssen prüfen können, ob die Quelle tatsächlich die ihr entnommenen Informationen enthält und ob diese richtig wiedergegeben wurden (Grundsatz der *intersubjektiven Prüfbarkeit*, Kap. B-1.2). Quellen, die für interessierte Dritte nicht zugänglich sind, gelten als nicht zitierfähig (vgl. Brink 2013, 196).
- Der Urheber der Quelle muss als *wissenschaftlich bzw. fachlich qualifiziert* angesehen werden können. Diese Vermutung ist u. a. bei Hochschullehrern,

Mitarbeiter/innen von Forschungsinstituten, Fachbehörden regelmäßig begründet. Quellen, die wissenschaftlichen Ansprüchen genügen, werden als „zitierwürdig“ bezeichnet (ebd.).
- Die Quelle muss *seriös* sein. Es muss davon ausgegangen werden können, dass die Quelle keine Tatsachen verfälschende Darstellungen enthält, um politischen oder wirtschaftlichen Interessen zu dienen.

*Indizien für die Eignung* einer Quelle können sein: Publikation eines Textes durch einen anerkannten wissenschaftlichen Fachverlag; Publikation eines Artikels in einer anerkannten wissenschaftlichen Zeitschrift (Qualitätskontrolle vor Publikation!); Publikation eines Artikels in dem Sammelband eines wissenschaftlich tätigen Herausgebers; amtliche Veröffentlichungen.

### 4.2.2 Zitierwürdige Quellen

Folgende Publikationen kommen als Fundament Ihrer wissenschaftlichen Arbeit vorrangig in Betracht:

**Lehrbücher**

Lehrbücher geben einen grundlegenden Überblick über ein mehr oder weniger großes Lehrgebiet oder Themenfeld, enthalten wichtige Definitionen und erläutern Zusammenhänge. Zur differenzierten Bearbeitung spezieller Themen reichen sie nicht aus. Sie sind insbesondere als didaktisch-methodisch aufbereitete Einstiegsliteratur geeignet (Orientierung, Einordnung des Themas). Geachtet werden sollte auf die Aktualität.

*Beispiel:*
Koller, H. C. (2012): Grundbegriffe, Theorien und Methoden der Erziehungswissenschaft. Eine Einführung. 4. Aufl. Stuttgart: Kohlhammer.

**Monografien**

Monografien, darunter Dissertationen oder Habilitationen, behandeln als selbständige Werke ein spezielles Thema, das für die eigene Arbeit unmittelbare Relevanz haben kann.

*Beispiel:*
Konrad, F.-M./Schultheis, K. (2008): Kindheit. Eine pädagogische Einführung. Stuttgart: Kohlhammer.

**Fachzeitschriftenartikel**

Aufsätze aus wissenschaftlichen Fachzeitschriften stellen auf einer überschaubaren Zahl von Seiten Abhandlungen zu speziellen Einzelthemen und Fragestellungen dar. Ihr Vorteil ist, dass sie aktuell sind und neueste Forschungsergebnisse dokumentieren. Zum Teil werden Artikel durch externe Gutachter geprüft, bevor Sie veröffentlicht werden. Von wissenschaftlichen Fachzeitschriften sind praxis- und publikumsorientierte Fachzeitschriften abzugrenzen, die primär dem aktuellen Erfahrungsaustausch und der Weiterentwicklung der Praxis dienen oder ein größeres fachlich interessiertes Publikum leserfreundlich bedienen sollen. Ob Beiträge hieraus zitierwürdig sind, hängt davon ab, worüber die Quelle Auskunft geben soll (z. B. Praxiserfahrungen/-modelle, aktuelle Fachdiskussionen der Praxis) und in welchem Vertiefungsgrad Informationen benötigt werden. Praxisorientierte Fachzeitschriften veröffentlichen häufig auch wissenschaftlich fundierte Aufsätze (z. B. Forschungsberichte). Eine saubere Trennung zwischen wissenschaftlichen und praxisorientierten Zeitschriften ist daher nicht immer möglich.

**Wichtige Fachzeitschriften für die Soziale Arbeit (Auswahl)**

- Archiv für Wissenschaft und Praxis der sozialen Arbeit
- Blätter der Wohlfahrtspflege
- deutsche jugend
- Forum Erziehungshilfen
- info-also – Informationen zum Arbeitslosen- und Sozialhilferecht
- Jugendhilfe
- Kölner Zeitschrift für Soziologie und Sozialpsychologie
- Nachrichtendienst des Deutschen Vereins für öffentliche und private Fürsorge
- neue praxis
- Sozialmagazin
- Sozialwirtschaft
- Theorie und Praxis der Sozialen Arbeit
- Unsere Jugend
- Zeitschrift für Gerontologie und Geriatrie
- Zeitschrift für Heilpädagogik
- Zeitschrift für Pädagogik
- Zeitschrift für Soziologie der Erziehung und Sozialisation

**Sammelbände**

Sammelbände enthalten eine Mehrzahl von wissenschaftlichen Einzelbeiträgen, die ausgewählte Aspekte oder Teilbereiche eines bestimmten Themenfeldes behandeln. Sammelbände haben einen oder mehrere Herausgeber. Die Herausgeber erstellen das Konzept für das Gemeinschaftswerk und werben die Beiträge ein.

*Beispiel:*
Bieker, R. (Hg.) (2005): Teilhabe am Arbeitsleben. Wege der beruflichen Integration von Menschen mit Behinderung. Stuttgart: Kohlhammer.

**Handbücher**

Handbücher ähneln einem Sammelband, jedoch steht stärker das Ziel im Vordergrund, in einer Mehr- bzw. Vielzahl von Einzelbeiträgen ein bestimmtes Themenfeld systematisch und umfassend darzustellen. Die Einzelbeiträge haben meist

Überblickscharakter und eignen sich gerade zur Orientierung und Hilfe bei der Strukturierung eines Themas. Wie bei allen Büchern ist die Aktualität zu prüfen.

*Beispiel:*
Fülbier, P./Münchmeier, R. u. a. (Hg.) (2001): Handbuch Jugendsozialarbeit. 2. Aufl., Weinheim: Beltz.

**Wissenschaftliche Lexika, Handwörterbücher**

Wissenschaftliche Lexika und Handwörterbücher befassen sich in alphabetisch geordneten Einzelbegriffen systematisch mit einem bestimmten, ggf. auch spezialisierten Sachgebiet. Fachlexika sind auch ohne große Recherchen im Lesesaal jeder Bibliothek leicht zu finden.

*Beispiele:*
Kreft, D./Mielenz, I. (Hg.) (2008): Wörterbuch Soziale Arbeit: Aufgaben, Praxisfelder, Begriffe und Methoden der Sozialarbeit und Sozialpädagogik. 6. Auflage, Neuwied: Juventa.

Deutscher Verein für öffentliche und private Fürsorge e. V. (2007) Fachlexikon der Sozialen Arbeit. 7. Auflage, Frankfurt: Nomos.

**Veröffentlichungen amtlicher Stellen**

Hierzu zählen u. a.

- Daten der Statistischen Ämter (Statistisches Bundesamt und Statistische Landesämter – www.destatis.de; amtliche Statistik Schweiz: www.bfs.admin.ch; amtliche Statistik Österreich: www.statistik.at; Statistisches Amt der Europäischen Union – http://epp.eurostat.ec.europa.eu/portal/page/portal/statistics/themes) oder z. B. der Bundesagentur für Arbeit (www.arbeitsagentur.de);
- Forschungsberichte, die von amtlichen Stellen in Auftrag gegeben wurden;
- Gesetzentwürfe, Gesetzeswerke bzw. Materialien aus der parlamentarischen Vorbereitung von Gesetzen;
- Berichte von Expertenkommissionen, die von Regierung oder Parlament eingesetzt wurden (z. B. Enquetekommissionen);
- gerichtliche Entscheidungen (z. B. der Sozialgerichtsbarkeit, Bundesverfassungsgericht);
- behördeneigene, periodisch erscheinende Informationsmedien (z. B. Sozialpolitische Umschau des Bundesministeriums für Arbeit und Sozialordnung; auf europäischer Ebene werden amtliche Materialien zentral durch das Amt für amtliche Veröffentlichungen der Europäischen Gemeinschaften publiziert, siehe http://publications.europa.eu/index_de.htm.)

**Graue Literatur**

Zur grauen Literatur zählen (noch) nicht in Buch- oder Aufsatzform von einem Verlag publizierte Schriften, wie z. B. Zwischenberichte von Forschungsvorhaben, Tagungsberichte, Schriftenreihen von Hochschulfachbereichen, Schriften von

Ämtern, Verbänden, Ministerien und der Europäischen Union. Diese Schriften haben keine ISBN-Nummer (Bücher) bzw. ISSN-Nummer (Zeitschriften), mit deren Hilfe sie international eindeutig identifiziert werden können.

### 4.2.3 Nicht zitierwürdige Quellen

Im Unterschied zu den in Kapitel 4.2.2 benannten Veröffentlichungen sollten Sie bei der Erstellung Ihrer Arbeit auf die folgenden Werke in der Regel verzichten:

**Allgemeine Lexika**

Allgemeine Lexika wenden sich an eine breitere Öffentlichkeit; sie sind nicht für die wissenschaftliche Nutzung gedacht und daher in der Regel zu wenig differenziert und detailliert, um wissenschaftlichen Ansprüchen insoweit zu genügen. Als Orientierungsgrundlage können Sie dennoch sehr hilfreich sein. Dies gilt insbesondere für renommierte Werke wie die „Brockhaus Enzyklopädie" mit ihren zweifellos anspruchsvollen, vergleichsweise ausführlichen und wissenschaftlich fundierten Einzelbeiträgen. Allgemeine Lexika können Fachlexika aber nicht ersetzen. Auch die Online-Enzyklopädie Wikipedia (www.wikipedia.de) kommt lediglich als Orientierungshilfe und als Hinweisgeber auf wichtige Originalquellen, nicht aber als ‚letzte' Auskunftsquelle für wissenschaftliche Arbeiten in Betracht.

**Allgemeine Presseerzeugnisse, wie z. B. Tages- oder Wochenzeitungen**

Diese können zwar interessante Informationen und Hintergrundberichte enthalten, sind aber als Grundlage einer wissenschaftlich fundierten Darstellung und Argumentation nicht geeignet. Wissenschaftliche Erkenntnisse z. B. über „menschliche Aggression" oder „Armut in Deutschland" sind grundsätzlich aus wissenschaftlichen Quellen zu entnehmen und nicht aus allgemeinen Publikumsmedien. Allerdings können Presseberichte selbst Gegenstand einer empirischen Untersuchung sein (z. B. „Das Bild von Jugendgewalt in Tageszeitungen – dargestellt am Beispiel der Rheinischen Post").

**Materialien politischer Parteien/Interessenverbänden**

Wer eine Studie über die Nähe politischer Parteien zu sozialen Themen beabsichtigt, wird vernünftigerweise jedwedes Material der untersuchten Parteien als Quelle heranziehen. Wegen ihrer Bindung an politische Interessen sind Parteiverlautbarungen aber keine zuverlässige Auskunftsquelle, um empirisch gültige Tatsachenaussagen zu begründen. Entscheidend ist also der Verwendungszweck.

**Altauflagen von Büchern**

Insbesondere Lehrbücher erscheinen von Zeit zu Zeit in einer Neuauflage, die oft verbessert, ergänzt und aktualisiert worden ist. Ist ein Werk bereits älter, sollte routinemäßig geprüft werden, ob eine überarbeitete Neuauflage erschienen ist. Nur aus dieser ist zu zitieren. Ältere Auflagen können nur dann herangezogen werden, wenn ausdrücklich beabsichtigt ist, auf die damalige Auffassung des Autors Bezug zu nehmen (→C-8.2).

**Populärwissenschaftliche Literatur**

Als Einstieg und zur Sensibilisierung für ein Thema können auch Ratgeber und Sachbücher geeignet sein (z. B. über Kindererziehung, Eheprobleme), als Grundlage einer wissenschaftlichen Arbeit scheidet diese Literaturgattung jedoch aus, auch wenn die Qualität der einzelnen Werke unterschiedlich ist. Im Hintergrund stehen häufig kommerzielle Interessen, die zu Abstrichen bei der wissenschaftlichen Seriösität und Fundierung führen. Oft werden überhaupt keine wissenschaftlichen Quellen ausgewiesen.

**Seminar-, Bachelor-, Masterarbeiten**

Studienabschlussarbeiten gelten allgemein als nicht zitierwürdig. Es handelt sich um Prüfungsarbeiten, die nur ausnahmsweise öffentlich zugänglich sind. Ihre Qualität kann angesichts der nur kurzen wissenschaftlichen Sozialisation und der vergleichsweise kurzen Bearbeitungszeit fraglich sein. Wer sich z. B. über Entwicklungen auf dem Arbeitsmarkt äußern will, muss ohnehin unmittelbar auf Originalquellen zugreifen (z. B. Berichte der Bundesagentur für Arbeit).

## 4.3 Wie Sie bei der Literatursuche vorgehen

### 4.3.1 Gezielte Suche

Suchen Sie möglichst gezielt nach Literatur, damit Sie nicht in einem Meer von Titeln mit ungeklärter Relevanz ertrinken. Statt im Nachhinein mit großem Aufwand Spreu und Weizen zu trennen, sollten Sie so früh wie möglich abzuschätzen versuchen, was ein aufgefundener Text für Ihre spezielle Fragestellung hergibt.

Ist der Bezug eines Werkes zu Ihrer schriftlichen Arbeit nicht sofort ersichtlich, helfen Ihnen die nachstehenden Fragen bei der Auswahlentscheidung.

**Brauchbarkeit eines Textes**

- Wie alt ist das erschienene Werk? Ist anzunehmen, dass es noch auf dem Stand der aktuellen wissenschaftlich-fachlichen Diskussion ist?
- Welche →Schlagwörter (Kap. C-4.4) sind den bibliografischen Angaben im Katalog bzw. in der Datenbank als Hinweise auf den Inhalt beigegeben?
- Hat der Verlag inhaltliche Angaben zum Buch ins Netz gestellt (sog. „Klappentext")?
- Lässt sich auf den Internetseiten des Buchhandels (z. B. www.buchhandel.de, www.amazon.de) oder des Verlags ein Blick in das Inhaltsverzeichnis des Buches werfen?
- Liegt eine (elektronische) →Rezension des Werkes vor (empfehlenswert: www.socialnet.de für Online-Rezensionen; Sozialwissenschaftliche Literaturrundschau für gedruckte Rezensionen, im Allgemeinen in wissenschaftlichen Bibliotheken vorhanden; Rezensionsnachweise z. B. in der Datenbank WISO)
- Welche Auskunft gibt das evtl. vorhandene abstract (kurze Inhaltsangabe) über die Brauchbarkeit eines Fachaufsatzes?

Gehen Sie bei der Prüfung zielgerichtet, aber nicht zu wählerisch vor, denn Texte, die an Ihrer „Kommt-in-Frage-/Kommt-nicht-in-Frage-Prüfung“ scheitern, sind erst einmal „verloren“, falls sie Ihnen bei nachgehenden Recherchen nicht erneut ins Netz gehen. Da sich die inhaltliche Auffächerung Ihres Themas im Verlauf seiner Bearbeitung verändern kann, sollten Sie Texte von nicht eindeutiger Brauchbarkeit vorläufig einer *Reserveliste* anvertrauen.

### 4.3.2 Einfache Einstiegsmöglichkeiten

Bevor Sie mit der Literatursuche in Katalogen und Datenbanken beginnen, könnten Sie von folgenden Einstiegsstrategien profitieren:

#### Fragen Sie Ihre/n Professor/in

Es bietet sich als Ersteinstieg an, die Betreuungsperson Ihrer Arbeit nach Literaturhinweisen zu fragen. Zwar wird sie Ihnen Ihre Sucharbeit nicht abnehmen, kann Ihnen vielleicht aber aus dem Kopf den einen oder anderen Titel empfehlen, der zu Ihrem Thema passt.

#### Schlagen Sie in Lehrbüchern und Hand(wörter)büchern nach

Sinnvoll kann es in der Einstiegsphase sein, in Lehrbüchern und Hand (wörter) büchern (siehe oben) nach Literaturhinweisen Ausschau zu halten. Die dort benannte Fachliteratur verschafft Ihnen wiederum Zugang zu weiteren Quellen.

#### Sehen Sie sich die Zeitschriftenauslagen in Ihrer Bibliothek an

Unabhängig von einer Recherche in einer elektronischen Datenbank kann es Sinn machen, in den ausliegenden Fachzeitschriften der Bibliothek zu stöbern:

- Die aktuelle Ausgabe einer Fachzeitschrift ist meist noch nicht in die betreffende Datenbank eingearbeitet.
- Sie können sofort in Aufsätze hineinschauen, um deren tatsächliche Brauchbarkeit zu beurteilen.
- Sie entdecken eventuell spezielle Beiträge, die Ihnen bei ausschließlich digitaler Recherche vielleicht entgehen würden.
- Sie können in einschlägigen Fachaufsätzen nach Suchbegriffen für eine elektronische Recherche Ausschau halten kann.
- Sie stoßen womöglich auf sonstige relevante Informationen (z.B. Hinweis auf einen Tagungsbericht, der zum eigenen Thema passt).

Ältere Jahrgänge stehen in gebundener Form zur Verfügung und können bei freier Zugänglichkeit des Magazins jahrgangsweise durchgesehen werden.

#### Sichten Sie den verfügbaren Buchbestand

Ist der Bestand einer Bibliothek systematisch, d.h. nach Sachgebieten geordnet und frei zugänglich, so können Sie sich an die Regalstelle begeben, die vermutlich

Literatur zu Ihrem Themenfeld zusammenfasst. Aber Vorsicht! Dieses Vorgehen ist kein „Königsweg“, sondern allenfalls eine erste und zusätzliche Aktivität, die ihre Grenzen hat: So ist die aktuelle Fachliteratur oftmals ausgeliehen; ein Teil des Bestandes könnte sich in einem nicht frei zugänglichen Magazin befinden; außerdem bietet eine systematische Aufstellung des Bibliotheksbestandes nur eine grobe Sortierung der Literatur.

Selbst wenn Ihre Einstiegsaktivitäten durchaus erfolgreich verlaufen: Ohne die *systematische* Literatursuche in den Katalogen Ihrer und weiterer Bibliotheken und Datenbanken bleibt jede Recherche Stückwerk und von Zufällen abhängig. Weiter gehende Suchstrategien sind deshalb unverzichtbar.

### 4.3.3 Recherche in den Bestandskatalogen von Bibliotheken

Die Recherche in einer *Hochschulbibliothek* geschieht heute weitgehend in elektronischen Katalogen (OPAC = Online Public Access Catalogue). In der Regel ist der Katalog nicht nur in den Bibliotheksräumen, sondern über das Internet auch von zuhause aus zugänglich. Der OPAC erfasst den Eigenbestand der Bibliothek, zeigt also an, welche Bücher und Zeitschriften am Ort verfügbar sind und dort ausgeliehen werden können. Über Links bekommt man zum Teil auch Zugang zu den Beständen weiterer Bibliotheken (z. B. der örtlichen Stadtbibliothek oder einer benachbarten Hochschulbibliothek). Die OPAC-Suche ist über beliebige Kriterien und deren Kombination möglich (Verfassernamen, Titel, Verlag, Jahr, Schlag-/Stichworte, s. Kap. C-4.4).

Was sich nicht im Eigenbestand der örtlichen Hochschulbibliothek befindet, lässt sich über *regionale Verbundkataloge* (z. B. den HBZ Verbundkatalog Nordrhein-Westfalen – HBZ-OPAC) erschließen. Sechs solcher Verbünde gibt es in Deutschland. Verbundkataloge weisen den Gesamtbestand der →selbständigen und →unselbständigen Literatur in der jeweiligen Region nach. Zum Angebot gehören auch *digitale* Zeitschriftenaufsätze. Die Recherche erfolgt online über die Hochschulbibliothek oder von zuhause aus über das Internet.

In Nordrhein-Westfalen bietet die Digitale Bibliothek NRW (DigiBib NRW) nicht nur die gleichzeitige Suche in zahlreichen Katalogen und Datenbanken an, sondern sie zeigt auch an, in welcher Form die gefundene Literatur zur Verfügung gestellt werden kann: als Printmedium Ihrer Bibliothek bzw. einer anderen Bibliothek, als Volltext direkt am Bildschirm, als Aufsatzkopie über die Online-Fernleihe oder zum Kauf über einen Online-Buchhändler.

Da die einzelne Bibliothek jeweils nur einen Teil des gesamten Literaturbestandes vorhalten kann, hat man einzelnen Hochschulbibliotheken Sammelschwerpunkte zugeordnet. So sammelt die Universitätsbibliothek Köln alle relevanten Publikationen aus den Sozialwissenschaften. Die Staats- und Universitätsbibliothek Hamburg widmet sich wiederum schwerpunktmäßig der verwaltungswissenschaftlichen Literatur. Auskunft über die Sammelschwerpunkte gibt das Portal Webis (http://webis.sub.uni-hamburg.de). Über eine Gliederung nach Fächergruppen (z. B. Gesellschaftswissenschaften und Recht, Wirtschaftswissenschaften etc.) führt Webis den Nutzer unkompliziert zu den einzelnen Schwerpunktbibliotheken.

Will man lediglich wissen, welche Literatur überhaupt zu einem Thema zur Verfügung steht, unabhängig von ihrem Standort, bietet sich eine Recherche in der *Deutschen Nationalbibliothek* an (www.dnb.de). Die Sammlung der DNB, die an den beiden Standorten Leipzig und Frankfurt/M. auch praktisch genutzt werden kann, aber nicht ausleihbar ist, umfasst insbesondere alle (!) in Deutschland erschienenen Monografien, Zeitschriften, Dissertationen und Habilitationsschriften ab 1913. Letztere sammelt die Deutsche Nationalbibliothek seit 1998 auch in Online-Form. Über www.dnb.de ist es möglich, in den Beständen der Deutschen Nationalbibliothek auch nach elektronischen Hochschulschriften zu suchen.

Der *Karlsruher Virtuelle Katalog* (http://www.ubka.uni-karlsruhe.de/kvk.html) ist eine Meta-Suchmaschine zum Nachweis von mehr als 500 Millionen Büchern, Zeitschriften und anderen Medien in Bibliotheks- und Buchhandelskatalogen weltweit. Die eingegebenen Suchanfragen werden an mehrere Bibliothekskataloge gleichzeitig weitergereicht und die jeweiligen Trefferlisten angezeigt. Der KVK verfügt selbst über keine eigene Datenbank, sondern ist von der Verfügbarkeit der Zielsysteme im Internet abhängig.

### 4.3.4 Recherche in wissenschaftlichen Datenbanken und Portalen

Weitergehende Recherchen, die über die Buch-Bestände der jeweiligen Bibliothek oder von Bibliotheksverbünden hinausgehen bzw. die bestimmten Fachgebieten gelten (z. B. Psychologie) und neben oder im Gegensatz zur →selbständigen Literatur die →unselbständige Fachliteratur dokumentieren, erfordern den Zugriff auf spezielle Datenbanken.

Einige Datenbanken können kostenlos genutzt werden, bei anderen entstehen nur dann keine Kosten, wenn die jeweilige Bibliothek einen Nutzungsvertrag mit dem Betreiber der Datenbank geschlossen hat. Eine kostenlose Nutzung ist dann zumindest an den PCs der Bibliothek bzw. mit einem besonderen Account auch von zuhause aus möglich. Im Regelfall wird eine Hochschulbibliothek ein für Studienzwecke ausreichendes Angebot an kostenfreien Recherchemöglichkeiten in Datenbanken anbieten.

Nachfolgend eine Auswahl an Datenbanken, die auch für die *Soziale Arbeit* von Bedeutung sind:

#### Zeitschriftendatenbank (ZDB)

Einen Überblick, welche deutsche Bibliothek welche Zeitschriften abonniert hat, gibt die Zeitschriftendatenbank (ZDB). Sie ist über die örtliche Hochschulbibliothek zugänglich bzw. kann unter http://zdb-opac.de auch direkt genutzt werden. Die ZDB ist die weltweit größte Datenbank für Titel- und Besitznachweise fortlaufender Sammelwerke, also von Zeitschriften, Zeitungen usw. Sie enthält nicht nur Printwerke, sondern auch die Titel elektronischer Zeitschriften. Sie gibt zudem an, ob es zu einer gedruckten Zeitschrift eine elektronische Parallelausgabe gibt. Allerdings verzeichnet die ZDB keine Aufsatztitel.

### Elektronische Zeitschriftenbibliothek (EZB)

Einen schnellen, strukturierten und einheitlichen Zugang zu wissenschaftlichen Volltexten (!) bietet die Elektronische Zeitschriftenbibliothek (EZB), die von der Universität Regensburg betrieben wird und nationale und internationale E-Journals (E-Zeitschriften) anbietet (http://rzblx1.uni-regensburg.de/ezeit). Diese sind nach Fächern oder nach Alphabet geordnet. Die Zugriffsmöglichkeiten auf die Volltextartikel sind je nach Lizensierung nicht an jedem Hochschulort einheitlich. Zum Teil besteht ein freier Zugang auch von zuhause aus, zum Teil ist die kostenlose Nutzung nur über die eigene Hochschulbibliothek möglich. Bei E-Journals, die die betreffende Hochschule nicht zur Nutzung angeschafft hat, wird immerhin eine Inhaltsangabe der einzelnen Aufsatztitel angezeigt. Ist ein Volltext-Zugriff nicht möglich, kann man sich wichtige Angaben kopieren und diese für die Fernleihe nutzen.

Das wachsende Angebot an Online-Zeitschriften wird allgemein unterschätzt. Die (sehr komfortable) Recherche in der EZB sollte daher nicht ausgelassen werden.

### wiso (www.wiso-net.de)

wiso bietet ein umfassendes Angebot deutschsprachiger Literatur für die Wirtschafts- und Sozialwissenschaften. Das Angebot steht kostenfrei zur Verfügung, soweit die jeweilige Hochschule eine Nutzungslizenz erworben hat. wiso ist insbesondere für die Suche nach sozialwissenschaftlichen Zeitschriftenaufsätzen zu empfehlen. Bei seinen Nachweisen greift wiso u.a. auf folgende sozialwissenschaftliche Datenbanken zurück: SOLIS, SOFIS, DZI SoLit, Psyndex. Für Recherchen auf dem Gebiet der Sozialen Arbeit kann wiso als erste Adresse gelten.

#### SOLIS (Sozialwissenschaftliches Literatur-Informationssystem)

SOLIS informiert über deutschsprachige fachwissenschaftliche Literatur-Aufsätze in Zeitschriften, Beiträge in Sammelwerken, Monographien und Graue Literatur (einschl. unveröffentlichter DDR-Forschungsberichte) – aus folgenden Fachgebieten: Soziologie, Methoden der Sozialwissenschaften, Demographie, Politikwissenschaft, Kommunikationswissenschaften, Sozialpolitik, Bildungsforschung, Arbeitsmarkt- und Berufsforschung, Sozialpsychologie, Historische Sozialforschung. Darüber hinaus deckt SOLIS weitere interdisziplinäre Gebiete der Sozialwissenschaften ab, zum Beispiel Frauenforschung, Freizeitforschung, Gerontologie, Sozialwesen. Ausgewertet wird eine Vielzahl von Fachzeitschriften mit unmittelbarer Relevanz für die Soziale Arbeit.

#### SOFIS

SOFIS enthält Beschreibungen von geplanten, laufenden und in den letzten zehn Jahren abgeschlossenen Forschungsarbeiten aus allen sozialwissenschaftlichen Fachgebieten einschließlich Psychologie, Pädagogik und Wirtschaftswissenschaften. Pro Jahr werden etwa 7.000 Dokumente neu oder in aktualisierter Version aufgenommen. Angeboten werden Informationen zum Inhalt, zum methodischen Vorgehen sowie zu ersten Berichten und Veröffentlichungen, die Namen der am Projekt beteiligten Forscher sowie die Institutsadresse, Telefonnummer und E-Mail. Die erhobenen Projektdaten stammen aus Deutschland, der Schweiz und aus Österreich.

**DZI SoLit – Literatur für Sozialarbeit und Sozialpädagogik**

Die seit 1979 bestehende Datenbank „DZI SoLit" des Deutschen Zentralinstituts für soziale Fragen (DZI), die nach Betreiberangaben bereits 2005 etwa 140 000 Literaturnachweise erfasste, wird mit einer benutzerfreundlichen Rechercheoberfläche der Gesellschaft für Betriebswirtschaftliche Information mbH (GBI), München, im Internet zur Verfügung gestellt. Gestützt durch einen →Thesaurus werden durch die wissenschaftlichen Mitarbeiter/-innen des DZI einschlägige Monographien und 211 Fachzeitschriften erschlossen. Die Daten enthalten zusätzlich zu den bibliographischen Angaben →Thesaurusbegriffe, freie Schlagwörter und häufig auch Kurzreferate. Die Aktualisierung erfolgt vierteljährlich. Auf Wunsch erhält man die recherchierte Literatur kostengünstig per Fax oder Post. In einer PDF-Datei lässt sich auf der Homepage nachlesen, welche Einrichtungen über einen lizenzierten Internetzugang für „DZI SoLit" verfügen.

**Psyndex**

Psyndex enthält Angaben zu Publikationen von Autoren aus deutschsprachigen Ländern, zu psychologisch relevanten audiovisuellen Medien, zu psychologischen und pädagogischen Testverfahren sowie zu psychologischen Behandlungsprogrammen.

**FIS Bildung Literaturdatenbank**

Die Datenbank bietet umfassende Informationen zu allen Teilbereichen des Bildungswesens und enthält mehr als 850 000 Literaturnachweise überwiegend aus dem deutschsprachigen Raum. Für die meisten Zeitschriftennachweise ist ein Link zur Zeitschriftendatenbank (ZDB) mit den dort eingetragenen bibliothekarischen Bestandsinformationen vorhanden. Neben der gedruckten Literatur sind auch im Internet vorhandene Volltexte mit ihrer →URL nachgewiesen.

Themengebiete u. a.: Erziehungswissenschaft, Frühkindliche Erziehung, Jugend-, Familien- und Medienpädagogik, Schulwesen, Schulpädagogik, Berufliche Bildung und Ausbildung, Sonderpädagogik, Sozialpädagogik, Sozialarbeit. Dokumentiert sind Zeitschriftenaufsätze, Bücher, Beiträge aus Sammelwerken und graue Materialien (Protokolle, Verordnungen u. a.).

**SOWIPORT**

SOWIPORT erschließt neben den üblichen Nachweisen publizierter Schriften (Bücher, Aufsätze etc.) auch Informationen über laufende und abgeschlossene Forschungsprojekte.

**BASE**

BASE (Bielefeld Academic Search Engine) ist eine der weltweit größten Suchmaschinen speziell für frei zugängliche wissenschaftliche Dokumente im Internet. Betreiber ist die Universitätsbibliothek Bielefeld. Erfasst sind über 50 Millionen Dokumente aus über 2700 Quellen, Tendenz steigend. Vorteile der Suchmaschine: Erschließung von Internetquellen des „Unsichtbaren Web“, die in kommerziellen Suchmaschinen nicht indexiert werden oder in deren großen Treffermengen untergehen. Außerdem: Präsentation der Suchergebnisse mit differenzierter Anzeige von bibliografischen Daten (http://www.base-search.net/).

**Deutscher Bildungsserver**

Der Deutsche Bildungsserver, der viele Einzelportale zusammenbindet, gilt als der zentrale Wegweiser zu Bildungsinformationen im Internet. Fachaufsätze werden oft als Volltexte angeboten. Die Themen umfassen alle Bildungsstufen: Elementarbildung, Schule, berufliche Bildung, Hochschulbildung, Erwachsenen-/ Weiterbildung sowie Wissenschaft und Bildungsforschung. Spezielle Informationsangebote zur Sozialen Arbeit befindet sich allerdings noch im Aufbau.

**Weitere wissenschaftliche Datenbanken im Kurzüberblick**

*IBZ-online:* Die lizenzpflichtige Datenbank wies 2013 über 3,3 Millionen Aufsätze aus 11 500 insbesondere geistes- und sozialwissenschaftlichen Zeitschriften nach.

*juris:* Juris ist eine Datenbank für alle rechtlichen und rechtswissenschaftlichen Informationen: Rechtsprechung, Gesetze, Fachliteraturnachweise, Zeitschriften, Arbeitshilfen. In Hochschulbibliotheken mit Lizensierung ist die Nutzung kostenlos möglich.

*beck-online:* Neben Gesetzestexten und Gerichtsurteilen enthält Beck-online ein großes Angebot grundlegender juristischer Standardwerke, darunter viele online lesbare Kommentare aus dem Verlag Beck in München (Lizenz erforderlich). Ebenso wird eine Vielzahl rechtswissenschaftlicher Zeitschriften aus allen Gebieten des Rechts angeboten.

*Rehadat:* Rehadat sammelt und veröffentlicht Informationen zu den Themen Behinderung, Integration und Beruf. Alle Informationen gibt es kostenlos im Internet unter www.rehadat.de. Ausgewertet werden Bücher und Zeitschriftenaufsätze.

*SpringerLink:* SpringerLink bietet Nutzern mit Lizenz Online-Texte (Bücher, Zeitschriftenaufsätze, Nachschlagewerke) u.a. aus den Fachgebieten Psychologie, Geistes- und Sozialwissenschaften und Recht.

*GeroLit:* Der Online-Katalog der Bibliothek des Deutschen Zentrums für Altersfragen (DZA) umfasst Aufsätze aus Fachzeitschriften, Monografien, Sammelwerke, Sammelwerksbeiträge, Forschungsberichte und elektronische Dokumente rund um die Themen Alter und Pflege.

### 4.3.5 Recherchen mit Suchmaschinen

Über allgemeine Internet-Suchmaschinen wie www.google.de oder www.yahoo.de lässt sich inzwischen immer mehr geeignetes Material für eine wissenschaftliche

Arbeit im Studium erschließen. Dazu gehören insbesondere Dokumente aus dem Bereich der „grauen wissenschaftliche Literatur“ (Kap. C-4.2.2). Ebenso können manche Online-Fachzeitschriften direkt und kostenlos im Internet gelesen werden. Da letztlich nicht feststeht, welche Informationsangebote zu einem konkreten Thema von den allgemeinen Suchmaschinen aufgefunden werden, sollten Recherchen mit Suchmaschinen nur parallel zu anderen Suchstrategien eingesetzt werden. Gerade wenn es sich um Veröffentlichungen von nicht-wissenschaftlichen Institutionen handelt (z. B. Verbände, Regierungsstellen), bieten Suchmaschinen aber einen schnellen und breiten Zugriff. Außerdem erhält man die Materialien meist im Volltext und nicht nur bibliografische Angaben. Entscheidend ist letztendlich nicht, wo und wie eine Quelle aufgefunden wird, sondern die Qualität der Quelle (Kap. C-4.2.2). Eine Recherche mit allgemeinen Suchmaschinen ersetzt aber niemals die systematische Recherche in wissenschaftlichen Dokumentationssystemen.

Zu den auffindbaren Materialien können z. B. gehören

- statistische Daten
- Gesetzestexte (www.gesetze-im-internet.de)
- Forschungsberichte aus Modellprogrammen
- Aufsätze, zum Teil mit Abstracts (kurzen Inhaltsangaben) versehen, bisweilen sogar mit vollständigem Text
- Diskussionsbeiträge und Stellungnahmen von Verbänden zu fachlichen und sozialpolitischen Fragen
- Dokumentationen von Praxisprojekten
- Informationen zu Trägern der Sozialen Arbeit
- Fachkonzepte der Praxis
- Informationen zum Zeitgeschehen der großen Nachrichtenmagazine und Zeitungsverlage
- Lexika (z. B. Wikipedia)
- u. v. m.

**Tipp**

Um nach einem bereits bekannten Dokument in Google zu suchen, sollte der genaue Titel in Anführungszeichen gesetzt eingegeben werden. In diesem Fall werden nur Dokumente angezeigt, die exakt diese Wortfolge aufweisen.

Die „erweiterte Suche“ ermöglicht es, die Suche zu spezifizieren (filtern), z. B. um nur sehr aktuelle Dokumente zu suchen, sich auf bestimmte Länder zu beschränken, ausschließlich im Titel zu suchen oder bestimmte Dateiformate auszuwählen (PDF, Powerpoint-Präsentationen etc.). Das Auswahlkriterium Dateiformate kann hilfreich sein, da die meisten wissenschaftlichen Texte als PDF ins Netz gestellt werden.

Eine speziell auf wissenschaftliche Bedürfnisse zugeschnittene Suchmaschine stellt *Google scholar* dar. Dieser in Zusammenarbeit mit Verlagen entstandene Suchdienst greift auf wissenschaftliche Server zu. Geboten werden neben Fachartikeln, Beiträgen aus Sammelbänden und Büchern auch Nachweise von Seminararbeiten,

Magister-, Diplom- sowie Doktorarbeiten. Überdies wird angezeigt, in welchen anderen Werken die nachgewiesenen Titel bereits zitiert wurden. Damit gerät man nicht nur an weitere Literaturhinweise, sondern kann auch wissenschaftliche Diskussionen leichter nachvollziehen, z. B. wer sich mit den Thesen des Autors bereits wissenschaftlich auseinander gesetzt hat. Dies gilt, soweit diese Texte von Google scholar aufgefunden werden und online gelesen werden können.

### 4.3.6 Informationsquellen des Buchhandels

Neuere und neueste Fachliteratur (Bücher) lässt sich mit Hilfe von Stich- und Schlagworten auf den Webseiten einschlägiger Verlage für sämtliche Themenfelder der Sozialen Arbeit finden (Beltz, Cornelsen, Juventa, Klinkhardt, Kohlhammer, Lambertus, Luchterhand, Nomos, Reinhardt, Schneider Hohengehren, Springer VS, Waxmann) oder über Online-Buchhandlungen wie www.amazon.de. Einen verlagsübergreifenden Überblick über die lieferbaren Bücher gibt die Seite www.buchhandel.de. Häufig kann man das Inhaltsverzeichnis der Bücher einsehen und so abschätzen, ob sich der Band für den eigenen Zweck eignet. Über Leseproben kann man sich außerdem einen Eindruck von der Lesbarkeit des Textes verschaffen. Vorteilhaft kann auch der Hinweis auf eine bevorstehende Veröffentlichung sein.

### 4.3.7 Recherchieren mit citavi

Einen besonderen Weg nach Fachliteratur zu recherchieren, bietet das in der Schweiz entwickelte *Literaturverwaltungsprogramm* citavi. Aus citavi heraus kann man nach Angaben des Betreibers nicht nur online direkt in mehr als 4000 Bibliothekskatalogen und ausgewählten Fachdatenbanken recherchieren, sondern die aufgefundenen Werke (Monografien, Sammelwerke, Zeitschriftenaufsätze,

Online-Dokumente) können anschließend in citavi übernommen und dort verwaltet werden. Citavi kann an Hochschulen mit Zugangsberechtigung kostenlos genutzt werden. Für Zuhause steht eine Free-Version zur Verfügung, in der zwar nur eine begrenzte Zahl von Titeln verwaltet werden kann, die aber sämtliche Programmfunktionen bereit stellt und für den studentischen Bedarf vollkommen ausreicht. Bei weitergehendem Bedarf kann eine kostengünstige private Lizenz mit vollem Nutzungsumfang erworben werden. Da die Vorteile von citavi vor allem in der Weiterverarbeitung der Suchergebnisse liegen, werden wir an entsprechender Stelle auf citavi zurückkommen.

## 4.4 Suchstrategien bei elektronischen Recherchen

Wer systematisch recherchiert, wird schnell die Beobachtung machen, dass sich die Suchmöglichkeiten in elektronischen Medien in ihren Grundstrukturen sehr ähnlich sind, auch wenn sich die Eingabemasken im Detail unterscheiden. Es kann mit dem Titel oder einzelnen Wörtern aus dem Titel, mit dem Verfassernamen, dem Erscheinungsjahr und mit Schlagwörtern gesucht werden. Die Erfassung der Verfassernamen erfolgt allerdings nicht einheitlich (z. B. mit oder ohne abgekürzten Vornamen), sodass der Bestand ggf. nicht korrekt angezeigt wird.

### Stichwort – Schlagwort

Unter einem *Stichwort* versteht man einen Begriff, der im *Titel* eines Werkes unmittelbar vorkommt. Gibt man z. B. das Stichwort Behinderung in die Titelzeile der Suchmaske ein, so werden alle Titel angezeigt, die das Wort Behinderung enthalten. Um die Treffermenge zu erhöhen, sollten Sie nacheinander mit mehreren geeigneten Stichworten suchen.

*Schlagworte* sind Begriffe, die den *Inhalt* eines Buches oder Aufsatzes erschließen. Geben Sie in die Titelzeile z. B. das Wort „Gewalt“ ein und in die Schlagwortzeile das Wort „Mann“, dann erhalten Sie alle Titel zum Thema „Gewalt“, die – auch wenn der Begriff Mann oder Männer im Titel gar nicht enthalten ist – einen Bezug zu Männern herstellen. Sie können mit Hilfe von Schlagworten Ihre Suche also spezifizieren. Das setzt voraus, dass einem Titel entsprechende Schlagworte zugeordnet wurden.

**Tipp**

Ihr Bibliothekskatalog bietet Ihnen neben der „einfachen Suche" auch eine „erweiterte Suche" an. Wenn Sie die Suche lediglich mit Stich- oder Schlagworten betreiben, sollten Sie von der „einfachen Suche" Gebrauch machen. Denn bei der Einfachsuche interpretiert der Computer ein eingegebenes Wort sowohl als Stichwort als auch als Schlagwort. Er sucht also sofort umfassend. Das bringt Sie schneller an Ihr Ziel, als wenn Sie dasselbe Wort in der erweiterten Suchfunktion nacheinander zunächst als Stichwort und danach als Schlagwort eingeben.

**Boolesche Operatoren**

Um Ihre Suche auszuweiten oder einzuschränken, können Sie verschiedene Suchbegriffe mithilfe der Operatoren „und“, „oder“ und „nicht“ verknüpfen („Boolesche Operatoren“). Dementsprechend verändert sich Ihre Trefferliste.

- UND-Verknüpfungen: Bei UND-Verknüpfungen werden nur Titel gesucht, die alle eingegebenen Begriffe enthalten. Die Suche wird hierdurch eingeengt.

  *Beispiel:*
  Sie setzen in die Titelzeile Ihrer Suchmaske die Wörter „Frauen" und „Gewalt" ein. Sie erhalten dann Nachweise, in deren Titel oder Untertitel beide Wörter gleichzeitig auftreten. Das Wort „und" müssen Sie hierbei nicht eintragen, die Verknüpfung geschieht automatisch. Geben Sie in die Zeile Erscheinungsjahr zusätzlich das Jahr 2010 ein, werden nur Publikationen mit dem Thema Gewalt und Frauen aus dem Jahr 2010 angezeigt. Ggf. können Sie die Suche auch auf einen bestimmten Zeitraum beschränken, z. B. 2009–2010.

- *ODER-Verknüpfungen:* Der Operator „Oder“ erweitert die Suchmenge.

  *Beispiel:*
  Sie suchen Titel, in denen die Wörter „Teilhabe" oder „Partizipation" vorkommen. In die Suchmaske geben Sie ein:

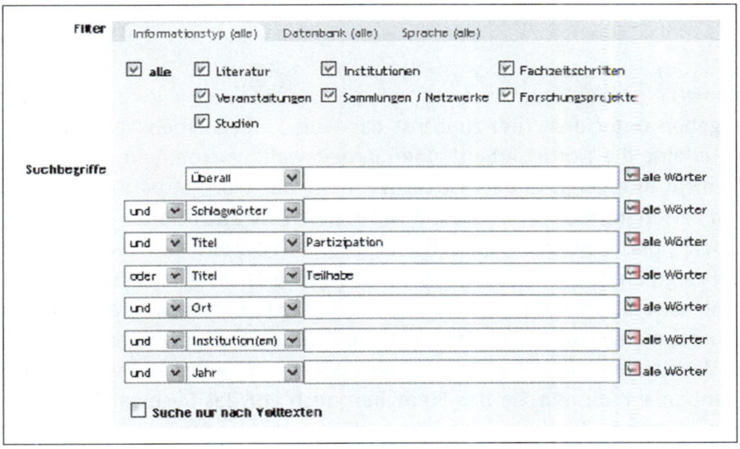


Die Suche erstreckt sich auf Dokumente, in denen entweder das eine oder das andere oder beide Stichworte enthalten sind.

- *NICHT-Verknüpfungen:* Der Operator „NICHT“ schließt dagegen bestimmte Dokumente von der Suche aus.

  *Beispiel:*
  Sie suchen Literaturnachweise über Sucht. Sie geben in der Schlagwortzeile NICHT Alkoholismus ein. Dokumente mit dem Schlagwort Alkoholismus werden nicht angezeigt.

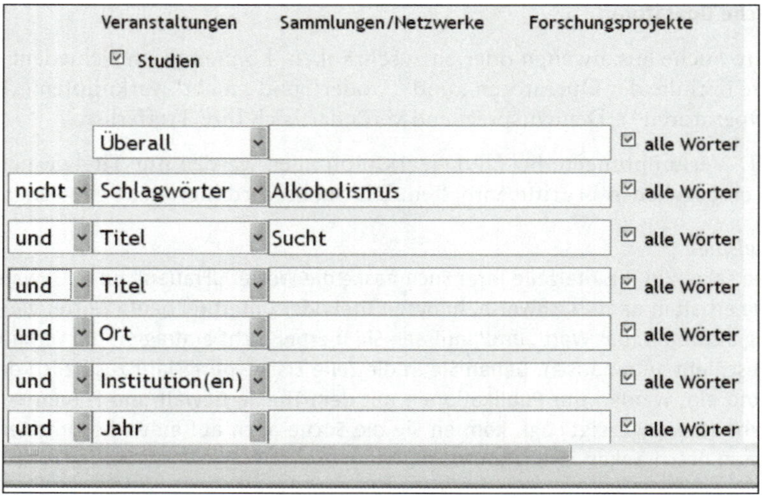


Alle Operatoren können auch miteinander verbunden werden.

**Trunkierungen**

Statt mit einem ganzen Wort zu suchen, können Sie sich auf den Wortstamm beschränken.

> *Beispiel:*
> Sie geben unter dem Titel zunächst das Wort „Arbeitsleben" ein. Titel, in denen z. B. alleine die Worte „Arbeit" oder „Arbeitswelt" vorkommen, werden in diesem Fall nicht angezeigt. Anders ist es, wenn Sie das Wort „Arbeit" mit einem Sternchen versehen: Arbeit*. In diesem Fall erzielen Sie auch Treffer, die z. B. die Worte „Arbeit", „Arbeitsleben", „Arbeitswelt", „Arbeitsgesellschaft" enthalten. Das Beispiel zeigt, dass die Trunkierung die Suchergebnisse erweitert, es zeigt aber gleichzeitig, dass die Trunkierung womöglich zu einer nicht gewollten Ausweitung der Nachweismenge führen kann, wenn nun außer den gewollten Titeln auch Titel wie Arbeitsrecht, Arbeitsgericht, Arbeitsmenge etc. angezeigt werden. Bei vielen Datenbanken können Sie das Sternchen auch vor das Suchwort setzen (*arbeit). Dann erhalten Sie Nachweise, die auf ...arbeit enden (z. B. Zusammenarbeit, Hausarbeit, Entwicklungsarbeit).

Die mithilfe der Stich- oder Schlagworte aufgefundenen Titel können meist in der Datenbank zur weiteren Verwertung gespeichert werden (Kap. C-4.3.4).

## 4.5 Erstellen einer Arbeitsbibliografie

Erfassen Sie alle ermittelten Quellen kontinuierlich in einer Arbeitsbibliografie (Literaturliste). Nutzen Sie bereits zur Literaturrecherche ein Literaturverwaltungsprogramm wie citavi, können sie die ermittelten Quellen unmittelbar in dem Programm abspeichern und daraus später ein Literaturverzeichnis erstellen lassen. Informationen zu dieser Nutzungsmöglichkeit finden Sie auf der Homepage Ihrer Bibliothek (Lizenz vorausgesetzt) oder unter www.citavi.com.

Wenn Sie es vorziehen, Ihre Arbeitsbibliografie ohne speziellen Software-Einsatz auf Ihrem PC zu erstellen, können Sie wie folgt vorgehen:

Sammeln Sie die in einem Katalog oder einer Datenbank aufgespürten Titel bereits während der Recherche in der meist elektronisch zur Verfügung gestellten „Merkliste". Es werden dabei sämtliche bibliografischen Angaben übernommen, die Sie später für die Beschaffung der Quellen und die Erstellung des Literaturverzeichnisses benötigen. Die Merkliste können Sie am Ende ausdrucken. Noch besser ist es, die Merkliste auf einem USB-Stick zu speichern bzw. sich die gesammelten Titel per Mail nach Hause zu schicken, um sie am PC unkompliziert in ein bereits angelegtes Dokument „Arbeitsbibliografie" einzufügen.

Die voraussichtliche *Bedeutsamkeit einer Quelle* lässt sich durch eine Rangziffer ausdrücken, die Sie – falls möglich – sofort bei Übernahme der Quelle in Ihre Arbeitsbibliografie vergeben sollten, z. B.

1 = besonders wichtig, zuerst auswerten
2 = wichtig
3 = weniger bedeutsam, evtl. punktuell verwertbar

Diese pragmatische Gewichtung hilft Ihnen später zu entscheiden, welche Titel Sie als erste beschaffen sollten (Kap. C-5.1). Ist Ihre Ausbeute an Literaturquellen sehr reichhaltig ausgefallen, empfiehlt es sich, die zunächst vorgenommenen Gewichtungen abschließend noch einmal zu überprüfen. Möglicherweise erscheinen Ihnen einzelne Quellen im Lichte des Gesamtergebnisses der Recherche entbehrlich. Weisen Sie diese Funde einer Reserveliste zu, auf die Sie ggf. zurückgreifen können.

Achten Sie darauf, alle Literaturquellen möglichst sofort mit *vollständigen bibliografischen Angaben* zu erfassen. Das erspart Ihnen, kurz vor Abgabe Ihrer Arbeit unter dem dann üblichen Zeitdruck nach fehlenden Quellenangaben fahnden zu müssen.

**Tipp**

Von Internetseiten (z. B. Verlagsseiten) übernommene Quellenangaben können Sie in Microsoft „Word" ohne Formatierung in Ihre Arbeitsbibliografie übernehmen („Start", „Einfügen", „Inhalte einfügen", „unformatierten Text").

# 5 BESCHAFFUNG UND AUSWERTUNG DER LITERATUR

## 5.1 Beschaffung der Literaturquellen

Je nach Zahl der auszuwertenden Quellen empfiehlt sich bei der Literaturbeschaffung ein sukzessives Vorgehen. Ohnehin kann man nicht alle Quellen gleichzeitig durcharbeiten. Bei *schrittweisem Vorgehen* vermeiden Sie, Bücher zurückgeben zu müssen, mit denen Sie sich noch nicht eingehender beschäftigen konnten. Auch psychologisch dürfte die Beschaffung der auszuwertenden Literatur in „kleinen Schüben" motivierender sein, als sich einem ausgewachsenen Bücherberg gegenüber zu sehen. Legen Sie deshalb fest, welche Titel Sie als erste beschaffen und sichten wollen. Dafür kommen insbesondere Titel in Frage,

- die sich direkt den Fragestellungen Ihrer Arbeit zuordnen lassen,
- die einen mehr oder weniger systematischen Überblick über Ihr Thema geben (Lehrbücher; Einführungen in …; Sammelbände zum Themenfeld),
- die neuere empirische Forschungsergebnisse präsentieren (diese enthalten regelmäßig einen Überblick über den Forschungsstand!).

Versuchen Sie aber so früh wie möglich, herauszufinden, welchen Beitrag ein aufgefundenes Werk zur Beantwortung Ihrer Fragen leistet. Die unnötige Beschaffung von Titeln kostet wertvolle Zeit und – bei Fernleihen – auch Geld.

Zur Beschaffung stehen Ihnen verschiedene Möglichkeiten zur Verfügung:

- die Ausleihe bei der Hochschulbibliothek;
- die Kopie von Aufsätzen aus Fachzeitschriften, die örtlich vorgehalten werden;
- die Ausleihe bei einer anderen nahe gelegenen Bibliothek;
- die Anforderung am Ort nicht vorgehaltener Titel (Bücher, Fachaufsätze) per Fernleihe. Die Lieferzeit für Fernleihen beträgt bei Büchern etwa 10 Tage; (elektronische) Kopien von Fachaufsätzen werden z. T. auch schneller zugestellt. Fernleihen sind online über den Katalog der Bibliothek möglich (in NRW: DigiBib). Die zu zahlenden Fernleihgebühren sind moderat. Beschaffte Werke können mindestens vier Wochen lang genutzt werden; nicht immer ist jedoch eine Verlängerung möglich.
- Die Nutzung von kostenpflichtigen Aufsatz-Lieferdiensten wie z. B. www. sub¬ito-doc.de; wegen der deutlich höheren Kosten wird man die Inanspruchnahme solcher Dienste als Student auf besondere Fälle beschränken. Die Bearbeitungszeit für einen Lieferwunsch liegt zwischen einem und drei Arbeitstagen. Versendet werden kann per E-Mail, Post, Fax oder eingeräumter Download-Berechtigung. Die Inanspruchnahme erfordert eine Registrierung.
- Der download eines Zeitschriftenaufsatzes unmittelbar beim Verlag, sofern dieser eine Online-Lieferung anbietet. Beiträge aus Zeitschriften des Juventa-Verlags können z. B. ganz einfach mit Hilfe einer kostenpflichtigen TAN-Nummer bestellt werden;
- der Download eines Fachaufsatzes aus einer Datenbank, die Volltexte anbietet (z. B. SpringerLink);
- der Kauf eines Buches (ggf. im Anschluss an eine Fernleihbestellung).

## 5.2 Sichtung der Literaturquellen

Um sich unnötige und zeitaufwändige Auswertungsarbeiten zu ersparen, ist es ratsam, die beschaffte Literatur zunächst nach Brauchbarkeit zu sichten:

Welche der beschafften Werke bzw. welche Teile dieser Werke eignen sich tatsächlich als Materialquelle für die eigene Arbeit, sodass diese intensiver studiert und ausgewertet werden sollten?

Um diese Frage zu beantworten, reicht ein kursorischer Abgleich zwischen dem Informationsangebot der Texte und Ihrem persönlichem Informationsbedarf aus. Bei diesem Prüfschritt können Sie wie folgt vorgehen:

- Studieren Sie aufmerksam das *Inhaltsverzeichnis* der beschafften Bücher.
- Lesen Sie das *Vorwort* und die *Einleitung* der Bücher. Bei längeren Einleitungen kann es ausreichend sein, sich auf die Einstiegspassagen und das Ende der Einleitung zu beschränken. Am Anfang steht in der Regel, worum es inhaltlich geht, am Ende findet sich zumeist eine Erläuterung des Aufbaus. In Sammelbänden gibt der Herausgeber in seinem Einleitungsbeitrag sehr oft eine Vorschau auf die einzelnen Beiträge oder Beitragsgruppen!
- Schauen Sie sich das *Sachregister* am Ende eines Buches an. Das Sachregister weist in alphabetischer Reihenfolge aus, auf welchen Seiten welche Begriffe im Text vorkommen. So können Sie gut erkennen, welches Informationsangebot das vorliegende Buch Ihnen bietet und wo es Schwerpunkte setzt.
- Erfassen Sie den Inhalt und die wichtigsten Ergebnisse eines Fachaufsatzes, indem Sie das →*Abstract* und die oft am Ende stehende *Zusammenfassung* auswerten.
- Durchsuchen Sie elektronische Volltextangebote von Büchern (E-Books) und Zeitschriften (E-Journals) mithilfe von *Suchwörtern* nach Stellen, die inhaltlich zu ihrem Thema und seinen Einzelpunkten passen.
- Gehen Sie die *Zwischenüberschriften* bei Aufsätzen und Buchkapiteln durch. Bei Büchern werden ziffernlose Zwischenüberschriften nicht immer in das Inhaltsverzeichnis aufgenommen, sodass Ihnen diese entgehen, wenn Sie sich auf das Inhaltsverzeichnis beschränken.
- Gehen Sie die einzelnen Kapitel und Unterkapitel *in Ruhe* durch, um mehr über den Inhalt zu erfahren (*Querlesen*, Überfliegen, sog. kursorisches Lesen). Achten Sie auf eine evtl. Zusammenfassung am Schluss. Lassen sie sich bei Ihrem Überflug auch von sog. Eye-Catchern („Blickfängen“) leiten. Das können fett gedruckte Worte sein (in juristischen Lehrbüchern üblich), Abbildungen, Tabellen, herausgehobene Begriffserläuterungen. Wie auch dieses Buch geben Lehrbücher häufig am Anfang eines (Haupt-)Kapitels eine kurze Vorschau auf den Inhalt und am Ende eine kurze Zusammenfassung der wichtigsten Ausführungen. Um das Ergebnis Ihrer Sichtung festzuhalten, legen Sie einen Zettel in das Buch (bzw. heften einen Zettel an die Kopie, legen ein Info-Blatt zu einer elektronischen Kopie an oder nehmen entsprechende Eintragungen in Ihrem Literaturverwaltungsprogramm (z. B. citavi) vor.
- Treffen Sie am Schluss eine Entscheidung, welches Werk in die weiter gehende Auswertung kommt, also weiterhin „im Rennen“ bleibt, und welches Werk Sie in die „Reserve“ nehmen oder gar von weiterem Studium ausschließen.

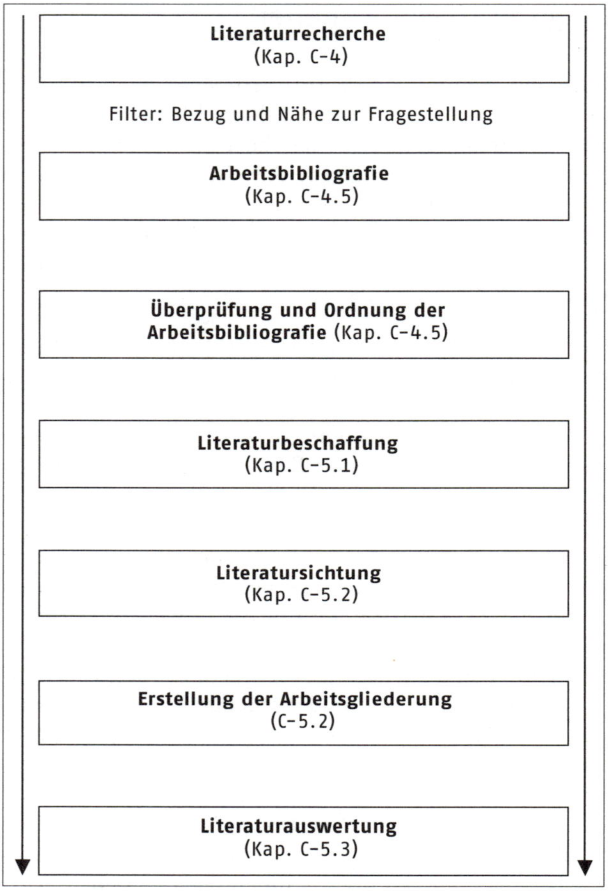


**Abb. 2:** Von der Literaturrecherche zur Literaturauswertung

**Tipp**

Von „durchgefallenen" Büchern, die Sie wieder an die Bibliothek zurückgeben müssen, sollten Sie sicherheitshalber eine Kopie des Titels mit vollständigen bibliografischen Angaben sowie eine Kopie des Inhaltsverzeichnisses anfertigen. Außerdem sollten Sie Standort und Signatur (Beispiel: Uni Dortmund, Ggm Fink 1) festhalten.

- Entscheiden Sie, ob Sie besonders wichtig erscheinende Werke kaufen. Die *Anschaffung* empfiehlt sich immer dann, wenn bestimmte Werke für die bearbeitete Themenstellung besonders zentral sind und während der gesamten Bearbeitungszeit zur Verfügung stehen müssen. Durch den Erwerb sind Sie nicht an Leihfristen oder Fernleihbeschaffungen gebunden. Bei der Auswertung können

Sie außerdem Markierungen und Eintragungen vornehmen. Alternativ zu einer Anschaffung können Sie ein entliehenes Buch oder einzelne Kapitel daraus auch *kopieren*. Dies ist zweifelsohne billiger. Bücher sind allerdings wesentlich handlicher als Kopien. Ein schönes Buch motiviert auch mehr zum Lesen als ein Papierstapel, der sich je nach Dicke nicht einmal richtig heften lässt.

- Lassen Sie bei Ihrer Sichtungsarbeit einen Schritt immer mitlaufen: Klären Sie bei den beschafften Werken, ob das *Literaturverzeichnis* noch weitere wichtige Literaturquellen, insbesondere neueren Datums, enthält. Entscheiden Sie, ob es sich lohnt, diese Werke im „Nachrückverfahren" zu beschaffen.
- Überarbeiten Sie am Ende Ihrer Sichtungstätigkeit Ihre „Erste Ideensammlung für die Gliederung", die Sie im Zusammenhang der Themenwahl bzw. -eingrenzung und eines ersten Blickes in die Fachliteratur angefertigt hatten (Kapitel C-3.2). Denn vermutlich sind Sie auf neue Unterthemen und Einzelaspekte gestoßen, die Sie in Ihrer Arbeit konsequenterweise berücksichtigen möchten. Mit der Überarbeitung Ihrer ersten Gliederungsideen steht Ihnen am Ende der Literatursichtung eine Arbeitsgliederung Ihres Themas zur Verfügung. Der Begriff Arbeitsgliederung soll signalisieren: Es handelt sich noch nicht um die schlussendliche, sondern um eine vorläufige Gliederung. Als Strukturgitter oder Raster bildet sie die Grundlage für den folgenden Arbeitsschritt: die Auswertung der Literaturquellen. Für diesen Zweck sollte sie bereits durch Ziffern geordnet sein (vgl. Kap. C-6.2).

Abb. 2 fasst die Arbeitsschritte im Vorfeld der Literaturauswertung noch einmal übersichtlich zusammen.

## 5.3 Auswertung der Literaturquellen

Nach Abschluss der Sichtung beginnen Sie mit der Auswertung.

### 5.3.1 Was bedeutet Auswerten?

Auswerten meint

- einen Text tiefer gehend inhaltlich zu *erschließen* und ihn systematisch *aufzubereiten;*
- sich mit einem Text *kritisch auseinanderzusetzen*. Das kritische Befragen eines Textes vertieft die eigene Auseinandersetzung mit der untersuchten Materie. Gleichzeitig zeigen Sie damit, dass Sie in der Lage sind, sich eigenständig mit einer wissenschaftlichen Materie auseinander zu setzen.

**Beispiele für kritische Fragen an einen Text**

- Worauf stützen sich Aussagen des Textes (z. B. die Behauptung, dass die Sanktionsmaßnahme Arrest Jugendliche von weiteren Straftaten abhält)?
- Ist die Argumentation des Autors schlüssig?

- Auf welche Fragen geht der Autor ein, welche Fragen klammert er trotz Relevanz aus?
- Behandelt der Autor seinen Gegenstand kritisch-reflektierend oder erzeugt er den Eindruck, die Dinge seien so wie sind zu akzeptieren?
- Was spricht für oder gegen bestimmte Vorschläge, die ein Autor zur Lösung eines Problems macht?
- Was spricht dafür oder dagegen, einen bestimmten Begriff so zu definieren, wie es der Autor tut?
- Kann das präsentierte Forschungsergebnis auch anders interpretiert werden?
- Erscheinen die Schlussfolgerungen, die der Autor aus seiner Problemanalyse bzw. aus seinen ausgewerteten Forschungsdaten zieht, plausibel? Ist aus der Tatsache, dass Schüler mit Behinderung in der Regelschule scheitern können, abzuleiten, die Beschulung in einer Sonderschule sei unverzichtbar?
- Repräsentiert der Autor eine bestimmte Lehrmeinung/fachliche Position?
- Bringt der Text wichtige neue Forschungsdaten?
- Erweitert der Text meine Sicht auf das untersuchte Problem?
- Setzt er sich kritisch mit anderen Positionen auseinander?
- Welche Fragen sind unbeantwortet geblieben? Sind diese Fragen wichtig? Wie könnte ich diese klären?
- Ist die methodische Anlage einer Untersuchung überzeugend? Wer waren z. B. die „Experten", die man befragt hat?
- Sind Behauptungen über die Rechtslage zutreffend? Gibt es ggf. kontroverse Rechtsauffassungen?
- Greift die vom Autor vertretene, rein fachwissenschaftliche Sicht auf das Problem nicht zu kurz?
- Sind die in der Sozialen Arbeit unverzichtbaren normativen Aussagen (Soziale Arbeit soll ... Erziehung hat die Aufgabe ...) durch nachvollziehbare Begründungen gestützt?

### 5.3.2 Vorgehen bei der Literaturauswertung

Beginnen Sie die Auswertung mit den Titeln, die nach dem Ergebnis Ihrer Sichtung das ergiebigste Informationsangebot zu Ihrem Thema bereithalten. Erst danach ziehen Sie nach und nach die weiteren Quellen heran.

Zuvor sollten Sie aber klären, ob sie mit oder ohne Software-Unterstützung, wie z. B. citavi, vorgehen wollen. Citavi bietet Ihnen in seinem Programmbereich „Wissensorganisation" hierzu folgende Funktionen:

- Sie können die zuvor elektronisch erfassten Literaturquellen nach Zitaten durchforsten und diese innerhalb des Programms speichern; wenn es sich bei den erfassten Quellen nicht um elektronische Volltexte handelt, müssen diese Textauszüge allerdings per Hand am Bildschirm eingegeben werden.
- Sie können die entnommenen Zitate den Punkten Ihrer Arbeitsgliederung zuordnen, wenn Sie diese zuvor in citavi eingestellt haben.

- Sie können eigene Gedanken festhalten und diese ebenfalls Ihren Gliederungspunkten hinzufügen.
- Wenn Sie später zur Niederschrift Ihres Textes übergehen, können Sie die eingegebenen Zitate unmittelbar in den Text übernehmen.
- Citavi erstellt schlussendlich aus den verwendeten Quellen das Literaturverzeichnis zu Ihrer Arbeit in dem von Ihnen gewünschten Format.

Um für die Literaturauswertung ein Programm wie citavi nutzen zu können, bedarf es einer gewissen Einarbeitung. Anhand einer kostenlosen Free-Version können Sie den Umgang mit citavi erst einmal testen (siehe C-4.3.4). Allerdings erreichen Sie Ihr Ziel auch auf dem „Landweg". Auch bei diesem übernimmt Ihr Computer wichtige Hilfsfunktionen, wie Sie im Folgenden sehen werden. Die Arbeitsschritte selbst sind sich strukturell sehr ähnlich.Das nicht immer leichte Durcharbeiten von Fachtexten kann Ihnen auch ein Literaturverwaltungsprogramm nicht abnehmen.

Folgende Möglichkeiten des Vorgehens haben sich bewährt:

**Aufbereiten des Textinhaltes durch Markierungen und Randnotizen**

Die erste Möglichkeit der Textauswertung besteht darin, einen Text konzentriert durchzuarbeiten und seinen Inhalt durch Markierungen und Randnotizen aufzubereiten. Dieses Vorgehen setzt aber voraus, dass Markierungen überhaupt möglich sind.

**Empfehlungen**

Selbstverständlich ist nicht akzeptabel, entliehene Literatur nachhaltig zu markieren oder zu beschriften. Dies wird manchem offenbar erst dann bewusst, wenn er auf die Eintragungen und Farbgebungen früherer Leser stößt. Solche Textbearbeitungen erschweren die eigene Aufbereitung eines Textes erheblich, zumal sich die Hervorhebungen selbst auf einer Fotokopie des Textes wiederfinden.

Bei entliehenen Büchern ist es allenfalls möglich, mit einem weichen Bleistift ohne Druck Randnotizen anzubringen, wenn diese vor Rückgabe eines Werkes rückstandsfrei wieder entfernt werden. Radierarbeiten führen jedoch schnell zur Beschädigung einer Seite, sodass man bei entliehenen Büchern möglichst auch darauf verzichten sollte.

Die Lösung dieses Problems liegt darin

- zu erkennen, dass die Anfertigung einer wissenschaftlichen Arbeit nicht kostenlos möglich ist; zumindest besonders wichtige Fachliteratur sollte angeschafft werden, um ein effizientes Arbeiten mit den Texten zu ermöglichen;
- die benötigten Textteile zu fotokopieren. Bei Fachaufsätzen ist dies ohnehin der Normalfall. Bei Büchern geht es meist um einzelne Kapitel oder Unterkapitel, sodass sich der Kopieraufwand in Grenzen hält. Eine sorgfältige Vorabsichtung der auszuwertenden Literatur lässt gut erkennen, auf welche Textteile es tatsächlich ankommt (Kap. C-5.2).

*Markierungen*
Prüfen Sie bei diesem Schritt Absatz für Absatz eines Textes (Buchkapitel, Fachaufsatz, sonstiges Dokument), ob er Informationen enthält, die für Ihre Fragestellung bedeutsam sind. Informationen, die Ihnen für die Erstellung Ihrer Arbeit wichtig erscheinen, markieren Sie durch Unterstreichung oder farblich. So können Sie sich bei weiteren Textdurchgängen schnell orientieren und die für Sie wesentlichen Informationen sofort identifizieren. Darüber hinaus fördert das Markieren als aktive Form des Lesens die Konzentration auf den Textinhalt und verbessert damit zugleich die Merkfähigkeit.

Allerdings ist häufig zu beobachten, dass man beim ersten Durchgang durch einen Text zu einer noch fremden Materie nahezu alles wichtig findet und dementsprechend dazu neigt, große Teile des Textes zu markieren. Dadurch entsteht nicht mehr, sondern weniger Übersichtlichkeit.

Grundsätzlich sollte *nur Wesentliches* hervorgehoben werden und mit farblichen Markierungen möglichst sparsam umgegangen werden.

Um das Wesentliche leichter zu erkennen, empfiehlt es sich, die Textbearbeitung in *zwei Schritten* vorzunehmen:

- Arbeiten Sie ein Kapitel bzw. Unterkapitel zunächst durch, ohne Markierungen vorzunehmen. Dabei erfassen Sie neben den einzelnen Gedanken automatisch auch den Gedankengang des Textes.
- Gehen Sie anschließend den frisch gelesenen und im Kurzzeitgedächtnis noch gut präsenten Inhalt noch einmal Schritt für Schritt durch und heben Sie nunmehr die zentralen Informationen hervor.

In der Regel ist es möglich und sinnvoll, sich auf die Markierung von *Schlüsselwörtern* zu beschränken. Diese sparsame Vorgehensweise erleichtert erheblich die spätere Wiedererkennung des Textinhaltes.

> *Beispiele:*
> „Nachdem die Zahl der Heimunterbringungen bis zum Jahr X. kontinuierlich gestiegen war, ist sie seitdem rückläufig."
>
> „Eine Berufsausbildung stellt nach wie vor ein wichtiges Kriterium für einen gelungenen Übergang von der Schule ins Arbeitsleben dar und verringert das Risiko von Arbeitslosigkeit erheblich."

*Randnotizen*
Neben Unterstreichungen und farblichen Markierungen können und sollten Sie Symbole und Abkürzungen nutzen, um den Inhalt des Textes zu *kommentieren* (Tab. 11) und seine *gedankliche Struktur* sichtbar zu machen (Tab. 12). Diese bringen Sie am Rand des Textes an (am besten mit Bleistift, damit Sie den Eintrag ggf. ändern können). Welche Symbole und Abkürzungen Sie wählen und wie Sie diese definieren, bleibt Ihnen selbst überlassen. Allerdings sollten Sie mit einem möglichst einfachen und einheitlichen System arbeiten. Mögliche Kommentierungssymbole zeigt Tabelle 11.

**Tab. 11:** Kommentierungssymbole für die Textbearbeitung

| | |
|---|---|
| Zit | Zitierwürdige Stelle |
| Wi | Widerspruch<br>Beispiel: Wi 68 bedeutet: Widerspruch zu Seite 68 |
| ? | was ist gemeint? |
|  | fragwürdig |
| ! | wichtiger Inhalt |
| !! | sehr wichtiger Inhalt |
| → | siehe dazu Seite |

Zweckmäßigerweise greifen Sie bei Ihren Notizen am Textrand (sog. Marginalien) auf geeignete Abkürzungen zurück. Auch hier gilt: Je filigraner Sie vorgehen, umso weniger Transparenz entsteht und umso größer ist Ihr Bearbeitungsaufwand.

**Tab. 12:** Strukturanzeigende Marginalien

| **Inhaltliche Strukturelemente** | **Symbol** |
|---|---|
| Argument | Arg |
| Äußerung von Kritik | Kr |
| Beispiel | Bsp |
| Benennung einer Folge | Fol |
| Benennung einer Ursache | Urs |
| Darlegung eines Grundes | Gr |
| Definition | Def |
| Ergebnis | Erg |
| Erheben einer Forderung | For |
| Fragestellung | Fr |
| Hinweis auf Voraussetzung(en) | Vor |
| Praxisschilderung | Pr |
| Prognose | Prg |
| Schlussfolgerung | SF |
| These, Annahme | Th |
| Zielformulierung | Zi |
| Zusammenfassung | Zfg |

Mehrfach auftretende inhaltliche Strukturelemente unterscheiden Sie am Rand durch Zahlen.

*Beispiel:*

| Text | Symbol |
|---|---|
| „Zwar erfolgte bisher keine klare Grenzziehung zwischen juristischer Haupt- und Nebenleistung, doch wird die Rechtsprechung dafür Abgrenzungskriterien entwickeln. Außerdem ist zu erwarten, dass der rechtliche Beratungsmarkt noch weitergehend für juristische Laien geöffnet wird." (Naake 2008, 457) | Prg 1<br>Prg 2 |

**Exzerpieren**

Die zweite Möglichkeit der Textauswertung stellt das Exzerpieren dar. Auch wenn es empfehlenswert ist, besonders wichtige Werke anzuschaffen, werden Sie angesichts der Vielzahl der Quellen bei einer Bachelorarbeit nicht umhinkommen, einen Teil der benötigten Fachliteratur zu entleihen. Damit bleibt die Frage bestehen, wie Sie diese entliehenen Werke auswerten können, ohne sie durch Markierungen und Beschriftungen zu beschädigen und unter der Maßgabe, diese Werke nach kurzer Zeit bereits wieder zurückgeben zu müssen. Die Antwort lautet: Indem Sie Exzerpte anfertigen (siehe Kap. A-3.2).

Das Herausschreiben wichtiger Textinhalte kann hierbei *wortwörtlich* oder in *eigenen Worten* geschehen. Da die Verwendung eigener Worte eine wichtige Verständniskontrolle darstellt, sollte ein Exzerpt hauptsächlich sinngemäße Inhaltswiedergaben beinhalten. Nur ergänzend sollten zitierwürdige Ausführungen eines Autors im Wortlaut angeschlossen werden, damit Sie auch nach Rückgabe des Buches noch auf „O-Töne" zurückgreifen können.

Inhalt und *Umfang eines Exzerptes* werden ausschließlich durch die Fragestellung Ihrer Arbeit bestimmt. Auch beim Markieren beschränken Sie sich schließlich auf diejenigen kürzeren oder längeren Textstellen und Textteile, die sich unter dem Suchscheinwerfer Ihrer Fragen bzw. Ihrer Gliederung als relevant darstellen. Was Ihnen keinen Ertrag verspricht, entfällt hierbei.

Zweckmäßigerweise legen Sie Ihre Exzerpte nicht in Papierform, sondern als *Word-Dokument* auf Ihrem PC an. So können Sie Ihren PC bei der Anfertigung des Manuskripts jederzeit nach bestimmten Worten in den Exzerpten suchen lassen. Außerdem können Sie auf dem PC leichter durch die einzelnen Exzerpte blättern. Sie können später wörtliche oder sinngemäße Zitate aus dem Exzerpt ausschneiden, Ihrer Gliederung zuordnen und in die Niederschrift der Arbeit übernehmen (siehe dazu Kap. C-7.3.2).

Wichtig ist es, das Exzerpt sorgfältig anzulegen. Ungenaue oder nach kurzer Zeit nicht mehr verständliche Eintragungen verfehlen ihren Zweck.

Während Sie Ihre sinngemäßen Eintragungen Platz sparend abkürzen können, sollten Sie Originalzitate immer wörtlich und ausgeschrieben übertragen, um spätere Zitatfehler auszuschließen.

Das Grundformular für das Exzerpt haben Sie bereits in Kap. A-3.2 kennengelernt (s. Abb. 1, S. 36). Dieses Formular können Sie hier in leicht modifizierter Form nutzen. Die Änderung bezieht sich hauptsächlich auf die Hinzufügung einer Spalte, in der Sie i. W. festhalten, welchem Ihrer Gliederungspunkte sich das jeweilige Zitat zuordnen lässt (Abb. 3).

| **Exzerpt** | | **[Quelle-Nr.]** |
|---|---|---|
| **Verfasser** | Goltz u. a. | **16** |
| **Kurztitel** | Jugendliche ohne Berufsausbildung | |
| **Signatur/ISBN** | NIn Golt 978-3-7841-1814-7 | |
| **Kopien/Ablageort** | Inh.verz., S. 15–25; 102–111; Ordner 2 | |
| **Inhalt**<br>[in eckigen Klammern hervorgehoben: inhaltliche Strukturelemente eigene Schlagworte]<br>(in runden Klammern: Nr. der Quelle und Seite)<br>{in geschweiften Klammern kursiv: persönliche Anmerkungen/Arbeitsaufträge} | | zu Kap. |
| [Ausbildungssituation] Jugendliche ohne Schulabschluss, Hauptschulabsolventen, Jugendliche mit Migrationshintergrund münden seit Jahren immer seltener in duale Ausbildung (16–23) | | Einl. |
| Ausbildungswünsche und Ausbildungsmöglichkeiten klaffen erheblich auseinander (16–23) | | Einl. |
| [Erfolg Fördermaßnahmen] Bei vielen Jugendlichen nach Schule zunächst BvB, „etliche" gelangen anschließend von dort in Ausbildung; vielen (insbes. ohne Schulabschluss) gelingt dies aber nicht, trotz vielfältiger Förderangebote; Gefahr der „Maßnahmekarriere": Phasen der Förderung und der Arbeitslosigkeit wechseln sich ab; dadurch auf Dauer immer weniger Aussichten auf Berufsausbildung (16–23) | | 1.2 |
| {Quelle Lex 1997 beschaffen; Unterschiede nach Geschlecht?} | | |
| usw. | | |

**Abb. 3:** Beispiel eines Exzerptes

In eckigen Klammern zeigen Sie wichtige inhaltliche Strukturelemente des Textes an, ebenso können Sie dem Exzerpt eigene Schlagworte hinzufügen, mit denen Sie den Text später durchsuchen können. Persönliche Anmerkungen und zu erledigende Arbeitsaufgaben setzen Sie in geschweifte Klammern. Unabdingbar ist, *jede* Eintragung in den Auswertungsbogen mit einer Identifikationsnummer zu versehen, die für die herangezogene Quelle steht. Die Identifikationsnummer erspart Ihnen die aufwändige Wiederholung des Verfasser-Namens. Wenn Sie die Exzerpt-Einträge später Ihren Gliederungspunkten zuordnen, ist aus der Nummer sofort ersichtlich, welcher Quelle das Zitat entnommen wurde (z. B. 5–85 = Quelle 5, S. 85). In der rechten Spalte des Auswertungsformulars („zu Kap.") geben Sie an, zu welchem (Haupt-)Kapitel Ihrer Arbeit die Eintragung Informationen bereitstellt.

Das Exzerpieren ist technisch betrachtet denkbar einfach. Es kostet aber Zeit. Dafür dringt man tiefer als beim „Lesen und Markieren" in einen Text ein. Die

Annahme, dass das Exzerpieren die korpulente Schwester des schlanken Markierens sei, ist aber verfehlt. Denn auch Markieren kommt in Wirklichkeit nicht ohne jedes Exzerpieren aus. Schließlich wollen Sie wichtige Informationen und Gedanken aus den markierten Texten in Ihrem Manuskript berücksichtigen. Dazu ist mehr erforderlich, als die Texte lediglich farblich und sprachlich aufzubereiten. Wie Sie die Verbindung zwischen markierten Textinhalten und Ihrer Gliederung herstellen können, erfahren Sie in Kap. C-7.3.2.

Prüfen Sie am Ende jedes ausgewerteten Dokumentes, ob neu hinzu gekommene Erkenntnisse und Einsichten Anlass geben, die Arbeitsgliederung zu verfeinern.

# 6 GLIEDERUNG DER ARBEIT

In Kapitel C-5 ging es um Literatursichtung und -auswertung. Der Arbeitsschritt „Sichtung der Quellen“ schloss mit der Erstellung einer gewichteten Arbeitsgliederung ab (Kap. C-5.2). Ähnlich einem Kategorienraster dient die Arbeits- bzw. vorläufige Gliederung dazu, den Inhalt der auszuwertenden Quellen ordnen zu können. Wie sich eine solche vorläufige – und erst recht die schlussendliche – Gliederung einer Arbeit erstellen lässt, wird im Folgenden erläutert.

## 6.1 Grundanforderungen an die Gliederung

Die Gliederung ist das Gerüst jeder Arbeit. In einer gestuften Abfolge von Kapiteln definiert sie – mehr oder weniger filigran – sämtliche Stränge, auf denen die Fragestellung der Arbeit untersucht werden soll. Die einzelnen Elemente müssen so angeordnet und aufeinander bezogen sein, dass es dem Leser Schritt für Schritt gelingt, dem Gang der Untersuchung zu folgen und die Argumentation des Verfassers nachzuvollziehen. Geübte Augen erkennen schon an der Gliederung, ob eine Arbeit einen sachlogisch nachvollziehbaren Aufbau hat oder ob ihr der „rote Faden“ mehr oder weniger fehlt.

**Tipp**

Eine gute Prüfmethode ist, den „roten Faden" der Gliederung sich selbst auf einem Blatt Papier schriftlich zu begründen. Ebenso bewährt hat sich, die Logik des Aufbaus einem Dritten mündlich zu erläutern: Warum ist welches Hauptkapitel für meine Frage wichtig? Warum habe ich welches Hauptkapitel in die vorgesehenen Kapitel untergliedert? Wie bauen die Kapitel und Unterkapitel aufeinander auf?

Der äußere Rahmen einer Gliederung wird durch die Segmente Einleitung, Hauptteil und Schlusskapitel gebildet. Das bedeutet nicht, dass diese Begriffe in der Gliederung erscheinen müssen oder sollten.

Anders als der Hauptteil werden Einleitung und Schlussteil nur im Ausnahmefall in Unterkapitel gegliedert. Anforderungen, die Sie bei der Erstellung Ihrer Gliederung beachten sollten, sind:

- Jeder Gliederungspunkt muss sich aus seinem Beitrag zur Beantwortung Ihrer Untersuchungsfrage(n) heraus *begründen* lassen. Verzichten Sie auf Gliederungspunkte, die „interessant“, aber unwesentlich sind.
- Eine Gliederung muss vollständig sein *(„rund“)*. Sie muss die gemessen am Untersuchungsziel wesentlichen Fragen aufnehmen.

*Beispiele:*
Wenn Sie Handlungsmöglichkeiten der Sozialen Arbeit bei „Häuslicher Gewalt" untersuchen wollen, sollten Sie nicht nur reaktive, sondern auch präventive Hand-

lungsmöglichkeiten ansprechen, es sei denn, Sie hätten letztere ausdrücklich (z. B. in der Einleitung) von Ihrer Betrachtung ausgenommen.

Ebenso würde der Themenbogen als „nicht rund" empfunden, wenn Sie die Handlungsmöglichkeiten ohne jede Bezugnahme auf die bisherige Praxis erörtern würden.

- Punkte, die inhaltlich *zusammengehören*, gehören auch gliederungstechnisch zusammen.
- Die *Reihenfolge* der Kapitel muss auch für einen Dritten nachvollziehbar sein. Achten Sie darauf, dass ein Kapitel nicht Informationen voraussetzt, die erst in einem späteren Kapitel gegeben werden. Anders als in dem nachfolgenden Beispiel spielen auch die Gesetze der Logik eine Rolle (Abb. 4).

2 Aufgaben und Ziele der Hilfeplanung
2.1 Aufgaben
2.2 Ziele

**Abb. 4:** Unlogische Gliederung (vgl. auch Brink 2013, 145)

Da sich Aufgaben nur aus Zielen ableiten lassen, müssten zunächst die Ziele und erst dann die Aufgaben dargestellt werden. Dementsprechend ändert sich auch die Reihenfolge der Unterpunkte (2.1 Ziele, 2.2 Aufgaben).

- Die Überschriften der Gliederung müssen mit dem später zu erstellenden Inhaltsverzeichnis *identisch* sein. Formulieren Sie die Überschriften klar und verständlich, damit diese auch für Ihr Inhaltsverzeichnis tauglich sind. Denn das erste, was Ihr Prüfer von Ihrer Arbeit zur Kenntnis nimmt, ist das Inhaltsverzeichnis.
- Formulieren Sie Überschriften so, dass Ihnen selbst *klar* ist, worum es im jeweiligen Kapitel geht. Produzieren Sie keine Überschriften, die Ihnen das beständige Umgehen mit der Gliederung erschweren. Kornmeier (2013, 99) bemerkt zu Recht: „Wer Überschriften nicht verständlich formulieren kann, hat im Regelfall selbst nicht richtig verstanden, was er zu Papier bringen will."
- Oder er kopiert die Kunstsprache bestimmter wissenschaftlicher Richtungen. Im Anschluss an Spandl (1977, 73 f.) nennt Kornmeier (ebd., 100) einige für Überschriften geeignete Schlüsselwörter, die dem Leser signalisieren, welcher Inhalt ihn erwartet.

**Schlüsselwörter für eine Gliederung**

- Anforderungen, Bedingungen, Kriterien, Voraussetzungen
- Arten, Ausprägungen, Grundformen, Typen, Dimensionen
- Chancen und Risiken (Grenzen)
- Eigenschaften, Merkmale
- Erfolgsfaktoren, Einflussfaktoren, Determinanten, Bestimmungsfaktoren

- Folgerungen, Konsequenzen
- Möglichkeiten und Probleme
- Motive und Ziele
- Ursachen
- Vergleich, Synopse
- Vor- und Nachteile

- Ein Gliederungspunkt zerfällt bei einer Untergliederung immer in zwei oder mehr Unterpunkte; die Untergliederung mit einem einzigen Unterpunkt ist nicht logisch und deshalb auch nicht zulässig.
  Das bedeutet: Wenn es im Gliederungspunkt 1 den Unterpunkt 1.1 gibt, muss es mindestens auch den Unterpunkt 1.2 geben.
  Hintergrund: Wenn man aus einem Text eine bestimmte Teilmenge herauslöst und diese mit einem eigenen Gliederungspunkt versieht (hier: 1.1) wird die verbleibende Textmenge ebenfalls zu einer Teilmenge des Gesamttextes, für die es konsequenterweise ebenfalls einer eigenen Überschrift bedarf.
- Aus demselben Grund sollte vor Beginn des nächst tieferen Gliederungspunktes auch kein Vortext stehen. Wenn ein Gliederungspunkt untergliedert wurde, bilden die Inhalte der Unterabschnitte den Inhalt des entsprechenden Gliederungspunktes (vgl. Burchert/Sohr 2008, 82). Diese Unterabschnitte müssen den Gesamttext vollständig aufnehmen. Ausnahme: Es soll zu Beginn eines untergliederten Kapitels eine Vorschau auf den Inhalt des Unterkapitels gegeben werden. In diesem Fall könnte z. B. zwischen Punkt 1 und Unterpunkt 1.1 ein Text eingefügt werden.

1 Kapitelüberschrift
*kein Text, Ausnahme: Vorschau auf Unterkapitel*
1.1 Unterkapitelüberschrift 1
*Text des Unterkapitels*
1.2 Unterkapitelüberschrift 2
*Text des Unterkapitels*

**Abb. 5:** Textanordnung bei untergliederten Kapiteln

- Eine Gliederung sollte aus Transparenzgründen nicht mehr als vier Gliederungsebenen vorsehen. Lösen Sie evtl. Probleme durch Aufspaltung eines Hauptkapitels.

1
1.1
1.1.1
1.1.1.1

**Abb. 6:** Höchstzahl der Gliederungsebenen (empfohlen)

- Über den *Anteil* eines Hauptkapitels am Gesamtumfang entscheidet seine Relevanz für die zentrale Untersuchungsfrage. Auf der anderen Seite sollten sich Hauptkapitel aber nicht in einem völligen Ungleichgewicht befinden.

*Beispiel:*
Hauptkapitel A umfasst zwei Seiten, Hauptkapitel B 33 Seiten, Hauptkapitel C sieben Seiten. Gesamtumfang der Bachelorarbeit: 50 Seiten. Hier spricht alles dafür, dass Hauptkapitel A wegen seines schmalen Informationsangebotes gar nicht den Status eines Hauptkapitels hat, während Hauptkapitel B im Verhältnis zum Gesamtumfang der Arbeit überdimensioniert erscheint.

Sachlich begründete *Ausnahmen* können aber dafür sprechen, einzelnen Kapiteln einen außergewöhnlichen Umfang einzuräumen. Ein Beispiel dafür gibt das Buch, das Sie gerade lesen. Hier hat das Hauptkapitel C ein von allen anderen Hauptkapiteln deutlich abweichendes Volumen. Dies ist hier geschehen, um die Erstellung einer wissenschaftlichen Arbeit als Prozess ganzheitlich darstellen zu können. Alle zentralen Prozesselemente wurden deshalb in einem Hauptkapitel zusammengefasst.

Welchen Umfang eine Gliederung erfahrungsgemäß hat, zeigt die nachfolgende Tabelle:

**Tab. 13:** Gliederungsumfang und Anzahl der Gliederungsebenen

| Art der Arbeit | Umfang der Arbeit | Seitenumfang der Gliederung | Anzahl der Gliederungsebenen |
|---|---|---|---|
| Hausarbeit | 15–20 | 0,5–0,75 | 2–3 |
| Bachelorarbeit | 50–60 | 1–2 | 3 |
| Masterarbeit | 60–80 | 2 | 3–4 |

## 6.2 Formale Struktur der Gliederung

Gliederungen können rein *numerisch* (nur mit Ziffern arbeitend) oder *alphanumerisch* (mit Buchstaben und Ziffern arbeitend) angelegt werden. Die Gliederungspunkte können dabei linksbündig gesetzt werden (Linienprinzip) oder eingerückt werden (Abstufungsprinzip). Daraus ergeben sich vier grundlegende formale Gestaltungsmöglichkeiten (Abb. 8).

In den Sozialwissenschaften sind numerische Ordnungen am weitesten verbreitet. Sie sind leicht zu handhaben; jede verwendete Zahl zeigt eindeutig die Position eines Kapitels im Gesamtkontext der Arbeit an.

Alpha-numerische Gliederungen betonen die Aufbaustruktur der Arbeit durch die Unterschiedlichkeit der verwendeten Symbole. Hierbei entsteht das Problem, dass mit Ausnahme der Großbuchstaben alle Symbole in der Arbeit mehrfach vorkommen können. Steht im Text der Arbeit z. B. nur noch der Buchstabe a) vor einem Gliederungspunkt, ist nicht mehr unmittelbar ersichtlich, zu welchem höheren Gliederungspunkt dieser Gliederungsabschnitt gehört.

| | | Gliederungsordnung | |
|---|---|---|---|
| | | **Numerische Ordnung** | **Alpha-numerische Ordnung** |
| **Gliederungsprinzip** | **Linienprinzip** | 1 …<br>1.1 …<br>1.2 …<br>2 …<br>2.1 …<br>2.2 …<br>2.2.1 …<br>2.2.2 …<br>2.2.2.1 …<br>2.2.2.2 …<br>2.3 …<br>3 … | A. …<br>I. …<br>II. …<br>B. …<br>I. …<br>II. …<br>1. …<br>2. …<br>a) …<br>b) …<br>3. …<br>C. … |
| | **Abstufungsprinzip** | 1 …<br>  1.1 …<br>  1.2 …<br>2 …<br>  2.1 …<br>  2.2 …<br>    2.2.1 …<br>    2.2.2 …<br>      2.2.2.1 …<br>      2.2.2.2 …<br>  2.3 …<br>3 … | A. …<br>  I. …<br>  II. …<br>B. …<br>  I. …<br>  II. …<br>    1. …<br>    2. …<br>      a) …<br>      b) …<br>    3. …<br>C. … |

**Abb. 7:** Gliederungsformen (vgl. Burchert/Sohr 2008, 80, leicht geändert)

Entscheidet man sich für eingerückte Gliederungspunkte, können sich in beiden Gliederungsformen Darstellungsprobleme ergeben, wenn die Überschriften lang und die Gliederung tief ist (Beispiel: 3.2.4.7). Andererseits geht bei einem Verzicht auf Einrückungen schnell die Übersichtlichkeit der Gliederung verloren.

Außerhalb der „reinen" Gliederungsmodelle sind durchaus Kombinationsmodelle möglich (Abb. 9).

Dieses Kombinationsmodell schafft auch bei einer vierstufigen Gliederung eine gute Übersichtlichkeit, unterstützt durch die Einfügung einer Leerzeile zwischen den Hauptkapiteln. Wird in der Kopfzeile im Textteil Ihrer Arbeit der Buchstabe des Hauptkapitels mit angezeigt, ist beim Lesen des Textes stets klar, zu welchem Hauptkapitel der Gliederungspunkt gehört.

**Einleitung**

**A. [Hauptkapitel 1]**

- 1
  - 1.1
  - 1.2
- 2
  - 2.1
  - 2.2

**B. [Hauptkapitel 2]**

- 1
  - 1.1
  - 1.2
    - 1.2.1
    - 1.2.2
- 2
  - 2.1
  - 2.2

**C. [Hauptkapitel 3]**

- 1
  - 1.1
  - 1.2
- 2
  - 2.1
  - 2.2

**Zusammenfassung**

**Abb. 8:** Modell einer kombinierten Gliederung

# 7 ABFASSUNG DES MANUSKRIPTES

## 7.1 Grundlegende Hinweise

### 7.1.1 Umgang mit Quellen

Wer wissenschaftlich arbeitet, entwickelt nicht nur eigene Gedanken, sondern greift bei der Auswertung der Fachliteratur fortlaufend auf die Gedanken anderer zurück. Für den Umgang mit fremden Gedanken gelten eine Reihe grundlegender Regeln. Sie betreffen u. a.

- die Verpflichtung, die Übernahme fremder Gedanken gegenüber dem Leser auszuweisen;
- die Empfehlung, übernommene Gedanken und eigene gedankliche Leistungen in ein angemessenes Verhältnis zu setzen;
- den Grundsatz, Zitate aus der Ursprungsquelle und nicht aus „zweiter Hand" zu entnehmen.

Die Grundsätze des Zitierens und das formale Regelwerk des Zitierens (lat. citare = wörtlich: herbeirufen) fremder Quellen werden in Kapitel C-8 zusammenfassend dargestellt. Es sei empfohlen, dieses Kapitel vor Beginn der Niederschrift durchzuarbeiten.

### 7.1.2 Exkurse

Manchmal kommt die Überlegung auf, dem Leser in einem eigenen, zusätzlich eingeschobenen Gliederungspunkt eine ausführliche Erläuterung eines Sachverhaltes zu geben. Gegenstand dieses „specials" kann der besondere Hintergrund eines Problems sein, ein spezieller Teilaspekt, eine interessante Parallele, ein historischer Rückblick oder dergleichen.

> *Beispiel:*
> Exkurs „Entstehung der Jugendämter zu Beginn des 20. Jahrhunderts" im Rahmen einer Bachelorarbeit über „Kindeswohlgefährdung".

Von solchen Einschüben ist wegen der Unterbrechung des Leseflusses im Allgemeinen *abzuraten*. Exkurse führen den Leser – nomen est omen – aus dem Gedankengang hinaus. Wenn der vorgesehene Einschub unter der Fragestellung der Arbeit tatsächlich nötig erscheint, so ist sein Status als „Exkurs" unpassend. In diesem Fall müsste und sollte es sich um einen regulären Gliederungspunkt handeln. Der Exkurs wäre so gesehen ein Gliederungsfehler. Wenn der Einschub etwas erläutert, was im Zusammenhang der Darstellung „ganz interessant", aber nicht erforderlich erscheint, so gehört der Exkurs nicht in die Arbeit. Es ist nicht das Ziel einer Arbeit, abseits von der Hauptstrecke interessante Nebenstrecken zu befahren. Erst recht kann nicht eine fehlende Stoffmenge Anlass geben, Nebenschauplätze zu eröffnen. Deshalb wird hier empfohlen, auf Exkurse möglichst zu verzichten (vgl. auch Paetzel 2001, 115).

### 7.1.3 Anmerkungen

Der Verzicht auf Exkurse sollte weitgehend auch für Anmerkungen gelten. Halten Sie Anmerkungen dennoch für erforderlich, können diese als Block am Ende der Arbeit zusammengefasst werden (selten) oder in Form von Fußnoten unter den Text der betreffenden Seite platziert werden (Regelfall). Unter Anmerkungen seien hier zusätzliche inhaltliche Hinweise verstanden, nicht dagegen Quellenangaben, die ebenfalls häufig in Fußnoten untergebracht werden.

Die inhaltlichen Ergänzungen können z. B. Hinweise geben auf

- andere Teile der Arbeit (Beispiel: „Siehe die in Kapitel 5 berichteten Zahlen.“);
- weiterführende Literatur (Beispiel: „Vertiefende Überlegungen stellt Müller [2010, 102] an.“);
- anders gelagerte Auffassungen (Beispiel: „Eine von der Mehrheitsmeinung abweichende Auffassung vertreten Meyer, Müller & Schulze [2010, 234]“);
- die Rechtsprechung und sich widersprechende Rechtsauffassungen (Beispiel: „So vertritt das Oberverwaltungsgericht Bremen die Auffassung, dass ...“);
- weitere Begründungen für eine im Text gegebene Darstellung (Beispiel: „Darüber hinaus ließen sich noch zahlreiche weitere Einwände formulieren ...“);
- geschichtliche Bezüge (Beispiel: „Der hier berichtete Fall hat in der langen Geschichte der Anstalts- und Heimerziehung zahlreiche Vorläufer. So waren bereits in den ...“);
- Beispiele aus der Praxis;
- kritische Kommentare (Beispiel: „Ich halte diese Auffassung für fragwürdig. Sie unterstellt ...“):
- Erläuterungen zu einem Sachverhalt

etc.

Sehr oft lassen sich solche Hinweise, wenn sie denn für den Gang der Darstellung tatsächlich bedeutsam sind, in den Text der Arbeit *integrieren*. Viele wissenschaftliche Texte kommen deshalb vollkommen ohne Anmerkungen aus. Eine Ausnahme bildet die juristische Fachliteratur, in der Anmerkungen gerne genutzt werden, um weitere Nachweise für einen Rechtsstandpunkt vorzulegen oder die Strittigkeit von Rechtspositionen darzustellen.

In studentischen Arbeiten geraten inhaltliche Anmerkungen schnell in den Verdacht eines Beweismediums für das, was man sonst noch weiß oder ansonsten „umsonst“ gelesen hätte. In jedem Falle sollte ihr Einsatz äußerst *sparsam* erfolgen. Jede Anmerkung durchbricht den Lesefluss und muss sich durch ihre Wichtigkeit rechtfertigen.

**Wichtiges gehört in den Text und nicht in die Anmerkungen.**

### 7.1.4 Abbildungen und Tabellen

Tabellen haben nach Metzger (2007, 132) die Funktion, umfangreiche Informationen auf wenig Raum zu präsentieren. Die Informationen können *quantitativer* Art (statistische Daten) und *qualitativer* Art (Wörter, Sätze, z. B. in Form von

Beschreibungen, Vergleichen oder Checklisten) sein. Abbildungen sind demgegenüber bildliche Illustrationen, die nicht in Form einer Tabelle präsentiert werden. Dazu gehören Diagramme, Karten, Bilder, Zeichnungen u. Ä. Abbildungen vermitteln im Unterschied zu einer Tabelle „schneller einen Gesamteindruck oder das Allerwesentlichste, zeigen aber oft weniger exakte Detailinformationen (ebd.)".

Abbildungen und Tabellen kommen immer dann in Betracht, wenn es darum geht, komplexere Inhalte und Zusammenhänge in komprimierter Form darzustellen. Die konzentrierte Präsentation soll den Inhalt der Textaussagen verdeutlichen und deren Verständnis fördern. Argumentationen, etwa über den Zusammenhang zwischen sozialer Schicht und Bildungsstatus, wirken überzeugender und nachhaltiger, wenn sie für den Leser numerisch in einer Tabelle oder visuell als Kurvendiagramm in einem Schaubild dargestellt werden.

Abbildungen und Tabellen müssen sich durch ihren sachlichen Zweck rechtfertigen. Weder geht es darum, den Leser durch „schöne Bilder" zu beeindrucken, noch darum, einen inhaltsleeren Text visuell zu kaschieren.

Folgende Regeln sollten Sie beim Einsatz von Tabellen und Abbildungen beachten:

- Abbildungen/Tabellen sollten vor ihrer Präsentation im Text *angekündigt* werden. Entweder folgt danach die Präsentation der Abbildung/Tabelle oder zunächst der auf die Abbildung oder die Tabelle bezogene Ausführungstext.
- Schaubilder und Tabellen bedürfen der Erläuterung im Text.

*Beispiel:*
Tab. 5 zeigt, wie viele Jugendliche auch zwei Jahre nach Schulabschluss noch keinen Ausbildungsplatz gefunden haben. Besonders auffällig ist der hohe Anteil von Jugendlichen mit Migrationshintergrund. Von diesen haben nur . .

Je evidenter eine Abbildung oder eine Tabelle sind, umso knapper darf die Erläuterung ausfallen. Gehen Sie aber nicht vorschnell davon aus, das Dargestellte sei selbsterklärend, das ist es erfahrungsgemäß oft nicht. Gewöhnlich neigt der Leser auch nicht dazu, sich die in Rede stehenden Zusammenhänge eigenständig gedanklich zu erschließen, auch wenn dies prinzipiell möglich wäre.

- Erläuterungstext und Schaubild/Tabelle sollten – wenn möglich – dicht *beieinander* stehen, damit das Auge zwischen Text und Abbildung pendeln kann und unpraktisches Umblättern vermieden wird. Daraus folgt auch, dass Abbildungen und Tabellen nicht in den Anhang gehören.
- Verzichten Sie auf allzu filigrane Darstellungen. Sonst bauen sie zusätzliche Komplexität auf, wo diese durch ein Bild gerade *reduziert* werden soll. Ggf. können Sie den Leser darauf hinweisen, dass das Schaubild eine vereinfachte Darstellung bietet.

*Beispiel:*
Abb. 3: Entscheidungsablauf (vereinfacht dargestellt)

- Zahlen in Tabellen sollten grundsätzlich auf eine Stelle hinter dem Komma gerundet werden.

- Versehen Sie Abbildungen/Tabellen immer mit einem aussagekräftigen *Kurztitel* und einer fortlaufenden *Nummer*. Bei Tabellen stehen diese Titelangaben über der Tabelle, bei Abbildungen stehen sie darunter. Die Worte Abbildung und Tabelle können Sie dabei abkürzen und fett drucken.

*Beispiel:*
Tab. 1: Bewilligte Hilfen zur Erziehung (2008–2013)
Abb. 7: Managementkreislauf

**Praxistipp**

Die Beschriftung von Abbildungen und Tabellen ist unter Word sehr einfach: Gehen Sie im Menü „Verweise" auf „Beschriftung". Tragen Sie unter „Bezeichnung" ein, ob Sie eine Tabelle oder eine Abbildung einfügen möchten. Tragen Sie sodann unter „Beschriftung" den Text der Überschrift Ihrer Tabelle oder Abbildung ein. Word zählt bei der Nummerierung der Einfügungen automatisch mit, sodass jede nachfolgende Tabelle oder Abbildung die nächsthöhere Ziffer trägt.

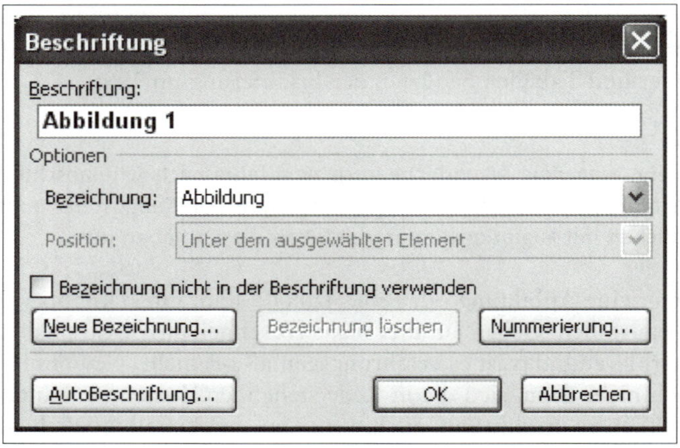


- Die *Anpassung* aus der Literatur übernommener Abbildungen/Tabellen an das eigene Informationsziel ist möglich, muss aber als solche ausgewiesen werden.

*Beispiel:*
Abb. 4: Elemente des Eingliederungsassessments (nach Wilbert 2013, 28, vom Verfasser modifiziert/stark vereinfacht/aktualisiert ...) *oder* (in Anlehnung an Wilbert 2013, 28)
Bei unveränderter Übernahme erfolgt die Quellenangabe durch Hinzufügung des Wortes Quelle unterhalb der Abbildung. Möglich sind auch andere Formeln.

*Beispiele:*
Quelle: Wilbert (2013, 28)

Entnommen aus: Wilbert (2013, 28)
Abbildung: Wilbert (2013, 28)

Um jedwedes Missverständnis über die Urheberschaft auszuschließen, können selbst angefertigte Darstellungen mit dem Klammerzusatz („Eigene Darstellung“) versehen werden.

- Achten Sie darauf, dass eine eingescannte Tabelle bzw. Abbildung auch in der Verkleinerung noch *lesbar* ist.
- Farbige Abbildungen sollten Sie nur dann vorsehen, wenn die Farben die Unterscheidung der dargestellten Informationen erleichtern und dieser Effekt nicht ebenso gut durch Schwarz-Weiß-Elemente erzielt werden kann.
- Falls Sie beabsichtigen, eine eigene Tabelle zu erstellen: Holen Sie sich in anerkannten Lehrbüchern, den Veröffentlichungen des Statistischen Bundesamtes oder der Bundesagentur für Arbeit oder in speziellen Ratgebern über Visualisierung und Präsentationstechniken (z. B. Blod 2007) Anregungen, wie man eine Tabelle übersichtlich gestalten kann.

### 7.1.5 Sprache

Sprache hat die Funktion der Verständigung, das gilt auch für eine wissenschaftliche Arbeit. In einer Sphäre, in der es um nüchtern rationale Sachverhalte geht (Theorien, Daten, Forschungsergebnisse etc.), ist auch das Verständigungsmedium Sprache nüchtern-sachlich und trotz der Leidenschaft, mit der Wissenschaft betrieben werden kann, in der Regel distanziert-emotionslos. Die Sprache soll den Blick auf die Sache nicht verstellen und deshalb unauffällig sein.

Eine *gute Sprachqualität* verbindet sich mit Merkmalen wie Klarheit, Eindeutigkeit, Anschaulichkeit und Verständlichkeit für den Leser. Ebenso wie im Alltagsleben fallen aber auch im wissenschaftlichen Bereich Anspruch und Wirklichkeit erheblich auseinander. Gelegentlich könnte man sogar annehmen, unverständlich zu schreiben, sei ein Markenzeichen wissenschaftlicher Betätigung und demzufolge auch der beste Ausweis eines gelungenen Studiums.

Dem ist entgegenzuhalten: Sprache soll verbinden und nicht trennen. Wissenschaftliche Beiträge sind nicht deshalb glaubwürdiger, weil ihre sprachliche Darbietung schwer verständlich ist.

Folgende *Grundregeln* der schriftsprachlichen Kommunikation könnten Sie beim Schreiben Ihres Manuskriptes beachten:

- Arbeiten Sie dort mit Fachtermini, wo diese *geboten* sind. Entsagen Sie aber einem Übermaß an wissenschaftlichem Spezialvokabular in der Annahme, dass dieses die wissenschaftliche Qualität Ihrer Arbeit am besten unter Beweis stellt. Entsprechendes gilt für die Benutzung von Fremdwörtern und Anglizismen. Sprachliche Alternativen zu überflüssigen Fremdwörtern finden Sie bequem im Internet (Google: Fremdwörterbuch online).

  In einer studentischen Arbeit, die immer einen Nachweischarakter hat, müssen wichtige Fachtermini grundsätzlich erläutert werden, und zwar an frühestmöglicher Stelle im Text und so präzise wie möglich. So lassen sich Missverständnisse zwischen Ihnen und Ihrem Prüfer am ehesten ausschließen. Greifen Sie nach Möglichkeit auf anerkannte Fachlexika zurück.

*Beispiel:*
Sie verfassen eine Arbeit über „Niederschwellige Angebote für wohnungslose Menschen". Hier wäre neben dem Begriff „Niederschwelligkeit" auch der Begriff „Wohnungslosigkeit" darzulegen und gegen benachbarte Begriffe wie „Obdachlosigkeit" oder „Nichtsesshaftigkeit" abzugrenzen. Darlegen bedeutet von den in der Fachliteratur vertretenen Begriffsverständnissen ausgehend anzugeben, in welchem Sinne der Begriff in der vorliegenden Arbeit verwendet wird.

- Vermeiden Sie aufwändige Satzkonstruktionen, deren Länge und Verschachtelungen niemand mehr durchschauen kann. Alle langen Sätze lassen sich zerlegen, ohne dass am Ende nur noch aneinander gereihte Subjekt-Prädikat-Objekt-Kurz-Konstruktionen heraus kommen müssen. Ein häufiger Frust, den Studierende beim Lesen wissenschaftlicher Texte empfinden, hängt mit der Tatsache zusammen, dass fortlaufend gegen den *Grundsatz der Einfachheit* der Sprache verstoßen wird.
- Wissenschaftliches Schreiben erfordert eine *wertneutrale Sprache*. Der Leser will nicht Ihre persönlichen Empfindungen, sondern nachvollziehbare Tatsachenbeschreibungen als Grundlage eigener Urteilsbildung kennenlernen. Schildern Sie also nicht, wie „schlimm" Sie den behördlichen Umgang mit Asylbewerbern finden, sondern beschreiben Sie, wie dieser geschieht und welche Folgen er für die Asyl suchenden Menschen hat.
- Schreiben Sie möglichst präzise und vermeiden Sie *hohle Floskeln* wie „In der zunehmend komplexer werdenden Welt globalisierter Lebenszusammenhänge".
- Formulieren Sie *geschlechtsneutral*. Der Duden erlaubt folgende Lösungen: a) Doppelnennung: Schüler und Schülerin; b) Schrägstrich: Schüler/-in – diese Variante ist jedoch nur zulässig, wenn die weibliche Form direkt an die männliche Form angehängt werden kann. Unzulässig ist deshalb z. B. Psycholog/-in; c) Einklammerung, wenn die Schreibweise mit und ohne Klammerzusatz korrekt ist. Beispiel: Psycholog(inn)en; d) geschlechtsneutrale Wörter und Formulierungen, z. B. Studierende statt Studenten und Studentinnen, „auf ärztlichen Rat hin" statt „auf Anraten des Arztes". Generell unzulässig ist die Schreibweise PädagogInnen.
- Für die *Schriftsprache* gelten andere Konventionen als für die gesprochene Sprache. So wie Sie sich wundern werden, wenn Sie einen Buchtext in der Alltagssprache vorgesetzt bekommen, wird sich Ihr Prüfer wundern, wenn Sie ihn mit Ihrer Umgangsprache behelligen oder Ihre sprachliche Verbundenheit mit spezifischen Szene-Codes offenbaren. Weil ihr eine ausreichende Präzision und Differenzierung fehlt, eignet sich die Umgangssprache nicht für wissenschaftliche Zwecke.
- Ein neuer Gedanke erfordert einen neuen Absatz, damit er leichter als neu erkannt werden kann. Schreiben Sie daher nicht „in einem durch". Achten

Sie umgekehrt darauf, *Absätze nicht willkürlich* zu machen. Beide Fehler sind in der Praxis immer wieder zu beobachten. Ein gut gegliederter Text fördert das Leseverständnis, fehlende oder falsche Absätze erzeugen Lesestress und Irritation.

- Arbeiten Sie viel mit *Verben*. Verben machen die Sprache frischer und lebendiger, während Substantivierungen eine Sprache schwergängig und hölzern machen.

  *Beispiele:*
  *Nicht:* „Die Durchführung der Befragung wurde mit Hilfe eines standardisierten Erhebungsinstrumentes vorgenommen." *Besser:* „Die Befragung erfolgte mit einem standardisierten Fragebogen."

  Kornmeier (2013, 199) nennt zahlreiche Beispiele für weit verbreitete Substantivkonstruktionen, u. a.
  - der Untersuchung zuführen *statt* untersuchen
  - eine Beratung durchführen *statt* beraten
  - eine Einteilung vornehmen *statt* einteilen
  - in Erwägung ziehen *statt* erwägen
  - unter Beweis stellen *statt* beweisen

- Wählen Sie *Aktivkonstruktionen* statt bürokratisch anmutender Passivkonstruktionen.

  *Beispiel:*
  *Schreiben Sie:* „Ich gehe davon aus ..." statt „Es wird meinerseits davon ausgegangen ..."
  In bestimmten Fällen ist die Passivkonstruktion aber die angemessenere Form: „Das Projekt wurde im Jahr 2010 abgeschlossen" statt „Die Forscher schlossen das Projekt im Jahr 2010 ab".

- Ziehen Sie ein *Synonymwörterbuch* zu Rate, wenn Sie der zu häufigen Wiederholung bestimmter Worte erliegen oder Ihnen für das Verb „meinen" keine treffendere Wortwahl einfällt, wie z. B. denken, sich beziehen auf, anklingen lassen, Hinweis geben, andeuten, zu verstehen geben, vermuten, annehmen, für möglich halten, der Ansicht sein, finden, äußern, formulieren etc. (Tipp: Google: Synonymwörterbuch online oder www.wie-sagt-man-noch.de bzw. noch einfacher: Microsoft Word, „Überprüfen", „Thesaurus"). Beachten Sie aber die Bedeutungsunterschiede und den gedanklichen Kontext; ein einfacher Wortaustausch ist meist nicht möglich.
- Spüren Sie *Redundanzen* nach, die beim Schreiben immer wieder auftreten. Darunter versteht man überflüssige Worte, die überlange Ausführung eines Gedankens oder die Präsentation desselben Gedankens an mehreren Stellen.
- Selbst wenn Sie in Ihrem gesamten Studium, insbesondere für Ihre Aufzeichnungen in Vorlesungen, immer wieder Abkürzungen genutzt haben, in Ihrer Prüfungsarbeit haben diese nichts zu suchen. Ausnahmen sind: usw.,

d. h., u. a. oder ähnliche jedermann geläufige Kurzformen. Machen Sie von der Möglichkeit Ihres PC Gebrauch, Abkürzungen in die Vollversion umzuwandeln („Überprüfen“, „Autokorrektur-Optionen“, „Während der Eingabe ersetzen“).

- Ob man seinen Text in der *Ich- oder Wir-Form* oder als „der Verfasser/die Verfasserin“ schreiben sollte – hier scheiden sich die Geister. Das Auftreten des Autors als „der Verfasser“ wirkt unpersönlich, distanziert und bürokratisch. Die Wir-Form wirkt mitunter behäbig und irreführend, wenn es sich tatsächlich nur um einen einzigen Verfasser handelt („Wir wollen in dieser Arbeit zeigen ...“). Nachdem das persönliche „Ich“ früher als kontraindiziert galt, weil ihm die Distanz zum Gegenstand der Arbeit fehle und es die Person mehr als die Sache betone, wird es heute immer häufiger akzeptiert. Meine Empfehlung geht dahin, über die Frage der angemessenen Form im jeweiligen Gedankenzusammenhang zu entscheiden. Grundsätzlich besteht kein Anlass, sachlich begründete eigene Gedanken zwanghaft hinter neutralen Formeln zu verstecken. Mit dem „Ich“ zeigt der Verfasser jedenfalls, dass er sich ein eigenes Urteil gebildet hat und zu diesem auch ‚steht‘:

> *Beispiel:*
> „Mich überzeugt die Sichtweise von Adler nicht, weil ...“ *statt* „Gegen die Sichtweise von Adler lässt sich einwenden, dass ...“

Ganz sicher schadet es nicht, das Ich in der Einleitung und im Schlussteil einer Arbeit zu verwenden:

> *Beispiel:*
> „Ich will in meiner Arbeit der Frage nachgehen ...“ *statt* „In der vorliegenden Arbeit soll der Frage nachgegangen werden ...“.
> „In meiner Arbeit wollte ich zeigen ...“ *oder* „Im Mittelpunkt meiner Arbeit stand die Frage ...“ *statt* „In der vorliegenden Arbeit sollte gezeigt werden ...“

Im Hauptteil einer schriftlichen Arbeit sollte – anders als in einem Seminarvortrag – das Ich nach wie vor zurückhaltend gehandhabt werden. Ein häufiges Ich kann einen egozentrischen und anmaßenden Eindruck vermitteln, zumal man in einer Studienarbeit überwiegend mit Argumenten umgeht, die von anderen „geborgt“ sind (Burchardt 2006, 123). Die Ich-Form kann auch dazu verleiten, in einen „Ich denke-Meinungsstil“ abzurutschen, bei dem sich weniger die sachliche Analyse als die subjektive Sicht auf den Gegenstand in den Vordergrund schiebt.

> *Beispiel:*
> „Ich denke, in der Erziehung muss es darauf ankommen ...“ *statt* „Es sprechen gewichtige Gründen dafür, in der Erziehung ...“

- Achten Sie auf die *richtigen Bezüge*, wenn Sie Worte wie „damit“, „aus diesem Grund“, „insofern“, „also“ oder „folglich“ benutzen. Es muss klar sein, worauf sich diese beziehen. Wer einen neuen Satz mit „Folglich“ oder „Deshalb“

beginnt, benennt ein Argument, das sich aus dem zuvor Gesagten heraus begründen lassen muss. Und wenn es ein „auf der anderen Seite" gibt, sollte es zuvor auch ein „auf der einen Seite" gegeben haben.

> *Negativbeispiel:*
> „Schulverweigerung muss immer als individuelle und soziale Problemlage gesehen werden, insbesondere wenn *diese* nachhaltig zum Ausdruck kommt." Hier fragt man sich, worauf sich das Wort „diese" bezieht: auf die Schulverweigerung? auf die Problemlage?

- Zur Sprache gehören auch *Grammatik*, *Rechtschreibung* und *Zeichensetzung*. Diese Regeln haben eine wichtige Funktion. Sie erleichtern das Verstehen eines Textes. Wenn ein Prüfer Ihre Arbeit liest, läuft das Regelwerk in seinem Hinterkopf mit. Jeder bemerkte Regelverstoß stört den Lesevorgang. Selbstredend tut sich keine Verfasserin einen Gefallen, wenn sie ihre Prüferin immer wieder vom Inhalt ihrer Arbeit ablenkt, um sie zu den Abgründen mangelnder Regelkenntnis und/oder Sorgfalt zu führen (siehe Anlage 5 „Immer Ärger mit dem Komma").
- Zeigen Sie Ihrem Prüfer, dass Sie das Geschriebene verstanden haben, indem Sie Ihre Ausführungen durch *Beispiele* verdeutlichen („... Fallmanagement, das sich z.B. in der Arbeitsverwaltung immer deutlicher durchsetzt." Oder: „Ein Beispiel soll diese These verdeutlichen.").

Es geht bei alledem um eine funktionale Frage: Wie muss Sprache beschaffen sein, damit sie ihren Zweck, sich über eine Sache zu verständigen, bestmöglich erfüllt. Ihr Bemühen um einen gut formulierten Text wird seine psychologische Wirkung nicht verfehlen: Stilistische Sorgfalt signalisiert einen sorgfältigen Umgang des Schreibenden mit seiner Aufgabe. Machen Sie sich diesen „Verpackungseffekt" so gut es geht zu eigen.

### 7.1.6 Rohentwurf des Manuskriptes

Kaum jemand dürfte in der Lage sein, schon im ersten Wurf einen abgabefertigen Text zu erstellen. Je weniger Übung man hat, umso weniger wird dies gelingen. Davon abgesehen: Mit dem Fortgang des Schreibens arbeitet man sich weiter in die Materie ein. Neue Gedanken kommen hinzu. Ausführungen, die zunächst als gelungen galten, hält man im Nachhinein für ungenau, spekulativ, unkritisch referierend, unnötig detailhaft, missverständlich, stilistisch zweitklassig und grammatikalisch fragwürdig. Das ist ganz normal. Auch wenn diese Fehler am Ende beseitigt werden müssen, geht es vorerst nur um den Rohentwurf des Manuskripts. Erst wenn dieser erstellt ist, überarbeiten Sie Ihr Manuskript ein Mal oder mehrfach (C-7.5), um es dann in einem letzten Schritt abschließend zu korrigieren. Gehen Sie also *sukzessive* vor und konzentrieren Sie sich zunächst auf den Inhalt Ihres Textes.

Sukzessive vorzugehen muss nicht bedeuten, sich strikt an die Reihenfolge der Gliederungspunkte zu halten. Ein richtiges oder falsches Vorgehen gibt es nicht.

Welche Alternativen sich bei einem diskontinuierlichen Vorgehen bieten, hat Burchardt sehr treffend beschrieben (Kasten).

**Womit anfangen?**

„Z. B. könnte man daran denken, zunächst die als leichter eingestuften Kapitel vorzuziehen, um sich ‚einzuformulieren' und dabei schon bald auf erste Teilerfolge zurückblicken zu können. Auch kann man sich zuerst den am meisten interessierenden oder Spaß machenden Gliederungspunkten widmen. Beides wird die Anfangsmotivation und den Fortgang der Arbeit beflügeln. Allerdings darf darüber nicht vergessen werden, dass die weniger ‚lustigen' Teile noch anstehen.

Die umgekehrte Strategie besteht darin, erst einmal die schweren Brocken hinter sich zu bringen (nach dem Motto: ‚Do the worst first!'), um es später nur noch mit – vermeintlich – leichter Kost zu tun zu haben. Dabei ist in Kauf zu nehmen, dass sich Anfangserfolge nur recht langsam einstellen und sich unter Umständen sogar das Gefühl breit machen wird, nicht so recht voranzukommen. Die spätere Belohnung durch leichte Kost rückt zunächst einmal in die Ferne. Ist diese Hürde dann allerdings übersprungen, stellt sich das befriedigende Gefühl ein, es im Wesentlichen geschafft zu haben und dass es nur noch eine Frage der Zeit ist, bis man auch den Rest erledigt haben wird.

Unter Umständen empfiehlt es sich, beide Strategien abwechselnd einzusetzen und sich z. B. nach einem schweren Part leichtere oder besonders interessierende Abschnitte vorzunehmen. Etwas nachteilig mag sich dabei lediglich auswirken, dass man aus dem jeweiligen Stoffgebiet, in das man sich gerade eingelesen bzw. eingearbeitet hat, herausgerissen wird und sich später dann erneut hineinfinden muss. Das kann sich auf der anderen Seite jedoch auch als Vorteil erweisen: Oftmals gehen einem, nachdem ein gewisser zeitlicher Abstand gewonnen ist, die Formulierungen leichter von der Hand" (Burchardt 2006, 121 f.).

Eine andere Frage ist, ob man zunächst das gesamte Manuskript oder nur einzelne Hauptkapitel als Rohentwurf erstellen sollte, bevor man erste inhaltliche Überarbeitungen vornimmt. Meine *Empfehlung* lautet: Wenn man im Anschluss an die erste Fassung eines Kapitels feststellt, das dieses inhaltliche Mängel aufweist, so sollten diese sofort korrigiert werden. Ein Fehler wäre es dagegen, sich bereits beim Rohentwurf mit der Ästhetik der Wortwahl und orthografischer Fehlerfreiheit aufzuhalten. Wer sich beim ersten Niederschreiben als „gelernter Perfektionist" Satz für Satz in bestmöglicher Formulierung übt, leistet wenig für sein substanzielles Ergebnis, lenkt aber seine Gedanken umso wirkungsvoller vom Inhalt seiner Ausführungen ab. Damit gehen Tiefe und wertvolle Zeit verloren. Unschöne Formulierungen können Sie in der Überarbeitungsphase und zu guter Letzt auch noch bei der Endkorrektur ausbessern (→C-10.2).

### 7.1.7 Datensicherung

Es kann vorkommen, dass ein Computer während der intensiven Arbeit an einem Manuskript plötzlich seine Dienste einstellt oder gespeicherte Daten nach einem

Virusbefall unwiederbringlich verloren sind. Diese Fälle dürften zwar seltener auftreten als Sie behauptet werden, dennoch ist nicht ausgeschlossen, dass mit einem Schlag die Arbeit von Wochen und Monaten, einschließlich aller Vorarbeiten, zunichte gemacht wird. Dies ist auch der Fall, wenn es zum Verlust des Computers durch Diebstahl kommt. Viele Studierende verfügen inzwischen über ein Notebook, das sie auch in Hörsaal und Bibliothek benutzen. Der Verlust der Daten dürfte je nach Stadium der Arbeit nicht nur eine schwer aushaltbare Krise verursachen, sondern das Studium auch um (weiteres) Semester verlängern, von den erneut zu zahlenden Studiengebühren bzw. dem verspäteten Berufseintritt ganz zu schweigen. Es kann daher nur dringend angeraten werden, alle für die Erstellung der Arbeit benötigten Daten kontinuierlich auf einem *zweiten Speichermedium* zu sichern (USB-Stick, externe Festplatte). Die Speicherkapazität sollte so groß sein, dass zuvor gespeicherte Textversionen bei Speicherung einer neuen Version nicht überschrieben werden müssen. So können Sie im Bedarfsfall noch einmal auf eine Vorversion zurückgreifen. Sicherheitshalber sollte das externe Speichermedium am Ende einer Arbeitsphase an einem von dem PC getrennten Ort aufbewahrt werden.

Dokumente sollten grundsätzlich in kleinere Einheiten (z. B. Gliederungspunkte) aufgeteilt werden. Kommt es zu einem versehentlichen Textverlust, so ist nicht der gesamte Text verloren.

### 7.1.8 Speichern von Internetquellen

Internetquellen werden Sie häufig nicht nur bei der Literaturrecherche erschließen, sondern ergänzend auch während der Manuskriptabfassung. Speichern Sie grundsätzlich auch in dieser Arbeitsphase nicht nur die Dokumente selbst auf Ihrem Rechner, sondern auch die *Fundstelle* in Form der URL. Dazu legen Sie ein einfaches Verzeichnis an, in das Sie sukzessive die im Kopf des Browsers angezeigte URL hineinkopieren. Achten Sie aber darauf, dass jede gespeicherte Internet-Adresse dem richtigen Dokument zugeordnet werden kann. Empfehlenswert ist es, jeder festgehaltenen URL sofort die zu ihr gehörenden Titelangaben voranzustellen. Dies erfordert ad hoc ein wenig Disziplin, spart aber bei der Erstellung des Literaturverzeichnisses erheblichen nachträglichen Aufwand.

## 7.2 Abfassung der Einleitung

Wie das Anschreiben bei einer Bewerbung, so prägt die Einleitung einer schriftlichen Arbeit nach dem Studium des Inhalts- und des Literaturverzeichnisses den ersten Eindruck des Lesers. Eine gelungene Einleitung begünstigt die Erwartung des Lesers, der Hauptteil werde ebenso gekonnt ausfallen. Das gilt natürlich auch umgekehrt. Wenn schon die Einleitung miserabel ist, warum sollte dann der Hauptteil exzellent sein? Legen Sie deshalb größten Wert auf ein überzeugendes Entré. Während nicht auszuschließen ist, dass beim Hauptteil die eine oder andere Seite nur kursorisch gelesen wird, wird der Einleitung gewöhnlich eine besondere Aufmerksamkeit zuteil: Sie liefert den *gedanklichen Orientierungsrahmen*, um eine Arbeit in ihrem inhaltlichen Zuschnitt überhaupt nachvollziehen zu können.

Bevor Sie sich ans Werk machen, sollten Sie klären, zu welchem *Zeitpunkt* Sie den Text für Ihre Einleitung erstellen, zu Beginn der Niederschrift oder erst am Ende. Meine Empfehlung lautet: am Ende. Wenn der Hauptteil der Arbeit und die zusammengefassten Ergebnisse in Ihrer Endgestalt vor Ihnen liegen, können Sie die Einleitung optimal auf den erstellten Text abstimmen. Dieses Vorgehen setzt aber voraus, dass Sie die Fragestellung der Arbeit vor Beginn Ihrer Ausarbeitungen klar definiert und verschriftlicht hatten (Kap. C-3.2), sodass die Niederschrift der Einleitung nicht dazu dienen muss, die erforderliche Präzision erst einmal herzustellen. Beginnen Sie umgekehrt zunächst mit der Einleitung, sollten Sie bei der Überarbeitung des Gesamttextes darauf achten, dass Einleitung und Textinhalt am Ende gut aufeinander abgestimmt sind. In der Einleitung dürfen keine Erwartungen erzeugt werden, die durch die Ausführungen im Text nicht gedeckt sind.

**Darum geht es in der Einleitung**

- Einführung in das Thema
- Aufmerksamkeit für das Thema erzeugen
- Ziel und Fragestellung der Untersuchung beschreiben
- Thema und Fragestellung begründen und einordnen
- Methode der Untersuchung darlegen
- Aufbau der Arbeit erläutern

Eine gute Einleitung erfüllt mehrere Funktionen:

**Die Einleitung führt in das Thema ein und weckt das Interesse des Lesers.**

Beginnen Sie Ihre Einleitung mit einem Einstieg, der nicht nur zum Thema hinführt, sondern zugleich Aufmerksamkeit und Interesse des Lesers weckt. Vermeiden Sie möglichst phantasielose Formulierungen wie „Das Thema meiner Arbeit lautet …“ Ideen, wie Sie besser einsteigen können, finden Sie in Kapitel D-3.2 (Seminarvortrag). Denn beim Einstieg ins Thema unterscheiden sich schriftliche Arbeit und Seminarvortrag nicht grundlegend voneinander.

**Die Einleitung beschreibt Ziel und Fragestellung Ihrer Untersuchung.**

Mit Ziel und Fragestellung haben Sie sich längst befasst (C-3.2). Schieben Sie Ihrer Arbeit aber auch bei der Niederschrift keine Ziele unter, die Sie nicht einlösen können. Es ist besser einen Anspruch nicht zu erheben, als eine Diskrepanz zu erzeugen zwischen einem Anspruch und seiner Verwirklichung.

Falsche Erwartungen des Lesers vermeiden Sie, indem Sie darlegen, wie Sie Ihr Thema eingegrenzt haben. Beachten Sie, dass insbesondere ein sachkundiger Leser in der Regel ein Vorverständnis von Ihrem Thema hat, auf das er bei der Lektüre automatisch zurückgreift. Wenn Sie Ihr Thema auf bestimmte Teilaspekte oder z. B. eine bestimmte Teilgruppe einer größeren Personengesamtheit beschränken möchten, sollten Sie dies in der Einleitung ausdrücklich erwähnen, falls dies nicht eindeutig bereits aus dem Titel der Arbeit hervorgeht. Begründen Sie den gewählten Ausschnitt außerdem: Warum haben Sie sich beim Thema Gewalt in der Schule auf Hauptschulen beschränkt? Warum heben Sie das Thema Mobbing im Zusammenhang von Gewalt besonders heraus?

Greifen Sie hierbei zu sachlich nachvollziehbaren Argumenten. Wenig überzeugend sind Floskeln wie „Um den Rahmen dieser Arbeit nicht zu sprengen, habe ich mich ausschließlich ...". Zwar setzt der begrenzte Bearbeitungszeitraum dem Radius jedes Themas eindeutig Grenzen; dies alleine beantwortet aber nicht, warum Sie sich unter mehreren möglichen Alternativen ausdrücklich für die ausgewählte entschieden haben (Warum Hauptschule und nicht Gymnasium?). Diese Darlegung ist immer dann erforderlich, wenn ein Thema weiter gehende Erwartungen zulässt, als tatsächlich berücksichtigt werden können und sollen.

**Die Einleitung begründet Thema und Fragestellung der Arbeit.**

Hierbei spielt keine Rolle, ob Sie das Thema pflichtweise übernommen oder selbst gewählt haben. Es geht darum darzulegen, warum die Bearbeitung Ihrer Fragen aus dem Blickwinkel einer anwendungsorientierten Wissenschaft bedeutsam erscheint. Dass etwas schon immer Ihr Lieblingsthema war oder das Thema sich aufgrund Ihres Vorwissens besonders zeitsparend abarbeiten ließ, taugt als Begründung nicht. In der Wissenschaft zählen sachliche Argumente, die sich nachvollziehen oder bestreiten lassen. Auch der Hinweis, dass Sie eine bestimmte Beobachtung „betroffen" gemacht hat, mag Anlass für Ihre Themenwahl gegeben haben, reicht aber als Begründung für eine wissenschaftliche Bearbeitung nicht aus. Es geht nicht um die persönlich-subjektive Bedeutung eines Themas, sondern um den Stellenwert, den Ihre Fragestellung hat im Zusammenhang

- der Theoriediskussion in der Sozialen Arbeit,
- der Auseinandersetzung mit Fragen der geschichtlichen Entwicklung,
- von Theorien und Befunden aus den Bezugsdisziplinen,
- der Analyse sozialer Probleme und ihrer Auswirkungen,
- der Weiterentwicklung der Praxis,
- der Überprüfung methodischer Ansätze etc.

**Die Einleitung legt die Methode Ihrer Untersuchung dar.**

Stellen Sie dar, wie Sie die aufgeworfenen Fragen untersuchen wollen:

- Haben Sie sich auf die Auswertung wichtiger Fachliteratur der letzten drei Jahre konzentriert, um den aktuellen Stand der wissenschaftlich-fachlichen Diskussion zu Ihrem Thema zu präsentieren?
- Haben Sie einen Theorienvergleich vorgenommen?
- Haben Sie eine Analyse zeitgeschichtlicher Dokumente vorgenommen (z. B. aus der Weimarer Zeit)?
- Wurden Experten befragt?
- Wurden vorliegende empirische Studien ausgewertet?

- Haben Sie Konzepte, Programme oder Länder miteinander verglichen, um die jeweiligen Besonderheiten besser herausarbeiten zu können?
- Haben Sie die zu untersuchenden Fragen an einem Fall geklärt (Fallstudie)?

**Die Einleitung legt den Aufbau der Arbeit dar.**

Erläutern Sie dem Leser die Schritte, die Sie nacheinander gehen wollen, um am Ende eine Antwort auf die Fragestellung Ihrer Arbeit geben zu können. Hierbei überzeugt, wenn Sie den roten Faden Ihrer Gliederung so herausarbeiten, dass er nachvollzogen werden kann: Was tragen die einzelnen Kapitel zur Fragestellung Ihrer Arbeit bei? Warum befassen Sie sich z. B. in einem ersten Hauptkapitel mit historischen Zusammenhängen? Verzichten Sie aber auf eine zusammenhanglose Aufzählung Ihrer Hauptkapitel, bei der Sie nichts weiter als das Inhaltsverzeichnis wiederholen.

> *Positivbeispiel:*
> In Kapitel 3 will ich der Frage nachgehen, ob und wie sich ggf. die Förderangebote für junge Menschen mit Migrationshintergrund verändert haben. Der Schwerpunkt wird hierbei auf schulischen Förderangeboten liegen, über deren Mängel im Zusammenhang der PISA-Untersuchungen viel diskutiert wurde.

Beachten Sie aber: *Nicht alles gehört in die Einleitung.*

Eine Einleitung führt zum Hauptteil hin, sie nimmt aber wichtige Ausführungen nicht vorweg. Da Tabellen und Abbildungen Inhalte repräsentieren, gehören sie in den Hauptteil. Das schließt nicht aus – zumindest bei komplexeren Arbeiten – eine Abbildung in die Einleitung zu integrieren, z. B. eine Mind-Map, die die Untersuchungsfragen sprachlich und grafisch zusammenfasst.

Unter die Inhalte, die dem Hauptteil vorbehalten sind, fallen auch die für die Arbeit zentralen Begriffsbestimmungen, wie z. B. „Diskriminierung", „Alkoholsucht", „Netzwerk" etc. Anderes gilt, wenn eine erste Begriffsbestimmung notwendig ist, damit der Leser Gegenstand und Zuschnitt der Arbeit versteht.

> *Beispiel:*
> Ich werde mich in meiner Hausarbeit mit der Frage befassen, ob und in welchem Umfang Persönliche Budgets die Möglichkeiten einer selbstbestimmten Lebensführung behinderter Menschen fördern. *Bei einem Persönlichen Budget handelt es sich um …*

**Praktische Tipps**

Suchen Sie nach einem Einstieg, der das Interesse des Lesers weckt. Liefern Sie damit einen ersten Beweis dafür, dass Sie sich um den Leser ernsthaft bemüht haben.

Nennen Sie den Einstieg in Ihre Arbeit Einleitung oder Einführung. Damit ist klar bezeichnet, welche Informationen hier zu finden sind. Bisweilen wünschen Prüfer zwar eine inhaltliche Überschrift, die Regel ist das aber nicht.

Zeigen Sie in Ihrer Einleitung, dass Sie Dinge auf den Punkt bringen können. Kein Prüfer will sich durch ellenlange Traktate lesen, bevor Sie ihn in medias res führen.

Bei einem Gesamtumfang von 50 Seiten sollte Ihre Einleitung nicht mehr als drei Seiten umfassen.

Eine Untergliederung ist bei einer herkömmlichen Bachelor- oder Masterarbeit weder üblich noch erforderlich.

Falls andere Menschen Sie bei der Arbeit besonders unterstützt haben (außer dem Betreuer der Arbeit) können Sie am Ende der Einleitung eine kleine Danksagung anbringen. Widmungen, die bei Prüfungsarbeiten ohnehin nicht angebracht sind, gehören nicht in die Einleitung.

## 7.3 Abfassung des Hauptteils

Der Hauptteil ist das Herzstück Ihrer Arbeit. Hier gehen Sie den Fragen nach, die Ihre Untersuchung klären soll. Das Prüfungsergebnis wird im Wesentlichen von der inhaltlichen Güte Ihres Hauptteils bestimmt. Widmen Sie diesem Teil Ihrer Arbeit deshalb die größte Aufmerksamkeit.

### 7.3.1 Grundlegende Anforderungen

Bevor wir uns der Frage zuwenden, wie Sie bei der Erarbeitung des Hauptteils praktisch vorgehen können, sei auf grundlegende inhaltliche Anforderungen hingewiesen, die Sie beachten sollten.

**Gehen Sie kritisch-reflektierend mit Ihren Quellen um.**

Erinnern Sie sich daran, dass nicht das bloße Wiedergeben von Theorien, Daten, Untersuchungsbefunden und praxisbezogenen Sichtweisen von Ihnen erwartet wird, sondern ein kritisch-reflektierendes Durcharbeiten der Quellen (Kap. C-5.3.1).

Die in Kap. C-5.3.1 beispielhaft genannten Fragen stellen einen hohen Anspruch an die Bearbeitung Ihres Themas. Lassen Sie sich von diesen Fragen aber nicht abschrecken. Sie sollen Ihnen lediglich verdeutlichen, dass in einem wissenschaftlichen Studium nicht nur die einfache Abbildung vorhandenen Wissens von Ihnen erwartet wird, sondern auch seine Hinterfragung. Zeigen Sie, dass man Ihnen nicht ohne weiteres ein X für ein U vormachen kann.

**Formulieren Sie eine begründete eigene Position.**

Wenn Sie sich Ihrem Untersuchungsgegenstand und der darauf bezogenen Fachliteratur kritisch zuwenden, entwickeln sie nahezu zwangsläufig auch einen eigenen Standpunkt. Sie werden einige Annahmen und Schlussfolgerungen für gut begründet halten, andere Dinge für fragwürdig oder sachlich zu wenig fundiert, um diese für sich zu übernehmen. Trauen Sie sich, einen eigenen Standpunkt einzunehmen. Dies erwartet man von Ihnen, wenn Sie von der Hochschule in die Praxis wechseln. Fragen Sie aber stets danach, wie sich Ihr Standpunkt *sachlich* begründen lässt. In der Wissenschaft ist nichts verpönter als subjektive Beliebigkeit, die gerne mit Sätzen beginnt wie „Ich finde ...“ und manchmal mehr die Befindlichkeit des Sprechers als verhandlungsfähige Argumente zum Ausdruck bringt.

**Stellen Sie Übersichten und Übergänge her.**

In der Einleitung erhält der Leser zwar eine kommentierte Übersicht über den Gang der Untersuchung, um die Konzeption der Arbeit nachvollziehen und beurteilen zu können. Im Fortgang der Lektüre hat der Leser diesen Überblick aber nicht immer vor Augen, zumal längere schriftliche Arbeiten selten „in einem Zuge“ gelesen werden (können). Helfen Sie dem Leser, den „roten Faden“ Ihrer Arbeit im Blick zu behalten. Die Logik Ihres Vorgehens ist leichter zu verstehen,

- wenn Sie Ihren Hauptkapiteln eine kurze Vorschau voranstellen;
- wenn Sie Übergänge zwischen aufeinander folgenden Kapiteln herstellen („Brücken bauen“).

### 7.3.2 Vorgehen bei der Texterstellung

In Kapitel C-5 wurde gezeigt, wie man Literaturquellen systematisch sichtet und auswertet. Vorgeschlagen wurde, im Eigenbesitz befindliche Quellen durch direkte Markierung der wichtigsten Inhalte auszuwerten; ergänzend lassen sich Texte mit Randnotizen versehen, um ihren inhaltlichen Aufbau herauszuarbeiten. Bei entliehenen Texten wurde dagegen zur Anfertigung von Exzerpten geraten.

Um den Text für den Hauptteil Ihrer schriftlichen Arbeit erzeugen zu können, müssen Sie die bei Literatursichtung und -auswertung erzeugte Gliederung nunmehr mit Ihren Literaturquellen bzw. den angefertigten Exzerpten zusammenbringen. Zwar ist die Gliederung aus der Beschäftigung mit der Literatur entwickelt worden, es fehlt aber noch die direkte *Verknüpfung* der markierten und exzerpierten Texte bzw. Textstellen mit den Gliederungspunkten. Bei dieser Verknüpfung geht es darum, den Stoff (die als relevant eingestuften Quelleninhalte) auf die Gliederungspunkte zu verteilen. Dieser Zwischenschritt zwischen Literaturauswertung und Niederschrift ist vor allem dann erforderlich, wenn Sie es mit einer komplexeren Materie zu tun haben und eine Vielzahl von Literaturquellen berücksichtigen müssen. Wenn Sie lediglich eine kleinere Hausarbeit mit Auswertung sehr weniger vorgegebener Quellen zu erstellen haben, kann dieser Schritt ggf. entfallen.

*Die Arbeitsschritte im Einzelnen:*

**Schritt 1: Verknüpfung von Quelleninhalten und Gliederung**

Rufen Sie sich Ihre Gliederung auf dem Bildschirm auf. Gehen Sie nacheinander alle Quellen durch, aus denen Sie Informationen für Ihren Text schöpfen wollen.

Während Sie die Informationen aus den PC-basierten Exzerpten einfach *ausschneiden* und am Bildschirm unter den passenden Gliederungspunkten wieder *einfügen* können, müssen Sie bei den Texten ohne Exzerpt die in Frage kommenden Informationen noch in eigene Worte fassen, um auch diese unter dem passenden Gliederungspunkt einzutragen. Dieser Vorgang stellt ein nachträgliches

Exzerpieren dar, beim dem sie lediglich auf die Zwischennutzung eines Auswertungsbogens verzichten. Sie können diesen Vorgang erheblich abkürzen, wenn Sie sich anstelle der vollständigen „Wiedergabe einer Textinformation in eigenen Worten“ auf möglichst kurze, aber aussagekräftige Inhaltsvermerke beschränken.

*Beispiel:*
Sie bearbeiten das Thema „Benachteiligte Jugendliche beim Übergang von der Schule in den Beruf". In der ausgewerteten Literatur haben Sie u. a. Informationen vorgefunden über die speziellen Probleme von Jugendlichen mit Behinderung, über die irreführende Klassifizierung von berufsvorbereitenden Maßnahmen als Übergangssystem und die Partizipation von Mädchen an berufsvorbereitenden Bildungsangeboten. Diese für Ihr Thema relevanten Sachinformationen tragen Sie unter Angabe der exakten Quelle (Nummer der Quelle mit Seitenzahl) unter dem Gliederungspunkt ein, unter dem sie berücksichtigt werden sollen. Dazu wählen Sie eine aussagekräftige Kurzform, z. B.

- Ist-Situation behinderter Jugendlicher bei Zugang zu betrieblicher Ausbildung: 21–183
- Kritik Begriff „Übergangssystem" (eher Chaos als System): 17–32
- Mädchen in berufsvorbereitenden Bildungsmaßnahmen unterrepräsentiert: 15–57

Solche Vermerke stellen lediglich Kurzhinweise auf den Inhalt von Quellentexten dar. Sie lassen sich in dieser kurzen Form gut bei der gedanklichen Planung eines Kapitels verwenden. Bei Bedarf schlagen Sie die Quelle punktgenau auf und entnehmen den eigentlichen Inhalt direkt aus dem Original.

Anders als im vorstehenden Beispiel sollten Sie zur Verbesserung der Übersichtlichkeit aller Einträge wiederum auf geeignete Abkürzungen zurückgreifen (z. B. „Ist-Sit behind Jug bei Zugang betriebl Ausb: 12–183“).

Prüfen Sie, ob ein neuer Eintrag eine sachliche Nähe zu einem bereits vorhandenen Eintrag aufweist und ordnen Sie ihn gleich dementsprechend zu.

**Schritt 2: Überprüfung der Gliederung**

Auf Ihrem Bildschirm könnte es am Ende Gliederungspunkte geben, zu denen Sie besonders viel Material vorgefunden haben, während das Informationsangebot bei anderen Gliederungspunkten womöglich dürftig erscheint. Informationslücken lassen sich allerdings nicht ohne Weiteres an der Zahl der Einträge erkennen. Möglicherweise gibt es nur wenige, aber ergiebige Quellen, die ein eigenständiges (Unter-)Kapitel sehr wohl tragen können.

Gibt es ein großes Angebot an Informationen, sollte kann die Gliederung verfeinert werden, um eine bessere Übersicht über die Informationen herzustellen und überlange Kapitel von vorneherein zu vermeiden. Gibt es zu wenig an Informationen, sollten verschiedene Optionen gegeneinander abgewogen werden:

- *Aufstockung des mageren Informationsangebotes durch eine gezielte Nachrecherche:* Wenn Sie bei Ihrer bisherigen Recherche gründlich vorgegangen waren, ist es allerdings fraglich, ob Sie tatsächlich noch weitere Informationen finden werden. U. U. kostet dieser Versuch mehr Zeit, als Sie im jetzigen Stadium Ihres Vorhabens dafür einsetzen können.

- *Verzicht auf den Gliederungspunkt:* Die nachträgliche Herausnahme eines Gliederungspunktes kann aber die Statik Ihres Gedankengebäudes gefährden. Klären Sie also, welchen Effekt dieser Schritt hätte. Durch eine Änderung des Bauplans lässt sich die Statik wiederherstellen.
- *Zusammenlegung von Gliederungspunkten: Neben* dem Verzicht auf einen schmalbrüstigen Gliederungspunkt bietet sich dessen Zusammenlegung mit einem anderen Gliederungspunkt an. Das bedeutet praktisch, dass Sie die für ein eigenständiges Kapitel zu dürftigen Informationen dem Inhalt anderer Kapitel zuschlagen. Wiederum bildlich gesprochen: Machen Sie aus zwei Zimmern ggf. ein Zimmer.

### Schritt 3: Anfertigung einer Gedankenskizze

Dieser Schritt dürfte bei der Textproduktion der *schwierigste* sein. Sie haben ihren Quellen zwar eine ganze Menge an Informationen entnommen, dies führt aber noch nicht zu einem in sich schlüssigen Gedankengang in den einzelnen Kapiteln. Hier ist nun die Kreativität Ihres Denkens gefragt, eine mechanisch abzuarbeitende Anleitung kann es für diesen Prozessschritt nicht geben. Schließlich geht es bei diesem Schritt nicht alleine darum, die gesammelten Zitate und Quelleninformationen zu einem Text zu verbinden.

Was Sie brauchen, ist ein Drehbuch: Was soll in diesem Kapitel dargestellt werden? Was hat der Leser erfahren, wenn er das Ende des (Unter-)Kapitels erreicht hat?

Entwerfen Sie dazu stichpunktartig eine Skizze, welche die Abfolge der einzelnen gedanklichen Elemente beschreibt, die in dem Gliederungspunkt nacheinander angesprochen werden sollen. Die Zutaten für diese Gedankenskizze entnehmen Sie dem ausgewerteten Material. Klären bzw. überprüfen Sie abschließend die gedankliche Ordnung der Einzelaspekte: Ergeben diese eine – auch für einen Dritten – nachvollziehbare gedankliche Kette (aufgereiht wie „Perlen auf einer Schnur“)?

Nicht auszuschließen ist, dass die gedankliche Feinstrukturierung Sie veranlasst, erneut kleinere Umbauten in der Gliederung vorzunehmen.

### Schritt 4: Niederschrift des Textes

Die Gedankenskizze bildet das Gerüst für die nun anstehende Niederschrift des Textes. Sollte die Gedankenfolge noch nicht ‚stimmig‘ sein, so werden Sie es spätestens jetzt merken. Die Niederschrift ist keineswegs ein schlichtes „Hinschreiben“, sondern intensive Gedankenarbeit und demzufolge auch anstrengend. Mancher Gedanke findet seine Endgestalt nicht schon in der vorausgehenden Skizzierung, sondern erst in seiner endgültigen Ausformulierung. Wenn Ihnen auffällt, dass in einer gefundenen Formulierung inhaltlich etwas nicht Gewolltes mitschwingt, sollten Sie Ihren Satz auf der Stelle überarbeiten. Wenn lediglich der sprachliche Ausdruck verbesserungswürdig erscheint (Regelfall), sollten Sie dies im Augenblick großzügig übersehen. Nur so können Sie sich einstweilen voll auf Ihre inhaltlichen Ausführungen konzentrieren.

## 7.4 Schlussteil

Sowie der erste sollte auch der letzte Eindruck von Ihrer Arbeit exzellent sein. Lassen Sie auch Ihren Schlussteil durch seine gediegene handwerkliche Qualität auffallen. Leider gelingt dies häufig nur mäßig. Am Ende unter Zeitdruck geraten, fehlt es oft an der nötigen Konzentration, um mehr als das Allernötigste zustande zu bringen.

Der Schlussteil soll folgende Funktionen erfüllen:

### Zusammenfassung der wichtigsten Ergebnisse

Rufen Sie sich noch einmal Ziel und Fragestellung Ihrer Untersuchung in Erinnerung. Fassen Sie sodann zusammen, wie Ihre *Antwort* auf die gestellten Fragen lautet. Welche Fragen konnten Sie mit welchem Ergebnis beantworten? Welche sind womöglich offen geblieben? Wenn Ihre Arbeit ein eigener Beitrag zur Forschung ist, könnten Sie ihn auch einzuordnen versuchen: In welchem Verhältnis stehen Ihre Ergebnisse zu vorliegenden Befunden, Theorien und Studien (vgl. Franck 2007, 199)?

Die Zusammenfassung der wichtigsten Ergebnisse ist in jeder schriftlichen Arbeit *obligatorisch*. Das Wissen um die pflichtweise Benennung des Ertrags am Ende der Arbeit ist ein wichtiges Selbststeuerungsmedium im gesamten Arbeitsprozess. Sie zwingt von Anfang an zu ergebnisorientiertem Denken, gelenkt durch präzise ausgearbeitete Fragestellungen.

### Ableitung von Schlussfolgerungen

Das Ergebnis einer Untersuchung ermöglicht im Allgemeinen Schlussfolgerungen, die je nach Thema auf unterschiedlichen Ebenen liegen werden. Die Frage lautet: Was folgt aus dem Erkannten? Was müsste sich ggf. ändern? Wie könnten tragfähige Problemlösungen konzeptionell aussehen? Bedarf es radikaler Einschnitte oder eher sanfter Weiterentwicklung? Wie lassen sich die aufgezeigten Probleme zukünftig vermeiden? Wer müsste dazu vor welchem Hintergrund aktiv werden? Und was ist der spezielle Beitrag der Sozialen Arbeit für die vorgeschlagenen Veränderungen? Ergeben sich Schlussfolgerungen für die „Theorie der Sozialen Arbeit“, für Aus- und Fortbildung der Fachkräfte, für die Rechtsgrundlagen, für die Forschung, für die Erprobung neuer Methoden? Welche mutmaßlichen Realisierungschancen haben welche Vorschläge?

Dass in einem Schlusskapitel nur eine begrenzte Erörterung dieser Fragen möglich ist, dürfte einleuchten. Ohnehin passt nicht jede der vorstehend genannten Fragen zu jedem Thema. Am Ende der Arbeit interessiert den Leser gleichwohl, welche Gedanken sich der Autor zur *Verwertbarkeit seiner Erkenntnisse* gemacht hat. Schließlich geht es in einer anwendungsorientierten Disziplin wie der Sozialen Arbeit nicht um Erkenntnis an sich, sondern um deren Beitrag zur Lösung praktischer Probleme. Dabei ist darauf zu achten, dass die Schlussfolgerungen im direkten Bezug zu den Ergebnissen der Untersuchung stehen und sich daraus tatsächlich begründen lassen.

#### Ausblick auf die Zukunft

Wenn ein Ausblick auf die Zukunft möglich erscheint, kann dieser ohne Weiteres in das Schlusskapitel integriert werden. Anlass für einen Ausblick können z. B. aktuelle Entwicklungen geben, die sich nach der gegenwärtigen Datenlage in der Zukunft weiter verstärken werden (z. B. Rückgang der Schülerzahlen). Abzuraten ist dagegen von spekulativen und subjektiv-beliebigen Zukunftsszenarien.

*Nicht in den Schlussteil gehören*

- Daten, Forschungsergebnisse und andere Informationen aus dem Hauptteil, die dort nicht untergebracht werden konnten;
- direktes oder verstecktes Selbstlob;
- das Eingeständnis der eigenen Bescheidenheit und der Schwächen der Arbeit;
- inhaltsleere Sprechblasen, weil man nicht wirklich etwas zu sagen hat;
- aufgeblähte Zusammenfassungen von Arbeitsergebnissen, die der Hauptteil der Arbeit in dieser Eindeutigkeit gar nicht hergibt.

**Praktische Tipps**

Verschaffen Sie sich in Ihrem letzten Kapitel einen guten Abgang. Das letzte Kapitel hallt bei der Notenfindung nach und macht die ein oder andere kleine Schwäche im Hauptteil psychologisch wieder wett.

Das Schlusskapitel wird in der Praxis gerne mit „Zusammenfassung und Ausblick" überschrieben. Treffender erscheint es, von „Zusammenfassung und Schlussfolgerungen" zu sprechen, oder kurz von einem „Fazit", das beides umfasst. „Schlussteil" ist dagegen keine geeignete Überschrift.

Bei einer Hausarbeit von ca. 15 Seiten kann sich das Schlusskapitel auf eine Seite beschränken. Bei einer Bachelor- oder Masterarbeit sollten Sie sich auf ca. 10 % der Seitenzahl beschränken.

## 7.5 Überarbeitung des Rohentwurfs

Sie haben die Kapitel des Ausführungsteils zunächst im Rohentwurf erstellt; grobe Fehler haben Sie gleich nach der ersten Verschriftlichung eines Kapitels beseitigt. Nun geht es um die gründliche Überarbeitung der Rohfassung. Hier kommt Ihnen zugute, dass Sie inzwischen einen gewissen zeitlichen Abstand zu den zuerst verfassten Teilen Ihres Textes gewonnen haben. So erkennen Sie leichter, an welchen Stellen Verbesserungen erforderlich sind. Ein zu überarbeitender Text sollte mindestens eine Woche ‚gelegen' haben, bevor Sie ihn wieder in die Hand nehmen.

Gegenstand der Überarbeitung ist der gesamte Ausführungstext in Aufbau, Inhalt und Sprache. Dazu gehören auch Absatzkontrolle, Zeichensetzung und Rechtschreibung. Das Layout der Arbeit kann im Rahmen der Schlusskorrektur erfolgen (C-10.2).

Bei der Überarbeitung sollten Sie sich insbesondere folgenden Punkten zuwenden:

### Aufbau

- Stehen alle Kapitel in klarer Verbindung zur Fragestellung?
- Stimmt das relative Gewicht der Hauptkapitel und der nachgeordneten Kapitel?
- Bildet der Hauptteil ein organisches Ganzes?
- Sind die Hauptkapitel nach innen überzeugend untergliedert?
- Ist die Gliederung formal korrekt angelegt (→C-6.2)?

### Inhaltliche Darstellung

- Legt die Einleitung unmissverständlich Ziel und Fragestellung der Arbeit dar (Kapitel C-7.2)?
- Hat jedes Kapitel und jedes Unterkapitel eine nachvollziehbare Gedankenführung? Gibt es Gedankensprünge?
- Kann der Leser anhand von Einleitungssätzen und Übergängen den roten Faden in den einzelnen Kapiteln mühelos erkennen?
- Ist jeder Text korrekt durch Absätze untergliedert?
- Gibt es unnötig aufgeblähte Textstellen?
- Kommt es zu Redundanzen (Wiederholungen, Weitschweifigkeiten)?
- Wurden alle zentralen Begriffe definiert?
- Gibt es für wichtige Behauptungen Belege?
- Besteht zwischen den Zielen der Arbeit und Ihren Ergebnissen eine direkte Verbindung?
- Macht der Schlussteil klar, welche Ergebnisse die Untersuchung erbracht hat?
- Sind alle Quellen angegeben?
- Ist der vorgegebene Umfang in etwa eingehalten worden?

### Sprache

- Sind alle Kapitelüberschriften verständlich und prägnant?
- Wurden die in Kap. C-7.1.5 formulierten Anforderungen an die sprachlichen Eigenschaften einer wissenschaftlichen Arbeit beachtet (bitte lesen Sie den betreffenden Abschnitt noch einmal vor der Überarbeitung!)

Lassen Sie Ihre Arbeit nach der Überarbeitung von einer anderen, am besten von zwei *anderen Personen* gegenlesen und arbeiten Sie nachvollziehbare Korrekturvorschläge in den Text ein. Bitten Sie diese Personen vor allem darauf zu achten:

- Sind die Ausführungen verständlich?
- Sind wichtige Aussagen durch Quellen belegt?

- Ist der rote Faden gut erkennbar?
- Lässt sich ein klares Ergebnis erkennen?
- Gibt es sprachlich verunglückte Stellen?
- Gibt es Zeichensetzungsfehler, die sich durch die gesamte Arbeit ziehen?
- Sind manche Passagen zu knapp, andere zu lang geraten?
- Kommt es zu Wiederholungen?
- Fehlen Übergänge?
- Fallen falsche Bezüge auf?
- Ist der Text ausreichend durch Abbildungen etc. unterlegt?

Während Ihre Arbeit von zwei oder vier kritischen Augen gegengelesen wird, machen Sie sich an die Erarbeitung der sonstigen Manuskriptteile (Verzeichnisse, evtl. Anhang). Lesen Sie dazu mehr in Kap. C-9.

# 8 RICHTIGES ZITIEREN

## 8.1 Bedeutung von Zitaten

Ein Zitat ist die Übertragung eines Gedankens, einer Beobachtung, eines Befundes, eines Argumentes, einer Abbildung etc. aus einem fremden Werk in das eigene Werk. In wissenschaftlichen Arbeiten kann diese Übertragung nach Bünting/Bitterlich/Pospiech (2001, 81 f.) eine unterschiedliche Funktion übernehmen (Beispiele hinzugefügt, R. B.):

- Man nutzt ein Zitat, um eigene Auffassungen und Argumentationen wirkungsvoll zu untermauern. Indem man sich auf ‚zuverlässige Quellen' beruft, gewinnen eigene Vermutungen und Positionen an Überzeugungskraft (Zitat als *Rückendeckung*). Diese Strategie überzeugt nur dann, wenn die als ‚Beweismittel' herangezogenen Quellen für diesen Zweck geeignet sind (→ 8.2) und nicht a priori auf die Begründung eigener Annahmen verzichtet wird.
- Die Ausführungen in einem fremden Text (z. B. Forschungsergebnisse, Theorien, Behauptungen, die von dem zitierten Autor nicht weiter begründet werden) werden als Ausgangspunkt genommen, um die Sinnhaftigkeit der eigenen Fragestellung zu begründen oder um eine Gegenposition aufzubauen (Zitat als *didaktisches Mittel*).

*Beispiel „Ausgangspunkt"*

Meyer stellte fest, dass … (vgl. Meyer 2010, 51). In meiner Arbeit will ich durch eine Befragung von … klären, ob sich die von Meyer berichteten Feststellungen stützen lassen und welche Gründe es für die von Meyer beobachteten Probleme gibt.

*Beispiel „Gegenpol"*

„Das Thema Sozialraumorientierung hat in den letzten Jahren eine erhebliche Konjunktur erfahren. Sozialraumorientierte Arbeitsansätze werden auch von wissenschaftlicher Seite weitgehend befürwortet. So geht Rückert (2009, 23) davon aus … Im Folgenden soll nun gezeigt werden, dass die vehemente Favorisierung des Sozialraumbezugs Gefahr läuft, spezifische Risiken raumbezogener Handlungsansätze auszublenden."

- Die Ausführungen in fremden Texten werden verwendet, um einen bestimmten Sachstand in der wissenschaftlichen Diskussion darzustellen und die dargestellten Aussagen und Positionen nachprüfbar zu machen (Zitat als *Sachstandsbeleg*). Diese Funktion hat insbesondere in wissenschaftlichen Abschlussarbeiten eine große Bedeutung. Sachstandsbelegung erfordert, die einschlägige Literatur auszuwerten und die womöglich kontroversen oder unterschiedlichen Befunde und Positionen durch Zitate zu belegen.

Die unterschiedlichen Gründe und Anlässe für das Zitieren machen deutlich, dass Zitieren *kein Selbstzweck* ist. Zitate stellen eine Voraussetzung dar, um sich an einem wissenschaftlichen Diskurs mit eigenen Beiträgen zu beteiligen. Sie bieten

Anknüpfungspunkte für das selbständige Weiterdenken. Zitieren dient dagegen nicht dem Beweis der eigenen Belesenheit oder bloßer wissenschaftlicher Attitüde.

## 8.2 Grundsätze des Zitierens

### Fremde Gedanken korrekt ausweisen

Eine der wichtigsten Grundregeln wissenschaftlichen Arbeitens ist es, deutlich zu machen, wo man Werke Anderer verwendet hat, um eigene Darstellungen und Argumentationen zu fundieren. Niemand soll sich mit fremden Erkenntnissen, die oft in mühevoller Forschungsarbeit gewonnen wurden, schmücken und am Ende gar persönliche Vorteile daraus ziehen. Für die scientific community wird durch Kenntlichmachung von anderen übernommener Erkenntnisse zugleich sichtbar, ob die Ausführungen der Verfasserin einen Erkenntnisfortschritt bedeuten oder lediglich rezeptiver Natur sind (vgl. Stickel-Wolf/Wolf 2008, 228).

Auch wenn im Bachelor- und Masterstudium die Darlegung eines wirklichen Erkenntnisfortschritts im Verhältnis zum Erkenntnisstand der Disziplin nachrangig sein dürfte, muss auch hier „Ehrlichkeit" im Umgang mit den Leistungen Anderer als ein Grundwert angesehen werden. Wer *geistiges Eigentum* eines Anderen direkt oder indirekt als sein eigenes ausgibt, setzt sich dem Vorwurf des Plagiats aus. Dabei kommt es nicht darauf an, ob man die fremde Erkenntnis einer Quelle wörtlich entnimmt oder nur sinngemäß.

**Grundregel**

Mit einer Quellenangabe zu versehen ist jedwedes Gedankengut, das von einem Dritten stammt, gleich ob es sich um eine schriftliche oder mündliche Äußerung handelt oder ob es sich um veröffentlichtes oder nicht veröffentlichtes Material handelt (zu den Ausnahmen siehe unten).

Prüfungsrechtlich liegt ein *Täuschungsversuch* vor, wenn Verfasser/innen einer schriftlichen Arbeit aus anderen Arbeiten abschreiben und mit Vorsatz die Herkunft der Quelle verschweigen. Dies führt nicht nur zu einem „nicht bestanden", sondern kann ggf. auch die Auferlegung einer empfindlichen Geldbuße nach sich ziehen (vgl. z. B. § 63 Abs. 5 Satz 2 Hochschulgesetz NRW).

Plagiate fallen auf,

- weil Prüfer/innen einschätzen können, welche Erkenntnisse in einer schriftlichen Arbeit von dem Prüfling selbst stammen können und welche nicht;
- weil das übernommene Schrifttum meist eine höhere sprachliche Qualität aufweist und sich dadurch vom übrigen Text abhebt;
- weil Hochschulen immer häufiger Plagiatssoftware einsetzen, die zunehmend leistungsfähiger wird und Übereinstimmungen mit fremden Quellen in Sekundenschnelle aufzeigt. Um den Nachweis führen zu können, müssen an vielen Hochschulen schriftliche Arbeiten parallel auch in elektronischer Form eingereicht werden (CD-ROM, PDF-Dokument).

Für Studierende ist jedoch nicht immer leicht zu erkennen, wann Inhalte, die aus der Literatur übernommen wurden, der Belegpflicht unterliegen und wann nicht.

Quellenangaben können *entfallen* bei

- Erkenntnissen, die dem gesunden Menschenverstand, typischen Alltagsbeobachtungen und dem wissenschaftlich unstrittigen Allgemeinwissen zuzurechnen sind. Für Behauptungen wie „Menschen können jederzeit psychisch erkranken" oder „Die ersten Lebensjahre eines Menschen sind von hoher Prägekraft für die Persönlichkeit eines Menschen" bedarf es keiner Belege, solange es sich nicht um speziellere Erkenntnisse handelt, die einem oder mehreren Urhebern unmittelbar zugeordnet werden können.
- Fachbegriffen, die in einer Wissenschaft geläufig und allgemein anerkannt sind. Wer dagegen auf ein spezifisches Begriffsverständnis eines Autors Bezug nimmt, tut – schon um Missverständnisse auf Seiten der Prüfer/innen zu vermeiden – gut daran, die Quelle seiner Begriffswahl anzuzeigen.

Im zweifelhaften Einzelfall sollte eher ein Mal zuviel als ein Mal zu wenig zitiert (belegt) werden.

#### Zitierwürdige Quellen heranziehen

Die Tatsache, dass die Veröffentlichungen namhafter Wissenschaftler/innen und Forscher/innen eine bestimmte Behauptung oder Annahme stützen, ist anders zu bewerten als die Tatsache, dass sich in einer x-beliebigen Internetquelle eine Meinungsäußerung finden ließ, die meine eigene Vermutung teilt. Auch wenn die Wissenschaft keine endgültigen Wahrheiten verbürgen kann, kann es nicht darum gehen, Quellen unbesehen auf eine Stufe zu stellen. Auf diesen Grundsatz hatten wir bereits an früherer Stelle hingewiesen (C-4.2.2). Nicht jedweder Text kommt in einer wissenschaftlichen Arbeit als Quelle für die Begründung von Aussagen in Betracht. Zitieren erfordert zitierwürdige Quellen. Für die sog. Zitierwürdigkeit spielt die Herkunft und Qualität eines Textes eine entscheidende Rolle. Letztendlich geht es immer um die Frage, worauf sich eine vorgetragene Auffassung stützt und ob sie insoweit begründet erscheint.

#### Zitate behutsam einsetzen

Von fremdem Gedankengut sollte im erforderlichen Umfang, aber nicht ausufernd Gebrauch gemacht werden. Das gilt auch dann, wenn es sich um zitierwürdige Quellen handelt und jede Quelle penibel vermerkt ist. Manche Arbeiten von Studierenden stellen wahrhafte Zitatensammlungen dar, bei denen Seite an Seite wörtliche und sinngemäße Auszüge aus wissenschaftlichen Werken aneinander gereiht werden. Auch wenn man dabei formal korrekt vorgeht: Die Aufreihung von Zitaten ersetzt nicht die eigene gedankliche Leistung. Schon gar nicht können Zitate hergenommen werden, um einer wissenschaftlichen Arbeit den nötigen Umfang zu verschaffen. Zitate sind auch keine Beweise für die Richtigkeit einer Aussage. Zitate, stellt Burchardt (2006, 100) fest, „stellen nicht mehr als in Worten gefasste Argumente von Autoren dar und belegen lediglich, dass dies jemand so gesagt oder geschrieben hat [...] Inhaltlich bewiesen wird damit gar nichts!"

M. a. W. Die Sympathie für die Auffassung eines Anderen macht dessen Auffassung nicht richtig.

### Aus Originalquellen schöpfen

Fremdes Gedankengut ist möglichst der Originalquelle des Urhebers zu entnehmen (Primärquelle). Das „blinde Zitieren", d. h. die Übernahme eines Zitates aus dem Text eines Dritten, ohne die darin zitierte Quelle selbst übergeprüft zu haben, ist zwar weit verbreitet, aber nicht korrekt und überdies auch riskant. Wer Zitate aus „zweiter Hand" unbesehen übernimmt, läuft Gefahr, Zitatfehler mit zu übernehmen, z. B. die ungenaue Wiedergabe von Gedanken oder ihre Verfälschung durch Herauslösung aus dem Zusammenhang.

**Originalquellen**

Gemeint sind damit Primärquellen. Von diesen lassen sich die sog. Sekundär- und Tertiärquellen abgrenzen. Ein Beispiel: Wenn Sie eine Arbeit über die Anfänge der Psychoanalyse schreiben, zählen die Schriften von Sigmund Freud zu Ihren Primärquellen, während die wissenschaftlichen Arbeiten, die sich mit den Werken Freuds beschäftigen, als Sekundärquellen gelten. Tertiärquellen wiederum befassen sich mit der Sekundärliteratur, hier also den Arbeiten, die über Freud verfasst worden sind.

Beim Grundsatz, Zitate unmittelbar aus Primärquellen zu schöpfen, wird man aber differenzieren müssen: Eine Bachelorarbeit ist keine Doktorarbeit. Einer angehenden Bachelor-Absolventin, die sich im Zusammenhang ihres Themas „Jugendgewalt" mit der Frustrations-Aggressions-Hypothese befasst, wird man kaum zumuten können, die amerikanische Originalausgabe von Dollard/Doob aus dem Jahr 1939 zu lesen. Allerdings wird man erwarten dürfen, dass sie ihre Darstellung auf anerkannte deutschsprachige Lehrbücher und Monografien stützt (Sekundärliteratur). Wer sich dagegen mit der sozialpädagogischen Theorie Klaus Mollenhauers beschäftigt, verstößt gegen Grundregeln des wissenschaftlichen Arbeitens, wenn er nicht unmittelbar aus dessen Werken zitiert, obwohl diese überall zugänglich sind.

Ist eine Originalquelle nicht oder nur unter außergewöhnlich hohem Aufwand zugänglich, ist die Beschränkung auf Sekundärquellen zulässig, aber auch anzuzeigen. Dies geschieht gewöhnlich durch den Zusatz „zit. n. = zitiert nach":

*Beispiel:*
„... Text ..." (Müller 1951, 56 zit. n. Schmitz 2013, 83)

### Aktuellen Stand zitieren

Zitieren Sie vor allem diejenige wissenschaftliche Literatur, die den aktuellen Stand der Theoriebildung, Forschung und Diskussion wiedergibt. Dieser Anforderung kann auch ein Werk entsprechen, das bereits vor mehreren Jahren erschienen ist.

Wurde ein Werk neu aufgelegt, sollte stets die *Neuauflage* herangezogen werden. Die Verfasser/innen solcher Werke haben Anspruch darauf, dass ihre Überarbeitungen zur Kenntnis genommen werden und sie nicht mit womöglich überholtem Stand zitiert werden. Ebenso sind Gesetze regelmäßig auf dem neuesten Stand zu zitieren; denn gewöhnlich unterstellen Leser/innen, dass der Verweis auf ein Gesetz den derzeit geltenden Gesetzesstand meint. Ist dies aus besonderem Grund nicht der Fall, ist dies kenntlich zu machen (siehe unten 8.4.5).

**Formale Techniken und Regeln beachten**

In formaler Hinsicht wird das Zitieren von einer Vielzahl von Regeln bestimmt. Formale Regeln sollen gewährleisten, dass der Leser die Angaben vorfindet, die die ihm die sichere Identifikation einer Quelle ohne großen Suchaufwand erlauben. Eine weitgehend einheitliche Verfahrenspraxis routinisiert zugleich die Kommunikation innerhalb der Wissenschaft. Formale Regeln sind folglich *kein Selbstzweck;* dementsprechend spielt ihre Beachtung auch bei der Bewertung einer Prüfungsleistung eine Rolle. Die wichtigsten formellen Regeln haben wir in Kap. 8.4 zusammengefasst.

Die Berücksichtigung dieser Regeln hängt nicht davon ab, für welche formale Zitiertechnik Sie sich entscheiden. Im Zweifel sollten Sie klären, ob Ihr/e Professor/in Ihnen die Wahl der Zitiertechnik überlässt oder diese verbindlich vorgibt. *Eine* Erwartung wird die Betreuungsperson Ihrer Arbeit in jedem Falle haben: Dass Sie in Ihrem Text einheitlich verfahren und nicht einmal so und einmal anders zitieren.

Zur Vereinfachung der Darstellung werden nachfolgend zunächst die Grundtechniken des Zitierens dargestellt (Kap. 8.3) und daran anschließend die wichtigsten formalen Regeln (Kap. 8.4).

## 8.3 Techniken des Zitierens

Die Belegung fremder Quellen ist in zwei Grundformen möglich:

- *außerhalb* des Fließtextes mit Hilfe von Fußnoten
- *innerhalb* des Fließtextes mit Hilfe von Kurzbelegen (sog. Harvard-Methode).

Beide Grundmodelle haben spezifische Vor- und Nachteile. Die leichtere Handhabbarkeit der Harvard-Methode dürfte der Grund sein, warum sie heute auch in Deutschland die am häufigsten genutzte Technik des Zitierens darstellt.

### 8.3.1 Fußnotentechnik

Bei der Fußnotentechnik wird der wörtlich oder sinngemäß zitierten Textstelle (Wort oder Satz) am Ende eine hoch gestellte Ziffer hinzugefügt (ohne Klammer). Diese Ziffer wird – ebenfalls ohne Klammer – im Fußnotenraum derselben Seite wiederholt. Der Fußnotenraum wird hierbei vom Fließtext durch einen Zitierstrich abgetrennt. Hinter den Ziffern im Fußnotenraum, die weder verkleinert noch hochgestellt noch in Klammern gesetzt werden, wird der Quellenbeleg eingefügt. Der Text der Fußnote wird aus Platzgründen in der Regel jedoch in kleinerer Schriftgröße als der Fließtext dargestellt.

Es ist möglich, die Fußnoten jeder Seite neu zu zählen oder diese für die gesamte Arbeit fortlaufend durchzunummerieren. Das erste Zeichen hinter der Zahl einer Fußnote beginnt mit einem Großbuchstaben, das letzte Zeichen einer Fußnote bildet ein Punkt.

Der Quellenbeleg in Form einer Fußnote kann auf verschiedene Weise erfolgen:

### Vollbeleg

Hierbei werden die gesamten bibliografisch erforderlichen Angaben vollständig in die Fußnote eingefügt.

> *Beispiel einer Fußnote als Vollbeleg:*
> 1 Bruhn, M. (2011): Marketing für Nonprofit-Organisationen. Grundlagen – Konzepte – Instrumente. Stuttgart: Kohlhammer, S. 123.

Soll derselbe Text mehrfach nacheinander zitiert werden, kostet das Vollbelegverfahren jedoch Aufwand und Platz. Deshalb verfährt man in diesem Fall anders. Folgt unmittelbar auf den Vollbeleg ein weiteres Zitat derselben Seite, erfolgt der Beleg mit der Nummer der Fußnote *und* ebd. (= ebenda).

> *Beispiel:*
> 2 ebd.

Die Fußnote „2 ebd." bedeutet also: Fußnote 2 bezieht sich auf dieselbe Seite der bereits *unmittelbar zuvor* zitierten Quelle.

Folgt unmittelbar auf den Vollbeleg ein weiteres Zitat, jedoch einer anderen Seite derselben Quelle, erfolgt der Beleg mit der Nummer der Fußnote *und* ebd. *und* Seitenangabe.

> *Beispiel:*
> 2 ebd., S. 127

Folgt unmittelbar auf den Vollbeleg des ersten Werkes (Meyer) zunächst ein anderes Werk (Müller), bevor Sie dann wieder auf das erste Werk (Meyer) zurückkommen, erfolgt der Beleg mit dem Kürzel „a. a. O."

Nummer der Fußnote *und* a. a. O. (am angeführten Ort) *oder* loc. cit. (loco citato) *und* Seitenangabe

> *Beispiel:*
> 5 Meyer a. a. O., S. 56

Das bedeutet: Sie zitieren die Seite 56 aus dem bereits vorher von Ihnen benannten Werk von Meyer. Kann sich der Leser nicht daran erinnern, welchen Titel das Werk von Meyer hatte, so muss er entweder so lange zurückblättern, bis er die

Angabe vorfindet, oder darauf hoffen, dass Sie von Meyer nur ein einziges Werk herangezogen haben, das sich über das Literaturverzeichnis zweifelfrei ermitteln lässt.

Um Leser/innen nicht zu verwirren, bietet es sich an, auf das Kürzel „a. a. O." grundsätzlich zu verzichten und durch einen eindeutigen Kurztitel zu ersetzen.

*Beispiel:*
Meyer: Theorie, S. 56 *statt* Meyer a. a. O., S. 56

Versagt auch hier das Erinnerungsvermögen des Lesers, hilft ihm zumindest der Blick in das Literaturverzeichnis.

Problematisch sind Abkürzungen wie „ebd." und „a. a. O." auch dann, wenn Sie Text auf Ihrem PC nachträglich verschieben, z. B. ein Kapitel nach vorne ziehen. Ggf. erfolgt dann die vollständige Quellenangabe erstmalig, *nachdem* Sie die Quelle bereits (mehrfach) zitiert haben. Der Leser vermag in diesem Fall mit Angaben wie „ebd." oder „Meyer a. a. O., 56" nichts anzufangen, weil ihm der Bezug zu der Quelle fehlt.

### Abgekürzte Zitierweise

Die abgekürzte Zitierweise beschränkt sich im Unterschied zum Vollbeleg-Modus *von vornherein* auf einen Teil der bibliografischen Informationen zu einem Werk.

*Beispiel:*
Meyer: Theorie, S. 123 *oder* Meyer (2013): Theorie, S. 123

Der vollständige Titel ist wiederum aus dem Literaturverzeichnis ersichtlich. Die Verwechselung dieses Werkes von Meyer mit einem anderen Werk von Meyer ist hierbei ausgeschlossen.

### Kurzbeleg

Die abgekürzte Zitierweise lässt sich noch weiter reduzieren, in dem man sich von Anfang an auf die Mindestangaben beschränkt, die man benötigt, um ein Zitat eindeutig einem Werk zuordnen zu können. Um welches Werk es sich handelt, ergibt sich aus dem Literaturverzeichnis.

*Beispiel:*
Meyer 2013, 127

Der Vorteil der Fußnotentechnik liegt darin, dass der Textfluss nicht durch in den Text eingeschobene Quellenbelege gestört wird. Allerdings muss der Leser mit seinen Augen immer wieder zwischen Ausführungstext und Fußnoten hin und her pendeln. Es kann auch vorkommen, dass das Textverarbeitungsprogramm einzelne Fußnoten oder Teile davon auf die nachfolgende Seite verschiebt. Die Vollbelegung ist außerdem aufwändig. Platzhalter wie „ebd." oder „a. a. O." irritieren schnell und zwingen zum Zurückblättern. Die Variante „Kurzbeleg" arbeitet mit

Minimalangaben, wie sie der Harvard-Methode entsprechen. Hier liegt die Frage nahe, warum man in diesem Fall überhaupt noch zu Fußnoten greifen will.

### 8.3.2 Kurzbelege im Fließtext (Harvard-Methode)

Bei der Harvard-Methode werden nur so viele Angaben gemacht, wie erforderlich sind, um den Verfasser, die zitierte Schrift und die Fundstelle des Zitats eindeutig identifizieren zu können. Die wenigen dazu erforderlichen Angaben werden unmittelbar hinter der zitierten Textstelle eingefügt. Die bibliografischen Angaben beschränken sich auf

- Nachname des Verfassers (bei Verwechselungsgefahr zusätzlich mit abgekürztem Vornamen)
- Erscheinungsjahr der Schrift
- Fundstelle (Seite)

*Beispiel:*
„Trotz dieser vereinzelten Bemühungen bedarf das Feld der sprachlichen Förderung in der Berufsvorbereitung noch einer intensiven Weiterentwicklung" (Schroeder/Thielen 2009, 68).

Es sind verschiedene *Formen des Kurzbelegs* im Fließtext möglich:

(Müller 2013, 34)
(Müller 2013: 34)
(Müller 2013, S. 34)

Wird dieselbe Quelle mit derselben bzw. einer anderen Seite erneut zitiert, kann ein verkürzter Beleg mit „ebd." bzw. „ebd., S. ..." erfolgen.

**Praxistipp**

Verzichten Sie möglichst auf die Kurzbelegformen „ebd." und „a. a. O.". Sie führen schnell zu Irritationen, insbesondere wenn Sie Textteile in Ihrem Manuskript nachträglich verschieben. Es bietet kaum Vorteile statt „Müller 2013, 78" die Abkürzung „ebd., 78" zu verwenden. Erst recht macht es keinen Sinn, statt „Müller 2013, 78" die Abkürzung „Müller a. a. O., 78" zu verwenden.

Die Harvard-Methode spart Zeit und Platz. Sie ist leichter zu handhaben als die Fußnotentechnik. Der Lesefluss wird durch die kleinen Einstreuungen nicht gehemmt. Um zu erfahren, um welches Werk es sich bei Müller 2013 handelt, muss man freilich im Literaturverzeichnis nachschlagen. Dies ist bei der hergebrachten Fußnotentechnik nicht der Fall, wenn man jede Quelle zunächst im Vollbelegmodus in den Text einführt. Auch für zusätzliche Anmerkungen ist der Harvard-Modus nur ausnahmsweise geeignet.

*Beispiel für eine kurze zusätzliche Anmerkung:*
(Müller 2013, 234; umstritten)

Längere Anmerkungen sollten nur ausnahmsweise (!) in den Kurzbeleg integriert werden (zu Anmerkungen allgemein siehe Kap. 7.1.3).

*Beispiel:*
... Text ... (Müller 2013, 234, der sich hier entschieden von der Mehrheitsmeinung absetzt; zur Mehrheitsmeinung: Meyer 2012, 34; Schreiner 2011, 78).

Wenn eine solche längere Anmerkung wiederholt nicht vermeidbar erscheint, sollte diese auch im Harvard-Modus als Fußnote platziert werden.

## 8.4 Zitatformen und Zitierregeln

### 8.4.1 Direktes und indirektes Zitat

Zitate können direkt oder indirekt erfolgen.

Bei einem *direkten Zitat* wird eine Textstelle, Abbildung oder Tabelle wörtlich bzw. originalgetreu übernommen. Im begrenzten Umfang sind zwar Auslassungen oder Hinzufügungen möglich, diese müssen aber als solche eindeutig gekennzeichnet werden (siehe unten 8.4.2).

Wörtliche Zitate sollte man nur dann erwägen, wenn der Lesefluss und das Textverständnis durch den Einschub nicht behindert wird. Wörtliches Zitieren kommt insbesondere dann in Frage, wenn eine Textstelle eine besondere gedankliche Prägnanz oder eine sprachliche Formulierungskunst aufweist, die bei sinngemäßer Zitierung verloren ginge. Möglicherweise wollen Sie aber auch an der zitierten Textstelle etwas herausarbeiten oder kritisch diskutieren. In diesem Fall empfiehlt es sich aus Gründen der Überzeugungskraft Ihrer Ausführungen auf den Wortlaut des Originals zurückzugreifen und nicht auf seine sinngemäße Wiedergabe. Wörtlich zitieren sollten Sie auch in der Fachliteratur vorgefundene Definitionen.

Beim *indirekten Zitat* werden lediglich die Gedanken des Anderen übernommen, nicht aber der Wortlaut seiner Ausführungen. Die Wiedergabe der Ausführungen erfolgt sinngemäß in eigenen Worten des Entnehmenden. Bei der sinngemäßen Verwendung ist streng darauf zu achten, dass *keine Veränderung* des Gedankens eintritt.

### 8.4.2 Regeln und Gestaltungsformen für wörtliche Zitate

Bei wörtlicher Zitation sind eine Reihe spezieller Vorgaben und Gestaltungsmöglichkeiten zu beachten:

**Auslassungen**

Trotz der Regel, ein wörtliches Zitat nicht zu verändern, sind begrenzte Eingriffe in den Wortlaut erlaubt. Auslassungen sind *erlaubt*, wenn sie den Sinn eines Satzes nicht verändern. Auslassungen von Wörtern, Sätzen oder Satzteilen werden durch drei Punkte gekennzeichnet. Nach den Regeln der deutschen Rechtschreibung (§ 99) stehen diese – entgegen der überwiegenden praktischen Handhabung – ohne Einklammerung.

*Beispiel:*
*Original:* „Die Instrumente der Marketingkommunikation unterstützen primär die Bekanntmachung der Nonprofit-Leistungen (z. B. Kernleistungen, Zusatzleistungen, Preis- und Gebührenpolitik usw.) und helfen dabei, Informationsasymmetrien auf Seiten der verschiedenen Anspruchsgruppen abzubauen" (Bruns 2011, 401).

*Zitat:* „Die Instrumente der Marketingkommunikation ... helfen dabei, Informationsasymmetrien auf Seiten der verschiedenen Anspruchsgruppen abzubauen" (Bruns 2011, 401).

Soll eine im Original vorhandene Formatierung weggelassen werden, so ist dies ebenfalls kenntlich zu machen.

*Beispiel:*
„Seit der Industrialis5.7ierung besteht in Deutschland eine Lücke [i. Orig. kursiv, d. Verf.] bei der gesellschaftlichen Integration der nachwachsenden Generation" (Kell 2008, 195).

**Hinzufügungen**

Hinzufügungen bedürfen ebenfalls eines entsprechenden Hinweises. Der hinzufügende Autor kann dabei seine Initialen benutzen.

*Beispiel:*
„Seit der Industrialisierung besteht in Deutschland eine *Lücke* [Kursivschreibung hinzugefügt, R. B.] bei der gesellschaftlichen Integration der nachwachsenden Generation" (Kell 2008, 195).

Manchmal ist es sogar erforderlich, eine Erläuterung hinzuzufügen, damit der Leser keinem Missverständnis erliegt.

*Beispiel:*
„Es zeichnete sich deutlich ab, dass sie [die Väter, d. Verf.] mit dieser Situation überfordert waren."

**Umstellungen**

Soll ein Zitat in einen Satz eingeflochten werden, muss die Wortfolge des Zitats oftmals angepasst werden. Solche Umstellungen sind *erlaubt* und werden durch Einklammerung der verschobenen Worte sichtbar gemacht.

*Beispiel:*
„Seit der Industrialisierung besteht in Deutschland eine Lücke bei der gesellschaftlichen Integration der nachwachsenden Generation" (Kell 2008, 195).

Kell (2008, 195) weist darauf hin, dass „seit der Industrialisierung in Deutschland eine Lücke bei der gesellschaftlichen Integration der nachwachsenden Generation (besteht)."

**Fehlerübernahme**

Wörtliche Zitate werden auch mit etwaigen Fehlern übernommen. Wer einen Fehler entdeckt, kann durch Einfügung des Wörtchens sic! [lat. so] in eckigen Klammer sichtbar machen, dass der Fehler im Original vorliegt und nicht auf eigener Verursachung beruht.

*Beispiel:*
„Der Begriff der Arbeitsasistenz [sic!] war in der Vergangenheit kaum eindeutig geklärt."

**Formatierungen**

Wörtliche Zitate können durch Einrücken, verringerten Zeilenabstand, ggf. auch durch Verkleinerung der Schriftgröße aus dem Fließtext herausgehoben werden. Kürzere Zitate (bis max. drei Zeilen) sollten allerdings grundsätzlich im Fließtext bleiben.

**Zitat im Zitat**

Soll eine Textstelle zitiert werden, die ihrerseits ein Zitat einschließt, wird das eingeschlossene Zitat in einfache Anführungszeichen gesetzt.

Kähler (2005, 86) schreibt: „Die Begrifflichkeiten sind jedoch kompatibel. Der Begriff der ‚Entscheidungswaage' (Miller/Rollnick 1999, 53 f.) kennzeichnet diese Art der Vorgehensweise treffend."

**Platzierung des Quellenbelegs**

Ob der Quellenbeleg vor oder frei schwebend hinter dem Schlusszeichen stehen sollte, das den zitierten Satz beendet, wird unterschiedlich gesehen.

*Beispiel für Variante A:*
„Netzwerke bedeuten nicht per se bedarfsgerechte Abstimmung und Koordinierung unterschiedlicher Leistungen und Bildungsressourcen vor Ort" (Kruse & Expertengruppe 2010, 161).

*Beispiel für Variante B:*
„Netzwerke bedeuten nicht per se bedarfsgerechte Abstimmung und Koordinierung unterschiedlicher Leistungen und Bildungsressourcen vor Ort." (Kruse & Expertengruppe 2010, 161)

In den Sozialwissenschaften ist Variante A die gebräuchlichste Form.

### 8.4.3 Regeln und Gestaltungsformen für sinngemäße Zitate

Für sinngemäße Zitate gelten folgende Besonderheiten:

### Belegform

Nicht-wörtliche Zitate werden durch ein „vgl." kenntlich gemacht. Der Beleg wird in den Satz eingeschlossen, der das Zitat enthält.

> *Beispiel:*
> Seit der Industrialisierung gelingt es nicht mehr, die nachwachsende Generation nahtlos gesellschaftlich zu integrieren (vgl. Kell 2008, 195).

Die Angabe „vgl." entfällt, wenn auf andere Weise klar gestellt wird, dass es sich um ein indirektes Zitat handelt.

> *Beispiel:*
> Nach Kell (2008, 195) besteht bereits seit der Industrialisierung das Problem, die nachwachsende Generation nahtlos in die Gesellschaft zu integrieren.

### Zitat im indirekten Zitat

Zitieren Sie eine Textstelle indirekt, die ihrerseits ein Zitat einschließt, so bleibt das eingeschlossene Zitat in doppelte Anführungszeichen gesetzt.

> *Beispiel:*
> Müller (2013, 256) hält die These von Meyer (2011, 35) für problematisch, der zufolge „die ursprüngliche Ganzheit des Lebensraumes zentrifugal zersplittert" sei.

### Anfang und Ende

Anfang und Ende eines indirekten Zitats müssen klar ersichtlich sein. Wird eine längere Passage sinngemäß übernommen, sollte gleich zu Beginn deutlich gesagt werden, dass die folgenden Ausführungen auf den Autor X. zurückgehen. Die dann folgenden Ausführungen sind solange dem Autor zuzurechnen, bis die Quellenangabe das Zitat zum Abschluss bringt.

> *Beispiel:*
> Siefarth kritisiert diese Auffassung durch eine Vielzahl von Einwänden. So weist er darauf hin, dass ... [Es folgen nun längere Ausführungen] ... kaum zu rechnen ist (vgl. Siefarth 2014, 238 f. [f. = und die folgende Seite]).

Auch der Wechsel in den Konjunktiv kann hilfreich sein, um ein Zitat abzugrenzen. Für längere Zitate ist der Konjunktiv aber ungeeignet.

> *Beispiel:*
> Strohmeier (2013, 67) wendet zurecht ein, dass die Folgen dieses Vorgehens bisher nicht absehbar sind. Darüber hinaus *sei* zu berücksichtigen ... Allerdings *bleibe* ein Restrisiko, dessen sich viele Menschen nicht bewusst *seien*.

### Zitateinführung in den Text

Indirekte Zitate können durch verschiedene Formeln in den Text eingeführt werden.

*Beispiele:*
Müller (2013, 23) vertritt die Auffassung …
Aus der Sicht von Müller (2010, 23) …
Müller (2013, 23) zufolge …
Im Gegensatz zu Meyer (2012, 299) ist Müller (2013, 23) der Meinung …

### 8.4.4 Übergreifende Regeln

Neben den besonderen Regeln für das wörtliche oder sinngemäße Zitat sind einige *universelle Regeln* zu beachten:

**Mehr als drei Verfasser/innen**

Bei mehr als drei Verfasser/innen dürfen Sie Ihren Quellenbeleg auf die erstgenannte Person beschränken. Die übrigen Verfasser/innen werden mit den Formeln u. a. (= und andere) oder et al. (et alii = und andere) abgekürzt aufgeführt. Dies gilt ausschließlich für den Fließtext. Im Literaturverzeichnis sind sämtliche Verfasser/innen aufzuführen.

*Beispiel Fließtext:*
*Statt*
Bäcker, G./Naegele, G./Bispinck, R./Hofemann, K./Neubauer, J. (2010)
*schreiben Sie*
Bäcker, G. u. a. (2010)

**Mehrseitige Zitate**

Wenn sich ein zitierter Gedanke auch auf die folgende Seite eines Werks erstreckt, erhält die zitierte Seite den Zusatz f. (= und die folgende Seite); geht das Zitat auch über diese folgende Seite noch hinaus, erhält die zitierte Seite den Zusatz ff. (und die darauf folgenden Seiten). Der Zusatz ff. ist jedoch nur denkbar, wenn es sich um ein sinngemäßes Zitat handelt, wörtliche Zitate in einer solchen Länge können nur in Sonderfällen in Betracht kommen (z. B. Zitierung einer längeren Interviewpassage). Wenn zusammenhängende Ausführungen eines Autors zitiert werden sollen, die sich über mehr als drei Seiten erstrecken, sollte man die Quelle mehrfach nennen (Müller 2013, 247; Müller 2013, 248; Müller 2013, 249). Abzulehnen sind Angaben wie Müller (2013, S. 247–250), weil die Überprüfung der Ausführungen dadurch erschwert wird.

**Schreibweise der Verfassernamen**

Ob man die Verfassernamen im Fließtext normal, kursiv, in Großbuchstaben oder mit →Kapitälchen schreibt, ist eine reine Geschmacksfrage und daher nicht regelungsbedürftig. Ebenso können die Nachnamen mehrerer Verfasser/innen unterschiedlich getrennt werden. Gebräuchlich sind die folgenden Grundformen:

A/B/C
A, B, C

A, B und C
A, B & C

### Mehrere Schriften eines Autors

Werden mehrere Schriften von Autor/innen aus demselben Jahr zitiert oder erwähnt, so unterscheidet man diese durch kleine Buchstaben:

*Beispiel:*
Müller 2013a, Müller 2013b, Müller 2013c

### Neuausgaben von Schriften verstorbener Autor/innen

Wird die Neuausgabe eines Werkes zitiert, dessen Autor bereits verstorben ist, empfiehlt es sich, das tatsächliche Erscheinungsjahr der Schrift hinzuzufügen, vor allem wenn die zitierte Neuausgabe des Werkes deutlich jünger ist.

*Beispiel:*
Weber 1988 (zuerst 1921)

### Fremdsprachige Texte

Englischsprachige Texte dürfen in der Originalsprache zitiert werden. Bei anderen Sprachen ist eine Übersetzung durch die Verfasser/innen erforderlich. Das Original sollte möglichst in einer Fußnote hinzugefügt werden.

### Genaue Angabe der Fundstelle

Zu einem Zitat gehört immer die exakte Angabe der Fundstelle (Erscheinungsjahr, Seitenzahl). Soll außerhalb eines Zitiervorgangs pauschal auf Quellen verwiesen werden soll, darf die Fundstelle entfallen (Beispiel):

*Beispiel:*
Zur Ausschreibung von Arbeitsmarktdienstleistungen sind in den letzten Jahren eine Vielzahl kritischer Veröffentlichungen vorgelegt worden (z. B. Meyer 2012, Müller 2013, Schreiner 2014).

### Internetdokumente

Internetdokumente werden je nach Zitiertechnik wie sonstige Literatur zitiert, wobei zumindest der Verfasser der Quelle bekannt sein muss.

### Fehlendes Erscheinungsjahr

Eine fehlende Jahresangabe kann durch o. J. = ohne Jahr ersetzt werden. Ist das Datum nicht angegeben, aber bekannt, wird es in Klammern hinzugefügt.

*Beispiel:*
Bundesagentur für Arbeit (o. J. [2014], 3)

Ist das Erscheinungsjahr weder vermerkt noch ersichtlich, sollte – der besseren Orientierung des Lesers wegen – bereits im Fließtext das Datum des Online-Zugriffs vermerkt werden. Ansonsten geschieht dies erst im Literaturverzeichnis, für das bei Internetdokumenten Besonderheiten gelten (Kap. C-9.8).

*Beispiel:*
Bundesagentur für Arbeit (o. J., 3, Online-Zugriff: 20. 1. 2014)

**Abbildungen und Tabellen**

Die originalgetreue oder modifizierte Übernahme von Tabellen und Abbildungen können Sie nach den Regeln belegen, die wir bereits weitgehend in Kap. C-7.1.4 dargestellt haben. Arbeiten Sie mit Fußnotenbelegen, setzen Sie die Fußnote an das Ende des Satzes im Fließtext, der auf die Abbildung oder Tabelle hinweist.

*Beispiel:*
Der Zusammenhang zwischen den beiden Variablen ist in Abb. 3 grafisch dargestellt.[5]

Noch besser ist es, die Fußnote an die Tabellenüberschrift anzuhängen.

*Beispiel:*
Abb. 5: Zusammenhang der Variablen nach Meier[5]

### 8.4.5 Zitieren juristischer Materialien

Juristische Materialien werden üblicherweise wie folgt zitiert:

**Gesetzestexte**

Artikel/Paragraf, Absatz/Nummer, Satz, Halbsatz, Gesetzesname abgekürzt; ohne Komma-Trennung

*Beispiele:*
§31 Abs. 1 Satz 2 JGG
§9 Nr. 3 2. Halbsatz SGB VIII
Art. 1 GG

Der Name des Gesetzes ergibt sich aus dem Abkürzungsverzeichnis. Wird auf eine ältere Fassung des Gesetzes verwiesen, ist ein entsprechender Zusatz erforderlich. Gibt es nur *eine* ältere Fassung oder ist aus dem Kontext ersichtlich, dass der Gesetzesstand unmittelbar vor der letzten Rechtsänderung gemeint ist, reicht der Zusatz „a. F. = alte Fassung". Ansonsten muss eine präzisere Angabe erfolgen.

*Beispiele:*
§16 SGB II a. F.
§16 SGB II i. d. F. vom 23. 12. 2007 (BGBl. I S. 3254)

Folgende Vorgehensweise schließt Missverständnisse aus:

§16 SGB II i. d. F. vom 23. 12. 2007 (BGBl. I S. 3254, nachf. SGB II a. F.)

**Gesetzentwürfe**

zunächst vollständiger Titel, sodann Weiterarbeit mit Abkürzung

*Beispiel:*
In ihrem „Entwurf eines Gesetzes zur Einführung Unterstützter Beschäftigung (BT-Drs. 16/10487) v. 7. 10. 2008" (nachf. USB-Gesetzentwurf) legt die Bundesregierung dar, dass ..."

**Rechtsprechung**

Gericht/Behörde, Urteil/Beschluss/Verordnung vom ..., [Aktenzeichen], amtliche Fundstelle bzw. Fundstelle in anerkannter Fachzeitschrift oder Datenbank

*Beispiele:*
VG Göttingen v. 24.3.04 – 2 A 220/03, juris

**Kommentare**

Verfasser/in ohne Vornamen, Kurztitel, § ... Rn. ..., Seitenzahl entfällt

*Beispiel:*
Münder in Münder u. a., FK-SGB VIII, §5 Rn. 14

Die Quellenangabe bedeutet:
Verfasser des Zitats ist Münder, der in dem von ihm mit herausgegebenen Frankfurter Kommentar zum SGB VIII (Kinder- und Jugendhilfe) den § 5 kommentiert hat.

Im Literaturverzeichnis muss der Kurztitel eindeutig dem vollständigen Titel zugeordnet werden können.

Kommentare enthalten oft auf den Innenseiten Zitiervorschläge, an die man sich halten sollte.

BVerfG Beschl. v. 12. 10. 1993, BVerfGE 89, 155, 209f. (Die Zahl 155 gibt hierbei die Seite an, auf der das Urteil in der Entscheidungssammlung beginnt, die Zahl 209 bezeichnet die Fundstelle des Zitats).

# 9 ERSTELLUNG DER SONSTIGEN MANUSKRIPTTEILE

## 9.1 Strukturelemente einer wissenschaftlichen Arbeit

Eine wissenschaftliche Arbeit enthält neben dem inhaltlichen Ausführungsteil mehrere weitere Bestandteile. Sie sind dem inhaltlichen Ausführungsteil entweder vorangestellt oder folgen ihm nach. Bevor wir diese im einzelnen behandeln, zunächst die Gesamtheit der Strukturelemente im Überblick mit Paginierung:

**Tab. 14:** Strukturelemente einer wissenschaftlichen Arbeit mit korrekter Paginierung

| Formale Strukturelemente | Paginierung | Kap. |
|---|---|---|
| leeres Vorblatt | ohne Seitenzahl, aber mitgezählt (= Seite I oder 1) | |
| Titelblatt | ohne Seitenzahl, aber mitgezählt (= Seite II oder 2) | 9.3 |
| Inhaltsverzeichnis | Römische oder arabische Paginierung (= Seite III etc. bzw. Seite 3 usw.) | 9.4 |
| Abkürzungsverzeichnis** | | 9.5 |
| Abbildungsverzeichnis** | | 9.6 |
| Tabellenverzeichnis** | | 9.6 |
| Ausführungstext (Einleitung, Hauptteil, Schlussteil) | Arabische Paginierung | |
| Anlagen | | 9.7 |
| Literaturverzeichnis | | 9.8 |
| Verzeichnis der Rechtsquellen* | | 9.9 |
| Eidesstattliche Erklärung | keine Paginierung | 9.10 |
| CD-ROM* | | 9.11 |
| leeres Schlussblatt | | |

*) nicht allgemein üblich
**) Standort und Reihenfolge variabel

Tab. 14 beschreibt das Spektrum der formalen Elemente einer wissenschaftlichen Arbeit. Die einzelne Arbeit kann und wird davon häufig abweichen. So kann das Abkürzungsverzeichnis entfallen, wenn nur sehr wenige Abkürzungen in der Arbeit vorkommen (z. B. in einer Hausarbeit). Auch ist es nicht allgemein üblich, einer Arbeit über den Text hinaus gehende Anlagen beizufügen. Zwingend vorhanden sein müssen bei einer schriftlichen Arbeit jedoch das Inhaltsverzeichnis und das Literaturverzeichnis.

Das bei Büchern häufige Vorwort entfällt bei studentischen wissenschaftlichen Arbeiten in der Regel. Ein Vorwort ist nicht mit der Einleitung zu verwechseln, auch wenn es partielle Überschneidungen geben kann (zur Funktion der Einleitung siehe Kap. C-7.2). Typischerweise kann man in einem Vorwort erläutern, warum man sich für das Thema der Arbeit entschieden hat und in welchem Zusammenhang das Thema entstand. Denkbar ist auch eine kleine Danksagung, z. B. an Interviewpartner oder Personen, die die Erstellung der Arbeit unterstützt haben. Beides lässt sich aber auch in die Einleitung einflechten, so dass ein Vorwort entbehrlich ist.

## 9.2 Seitenzählung

Die Seitenzählung (Paginierung) Ihrer Bachelor-/Masterarbeit kann traditionell erfolgen, also mit römischen Ziffern beginnen oder – moderner – von Anfang an arabische Ziffern vorsehen. Beide *Zählweisen* sind im Verlagswesen verbreitet und können auch für die Paginierung wissenschaftlicher Arbeiten als Vorbild dienen. Da die Abschlussarbeit aber nur einseitig bedruckte Seiten kennt, werden hier nur die bedruckten Seiten gezählt.

Das *Vorblatt* (= leere Seite zwischen Umschlagvorderseite und Titelblatt) hat gedanklich die Seite römisch I oder arabisch 1. Das Titelblatt bildet dann gedanklich die Seite II oder 2. Das Inhaltsverzeichnis beginnt mit der Seitenzahl III bzw. 3. Erst von hier ab werden die Zahlen (ohne „Seite“) ausgedruckt.

**Tab. 15:** Seitenzählung bei einer Hausarbeit

| | |
|---|---|
| Vorblatt | entfällt |
| Titelseite | Seite .....1<br>nicht ausgedruckt |
| Inhaltsverzeichnis<br>(1 Seite) | Seite .....2 |
| Text | Seite .....3 |
| Letzte Textseite | Seite .....17 |
| Literaturverzeichnis | Seite .....18 |
| Eidesstattliche Versicherung | ohne<br>Seitenzahl |

Haben Sie mit römischen Zahlen begonnen, enden diese vor Beginn Ihres *Ausführungstextes*. Dieser beginnt dann mit der Seite arabisch 1.

Haben Sie arabisch zu zählen begonnen, setzen Sie die arabische Paginierung auf der ersten Seite Ihres Ausführungstextes ganz einfach fort.

Bei einer Hausarbeit, die üblicherweise in einem einfachen Schutzumschlag ohne leeres Vorblatt eingereicht wird, können Sie einfacher verfahren. Römische Ziffern im Vorspann zum Text sind hier unüblich. Es ergibt sich die in Tab. 15 dargestellte Zählweise.

## 9.3 Titelblatt

Da das Vorblatt lediglich eine leere Seite darstellt, die dem Titelblatt einer größeren Arbeit vorgeheftet wird, ist das Titelblatt das eigentliche Eintrittstor zu einer wissenschaftlichen Arbeit; warum dieses dennoch in seiner inhaltlichen und optischen Gestaltung oft vernachlässigt wird, ist schwer verständlich.

Das Titelblatt ist ebenso Informationsträger wie Gestaltungselement. Als Informationsträger enthält es die folgenden Angaben:

- Titel (und Untertitel) der Arbeit
- Art der Arbeit (Hausarbeit, Bachelorarbeit, Praktikumsbericht etc.)
- ggf. Hinweis auf Lehrveranstaltung mit Angabe des Seminarleiters
- Name des Verfassers
- Matrikel-Nummer des Verfassers
- E-Mail-Adresse
- Hochschule und Fakultät, bei der die Arbeit vorgelegt wird
- Angabe des Semesters der Vorlage
- Abgabedatum
- Name der Gutachter/innen (bei Abschlussarbeiten)

Mit diesen Informationen kann die Arbeit eindeutig namentlich zugeordnet werden. Im Bedarfsfall kann der Prüfer Rückfragen an Sie richten, Ihnen eine Rückmeldung über die Qualität der Arbeit geben oder Ihnen das Bewertungsergebnis mitteilen. Die Übermittlung von Bewertungen per E-Mail sollte aus Gründen des Datenschutzes jedoch nur mit Ihrem vorherigen Einverständnis erfolgen.

Falls Dozent/in oder Fachbereich keine verbindlichen Vorgaben machen, ist Ihnen die Gestaltung des Titelblattes freigestellt. Die in Anlage 1 und 2 abgebildeten Musterdeckblätter stellen eine allgemein akzeptierte Standardform dar. Die zusätzliche Verwendung des Hochschullogos ist unter Studierenden sehr beliebt, bedarf aus rechtlichen Gründen aber der Zustimmung der Hochschule. Wer dagegen jedwede Gestaltungsabsicht unterhalb der Standardform vermissen lässt, erzeugt den Eindruck von Anspruchslosigkeit und mangelnder Sorgfalt. Bei Gestaltungsfragen hilft stets eine einfache Frage: Würde ich ein so gestaltetes Produkt auch selbst gerne in die Hand nehmen?

Bei der Gestaltung spielen eine wichtige Rolle

- die Hervorhebung des Titels (Fettdruck, deutlich vergrößerte Schrift)
- die Ruhe der Seite. Vermeiden Sie unterschiedliche Schrifttypen, Unterstreichungen, Kursiv-Schrift. Achten Sie auf eine gute Blattaufteilung.
- die Reihenfolge der Einzelelemente.

Das Titelblatt trägt keine Seitenzahl (siehe Kap. 9.2).

## 9.4 Inhaltsverzeichnis

Das Inhaltsverzeichnis informiert den Leser vorab über das Informationsangebot, das ihn erwartet. Um seinem *Orientierungs- und Informationszweck* bestmöglich gerecht zu werden, sollte das Inhaltsverzeichnis übersichtlich gestaltet sein. Welche grundlegenden Strukturierungsmöglichkeiten Sie nutzen können, ist in Kapitel C-6.2 dargestellt.

Das Inhaltsverzeichnis muss sämtliche den Text gliedernden Überschriften aufnehmen mit Angabe der Seitenzahl, auf der das Kapitel *beginnt*. Die Seitenzahl wird ohne weitere Zusätze rechtsbündig vermerkt.

*Richtig:*
5 Hilfen zur Erziehung . . . . . . . . . . . . . . . . . . . . . . . . . . . . . . . . . . . . . . 27

*Falsch:*
5 Hilfen zur Erziehung . . . . . . . . . . . . . . . . . . . . . . . . . . . . . . . . . . . . S. 27
5 Hilfen zur Erziehung . . . . . . . . . . . . . . . . . . . . . . . . . . . . . . . . . . . 22–27

In Fachbüchern wird die *Einleitung* zum Teil linksbündig ohne Gliederungsziffer aufgeführt. Diese Handhabung ist auch bei einer schriftlichen Arbeit im Studium möglich. Steht die Einleitung ohne Ziffer, sollte dies auch für das Schlusskapitel gelten, das in Büchern in der Regel nicht vorkommt. Um den Ausführungstext der Arbeit von Anlagen und Verzeichnissen abzusetzen, erscheint es jedoch nahe liegend, *alle* erstellten Textteile, also auch Einleitung und Schlusskapitel, mit einer Gliederungsziffer zu versehen.

Das Inhaltsverzeichnis weist neben der Gliederung des inhaltlichen Ausführungstextes sämtliche Verzeichnisse und die Anlagen (einzeln aufgeführt) aus. *Ausgenommen* davon ist die *eidesstattliche Versicherung*. Diese wird weder im Inhaltsverzeichnis erwähnt noch trägt sie eine Seitenzahl.

Die Verzeichnisse sind nicht in die Gliederung des Ausführungstextes eingestellt und tragen daher keine Ordnungsziffern/-buchstaben.

*Richtig:*
Literaturverzeichnis . . . . . . . . . . . . . . . . . . . . . . . . . . . . . . . . . . . . . . . 53

*Falsch:*
6 Literaturverzeichnis . . . . . . . . . . . . . . . . . . . . . . . . . . . . . . . . . . . . . 53

Bei Abschlussarbeiten im Umfang von ca. 50 Seiten wird sich das Inhaltsverzeichnis in der Regel auf zwei Seiten beschränken.

In formaler Hinsicht empfiehlt es sich

- Untergliederungspunkte einzurücken;
- auf genügend Abstand zwischen den Hauptkapiteln zu achten;
- die Hauptkapitelüberschriften fett zu drucken;
- zwischen den Hauptkapitelüberschriften und den Kapitelüberschriften einen vergrößerten Abstand vorzusehen.

Anregungen für die Gestaltung Ihres Inhaltsverzeichnisses mag Ihnen das Inhaltsverzeichnis des Buches geben, welches Sie gerade lesen.

## 9.5 Abkürzungsverzeichnis

Ein Abkürzungsverzeichnis ist nur dann sinnvoll, wenn es eine größere Zahl von Abkürzungen gibt (mehr als zehn). Bei erstmaligem Gebrauch der Abkürzung im Text dankt es Ihnen der Leser, wenn Sie ihm trotz Abkürzungsverzeichnis zunächst das ausgeschriebene Wort anzeigen. So muss er die Bedeutung der Abkürzung nicht erst im Abkürzungsverzeichnis nachschlagen.

*Beispiel:*
*Zuerst:* Bundesarbeitsgemeinschaft der Freien Wohlfahrtspflege (BAGFW)
*Danach:* BAGFW

Bei Verweisen auf Gesetze ist diese Komfortlösung aber unüblich. Hier schreibt man *nicht* zuerst: „Nach § 8a Sozialgesetzbuch VIII (SGB VIII) ...", sondern sofort „Nach § 8a SGB VIII ..."

Abkürzungen, die mit einem Großbuchstaben enden, werden im Abkürzungsverzeichnis ohne Schlusspunkt verwendet; Abkürzungen, die mit einem kleinen Buchstaben enden, enden dagegen mit einem Schlusspunkt.

*Beispiel:*
ADG = Antidiskriminierungsgesetz
Abb. = Abbildung

Die Möglichkeit, ein Abkürzungsverzeichnis zu erstellen, sollte Sie aber nicht dazu verleiten, Abkürzungen selbst zu erfinden und in Ihrer Arbeit ein Feuerwerk von Abkürzungen zu zünden. Ihre Arbeit büßt andernfalls ihre Lesbarkeit ein. Verändern Sie des weiteren keine offiziellen Abkürzungen. Lediglich in Ihrem Rohmanuskript können und sollten Sie mit einer Vielzahl von zeitsparenden Abkürzungen arbeiten. Ihr Computer wandelt diese über „Überprüfen", „Autokorrektur-Optionen" entweder sofort oder bei der Überarbeitung leichter Hand in die Vollversion um, falls Sie die Abkürzungen und deren ausgeschriebene Fassung zuvor eingegeben haben.

Abkürzungen, die allgemein geläufig sind und nicht missverständlich sein können, gehören nicht in das Abkürzungsverzeichnis:

*Beispiele:*
z. B., usw., USA, d. h.

Häufig verwendete bibliografische Abkürzungen können Sie dem Abkürzungsverzeichnis dieses Buches entnehmen.

## 9.6 Abbildungs- und Tabellenverzeichnis

Abbildungsverzeichnis und Tabellenverzeichnis listen alle im Text enthaltenen Abbildungen und Tabellen auf, in der Reihenfolge, in der diese im Text vorkommen (zum Einsatz von Abbildungen und Tabellen im Text siehe Kap. 7.1.4). Dargestellt werden die Nummer, der genaue Titel sowie die Seitenzahl, auf der die einzelnen Darstellungen zu finden sind.

In Arbeiten, die nur wenige solcher Darstellungen enthalten, wirken solche Verzeichnisse allerdings überzogen. Sesink (2012, 221) vertritt sogar die Auffassung, Tabellen und Abbildungen nur dann in eigenen Verzeichnissen auszuweisen, wenn sie „wesentlich eigenständige Leistungen oder Gegenstände darstellen und nicht nur zur Illustration von Aussagen dienen, die im laufenden Text gemacht werden". Diese Eigenständigkeit ist bei empirischen Arbeiten gegeben. Hier verschafft ein Verzeichnis, das gewöhnlich eine Vielzahl von Tabellen enthält, einen raschen Zugang zu wichtigen Ergebnissen der Arbeit. Deshalb sollte es dort nicht fehlen. Wer in einer Prüfungsarbeit kein Risiko eingehen will, sollte sich sicherheitshalber für ein Abbildungs- und Tabellenverzeichnis entscheiden.

Einen *Vorschlag* für die Gestaltung Ihres Abbildungs- und Tabellenverzeichnisses finden Sie in dem Buch, welches Sie gerade lesen.

## 9.7 Anlagen

Anlagen bzw. Anhänge runden das Informationsangebot des Textes ab, wobei der Text in sich geschlossen und vollständig sein muss. Nicht erst aus dem Studium der Anhänge darf sich also ergeben, was im Text gemeint war.

Typische Dokumente, die in einem Anhang untergebracht werden können, sind z. B.

- das Erhebungsinstrument bei einer empirischen Untersuchung
- die Grundauszählung einer empirischen Untersuchung
- →Transkripte offener Interviews
- Materialien von Einrichtungen (mit denen sich die Arbeit speziell befasste)
- Statistiken, aus denen in der Arbeit zitiert wurde
- Presseberichte über bestimmte Vorkommnisse, über Praxisprojekte etc.

Beachten Sie aber: Beigaben dieser Art stellen *keinen Füllstoff* dar, der eine schmale Arbeit dicker und interessanter erscheinen lassen soll. Anlagen müssen für den Leser einen ernsthaften Mehrwert haben. Sie sollten eine *direkte Anbindung* an eine oder mehrere Textstellen haben, von denen aus dann sinnvollerweise auf den Anhang verwiesen wird.

Die Anlagen sind einzeln im Inhaltsverzeichnis aufzuführen. Mehrere Anlagen werden durch Ziffern unterschieden. Elegant wirkt es, wenn jeder Anlage ein Blatt mit ihrem Titel vorgeheftet wird (zur Paginierung siehe oben 9.1).

## 9.8 Literaturverzeichnis

Die Verzeichnung aller Quellen, aus denen Sie geschöpft haben, soll dem Leser nicht nur ermöglichen, Ihre Informationsgrundlagen zu überprüfen, sondern sich als Mitglied einer offenen wissenschaftlichen Gemeinschaft mit diesen Quellen eigenständig zu befassen. Gleichzeitig liefert das Literaturverzeichnis gerade dem sachkundigen Leser wichtige Informationen zur Bewertung Ihrer Arbeit:

- Welche Werke wurden berücksichtigt, welche nicht?
- Ist die ausgewertete Literatur auf dem aktuellen Stand der wissenschaftlichen und fachlichen Diskussion?

**Tipp**

Achten Sie auf ein fehlerfreies Literaturverzeichnis. Das Literaturverzeichnis bildet gemeinsam mit dem Inhaltsverzeichnis und der Einleitung Ihres Textes eine Trias: Diese Teile werden als Erste gelesen und prägen den ersten Eindruck von der Qualität Ihres Schaffens.

Welche Grundregeln für die Erstellung eines Literaturverzeichnisses gelten, erfahren Sie im Folgenden. Beachten Sie, dass die Vorstellungen von Prüfer/innen über ein „korrektes" Literaturverzeichnis in formalen Details voneinander abweichen können. Eine Rückfrage bei Ihrer Gutachterin vermeidet unnötige Diskrepanzen.

In das Literaturverzeichnis gehören sämtliche Quellen,

- die in der Arbeit *direkt* zitiert oder erwähnt wurden,
- die in der Arbeit *indirekt* zitiert oder erwähnt wurden.

Die Auflistung geschieht alphabetisch nach dem *Familiennamen*, bei mehreren Verfassern eines Werks nach dem Erstgenannten.

Nicht in das Literaturverzeichnis gehören

- Werke, die Sie zwar gelesen, in der Arbeit aber nicht konkret verwertet haben;
- Werke, aus denen Sie lediglich aus zweiter Hand zitiert haben (zur Zulässigkeit der Verwertung aus „zweiter Hand" siehe Kap. C-8.2)

  *Beispiel:*
  In Ihrem Text heißt es: „Müller (2013, 14) beruft sich auf Schmitz (2011, 231), der es offenbar für unabdingbar hält ..."
  Müller wird aufgeführt, Schmitz nicht.

- Werke, die Sie nicht gelesen haben, vielleicht sogar niemals in der Hand gehabt haben. Hier ist die Grenze zu einem Täuschungsversuch schnell überschritten.

Wie die Aufnahme einer Publikation in das Literaturverzeichnis erfolgt, zeigt die Übersicht „Aufführung der Quellen im Literaturverzeichnis" (Anlage 3).

**Weitere Regeln im Überblick**

- Das Literaturverzeichnis soll Leser/innen ermöglichen, die im Ausführungsteil zitierte Literatur unkompliziert zu finden. Es sollte deshalb *nicht untergliedert* werden.
- Titel und Untertitel werden in der Regel durch Bindestrich oder Punkt getrennt und mit einem Punkt abgeschlossen. Die danach folgenden bibliografischen Angaben werden durch Komma getrennt. Am Schluss steht ein Punkt.
- *Akademische Grade und Titel von Verfassern werden nicht aufgeführt.*
- *Vornamen* können abgekürzt werden.
- *Mehrere Autor/innen* werden durch Schrägstrich, Komma oder Semikolon getrennt.

A/B/C oder: A, B, C (auch: A, B & C), oder (unschön): A; B; C.

- Bei *mehreren Werken* desselben Verfassers erfolgt eine chronologische Erfassung, beginnend mit dem zuerst erschienenen Werk.
- Hat ein Verfasser *in demselben Jahr* mehrere Werke veröffentlicht, so werden diese durch Buchstaben unterschieden (Meyer 2013a, Meyer 2013b, siehe bereits Kap. C-8.4.4). Achten Sie darauf, das die vorgenommene Unterscheidung in Text und Literaturverzeichnis übereinstimmt.
- Allein verfasste Werke werden vor Werken genannt, die der Verfasser gemeinsam mit einem *Ko-Autor* veröffentlicht hat. Werke, die der Verfasser gemeinsam mit einem Ko-Autor veröffentlicht hat, kommen vor Werken, die der Verfasser mit zwei Ko-Autoren veröffentlicht hat.
- *Fehlende Angaben* werden ersetzt durch: o. V. = ohne Verfasser, o. O. = ohne Erscheinungsort, o. J. = ohne Erscheinungsjahr. Sind die fehlenden Angaben gleichwohl bekannt, können diese in eckigen Klammern hinzugefügt werden.

*Beispiel:*
o. J. [2013]; o. O. [Stuttgart]; o. V. [Graeber]

- Werke ohne Verfasser (o. V.) werden unter dem Buchstaben O eingeordnet.
- Die Übersichtlichkeit des Literaturverzeichnisses steigt, wenn man die zweite Zeile jedes angegebenen Werkes um zwei Anschläge *einrückt* (Regelfall). Die zusätzliche Hervorhebung des Verfassernamens durch Fett- oder Kursivdruck bzw. durch beides ist möglich.
- Die aufgeführten Titel werden *nicht* durchnummeriert.
- Arbeiten, die noch (nicht) veröffentlicht sind, sollten den folgenden Zusatz haben: „unveröffentlichtes Arbeitspapier“, „unveröffentlichter Forschungsbericht“ etc.

## 9.9 Verzeichnis der Rechtsquellen

Ob Rechtsquellen (Gesetze, Verordnungen, Satzungen, Urteile) in einem gesonderten Verzeichnis erfasst werden müssen, hängt davon ab, wie diese Quellen im Ausführungstext behandelt worden sind.

Werden Urteile im Text vollständig zitiert (Vollbeleg), so erübrigt sich ihre Auflistung in einem Verzeichnis.

*Beispiele Vollbeleg einer Rechtsquelle:*
EuGH Urt. v. 5. 3. 1998, Rs C 160/96
BGH, Urt. v. 26. 11. 1968, BGHZ 51, 91 = NJW 1969, 269

Werden Urteile im Text wie wissenschaftliche Literaturquellen dagegen in Kurzform zitiert, müssen sie als Vollbeleg in einem Rechtsquellenverzeichnis erscheinen.

*Beispiel Kurzbeleg*
(BverfGE 89: 209 f.)

Ein solches Rechtsquellenverzeichnis ist in der juristischen Fachliteratur jedoch *unüblich* und durch die allgemeine Praxis der Vollbelegung *entbehrlich*.

Gesetze und andere Rechtsnormen werden im Text immer in Kurzform zitiert, z. B. „§ 5 SGB VIII" (siehe C-8.4.5). Dass es sich um das Sozialgesetzbuch VIII handelt, ergibt sich bei Bedarf aus dem Abkürzungsverzeichnis. Die Aufnahme des Gesetzes in ein Quellenverzeichnis ist damit entbehrlich und in rechtswissenschaftlichen Werken auch nicht üblich.

Gesetzentwürfe werden im Text der Verständlichkeit der Ausführungen wegen üblicherweise mit vollständigem Titel und ihrer Fundstelle erwähnt (siehe Kap. C-8.4.5), sodass auch hier von einer zusätzlichen Dokumentation abgesehen werden kann.

**Empfehlung**

In schriftlichen Arbeiten zur Sozialen Arbeit spielt das Zitieren von Gerichtsurteilen und Gesetzesmaterialien – anders als das Zitieren von Gesetzen – nur eine untergeordnete Rolle. Diese Rechtsquellen sollten daher unmittelbar im Text oder in einer Fußnote vollständig zitiert werden. Damit erübrigt sich ein Rechtsquellenverzeichnis.

## 9.10 Eidesstattliche Versicherung

Eine schriftliche Prüfungsarbeit, in jedem Falle eine Abschlussarbeit, endet in allen Hochschulen mit der eidesstattlichen Versicherung, dass die Arbeit selbständig verfasst worden ist. Die Erklärung ist mit Orts- und Datumsangabe zu versehen und in jedem abzuliefernden Exemplar zu unterschreiben.

Der Verstoß gegen den Inhalt der Versicherung (nicht gegen das Versäumnis ihrer Beifügung!) führt nicht nur zum Vorwurf des *Täuschungsversuchs* und damit zur Feststellung, dass die Prüfung nicht bestanden wurde; es liegt nach § 156 StGB auch ein strafrechtlich relevantes Delikt vor.

**156 StGB (Falsche Versicherung an Eides Statt)**

„Wer vor einer zur Abnahme einer Versicherung an Eides Statt zuständigen Behörde eine solche Versicherung falsch abgibt oder unter Berufung auf eine solche Versicherung falsch aussagt, wird mit Freiheitsstrafe bis zu drei Jahren oder mit Geldstrafe bestraft."

Kommt es zu Anzeige und Verurteilung, kann dies Folgen für die Aufnahme eines *Arbeitsverhältnisses* haben. Auch hochschulrechtliche Maßnahmen sind möglich (Bußgeldverfahren). Studierende, die wegen eines Täuschungsversuchs aufgefallen sind, sind sich meist der möglichen Konsequenzen ihres Verhaltens gar nicht bewusst gewesen.

Soweit Ihre Prüfungsordnung den Wortlaut nicht vorschreibt, können Sie sich an dem folgenden Text orientieren:

**Eidesstattliche Versicherung**

Ich versichere hiermit, dass ich die hier vorgelegte Bachelor-, Master- oder Hausarbeit selbständig und ohne fremde Hilfe angefertigt und bisher keiner anderen Prüfungsbehörde vorgelegt habe. Alle wörtlich oder sinngemäß aus anderen Quellen übernommenen Stellen habe ich kenntlich gemacht. Andere als die angegebenen und kenntlich gemachten Quellen und Hilfsmittel habe ich nicht benutzt.

Ich bin mir bewusst, dass ein Verstoß gegen diese Versicherung nicht nur prüfungsrechtliche Folgen haben wird, sondern auch zu weiter gehenden rechtlichen Konsequenzen führen kann.

Ort, Datum, Unterschrift

## 9.11 Datenträger

Immer häufiger erwarten Hochschulen, dass schriftliche Arbeiten nicht nur im gebundenen Papierausdruck zur Verfügung gestellt werden, sondern zusätzlich in Form einer CD-ROM. Diese ist in einer Hülle in die Arbeit einzulegen. Je nach Prüfungsordnung enthält sie neben dem vollständigen Text der Arbeit auch die aus dem Internet übernommenen Quellen.

Bei Hausarbeiten wird neben einer Papierfassung ggf. die zusätzliche Übersendung der Arbeit per E-Mail erwartet. Die Hochschulen versprechen sich davon, leichter prüfen zu können, ob Teile der Arbeit in unzulässiger Form aus dem Internet übernommen worden sind.

# 10 LAYOUT, SCHLUSSKORREKTUR, INDRUCKGABE, ABGABE

## 10.1 Layout

Die Lesbarkeit einer Arbeit und die Motivation, sich den Gedanken ihrer Verfasserin zuzuwenden, wird nicht nur von inhaltlichen und sprachlichen Aspekten bestimmt, sondern auch von der formalen Gestaltung eines Werks. Die formale Gestaltung muss die Konzentration auf den Inhalt erleichtern und die Orientierung des Lesers beim Gang durch den Text fördern. Das Layout bei einer wissenschaftlichen Arbeit hat demzufolge ein *sachliches* Ziel; erst in zweiter Linie geht es um die Ästhetik des Erscheinungsbildes.

Eine wichtige Grundregel für das Layout lautet:

Die Form folgt dem Ziel!

Anders als in der Kunst ist nicht die Form das Ziel. Entsagen Sie deshalb der Versuchung, in einer schriftlichen Arbeit die Vielfalt der Gestaltungsoptionen moderner Textverarbeitungsprogramme zu erproben. Eine sorgfältig, aber schlicht gestaltete Arbeit wirkt meist solider. Setzen Sie Gestaltungselemente deshalb *behutsam* ein und nur soweit, wie diese die Aufmerksamkeit und das Verständnis des Lesers fördern.

Bevor ich Ihnen dazu Vorschläge unterbreite, sei zunächst daran erinnert, dass wir uns in einzelnen Kapiteln bereits mit speziellen Fragen der Gestaltung befasst haben.

**Tab. 16:** Bereits behandelte Gestaltungsfragen

| | Kapitel | Seite |
|---|---|---|
| Abbildungen/Tabellen | C-7.1.4 | 121 |
| Paginierung | C-9.2 | 158 |
| Titelblatt | C-9.3 | 159 |
| Inhaltsverzeichnis | C-9.4 | 160 |
| Anlagen | C-9.7 | 162 |
| Literaturverzeichnis | C-9.8 | 163 |

Die folgenden Empfehlungen sind allgemeinerer Art. Sie betreffen das Manuskript insgesamt. Beachten Sie aber wiederum evtl. Vorgaben Ihres Fachbereichs bzw. der Prüfer/innen.

### Satzspiegel (Seitenränder)

Der Satzspiegel sollte berücksichtigen, dass der Leser Ihrer Arbeit die Möglichkeit haben sollte, Notizen an den Rand zu schreiben. Deshalb sollte der rechte Blattrand hierfür genügend Raum geben. Insgesamt sollten die Blätter nicht zu voll geschrieben sein, um das Auge nicht mit einer Textmasse zu erdrücken.

*Empfehlung:*

**Tab. 17:** Satzspiegel (Blattaufteilung)

| | |
|---|---|
| Seitenrand links | 4 cm |
| Seitenrand rechts | 3 cm |
| Seitenrand oben | 2,5 cm |
| Seitenrand unten | 2,5 cm |

### Zeilenabstand

Längere Arbeiten, die in einem einzeiligen Abstand geschrieben sind, ermüden beim Lesen, während der „Durchschuss" bei einem auf 1,5 vergrößerten Abstand bereits recht groß wirkt (obwohl er in der Literatur zum wissenschaftlichen Arbeiten meist empfohlen wird). Die Annahme, es gelte sich zwischen ein- oder anderthalbzeilig zu entscheiden, ist nicht zutreffend. In Word lassen sich unter „Start", „Absatz", „Zeilenabstand" problemlos auch Zwischenwerte einstellen.

*Empfehlung:*

**Tab. 18:** Zeilenabstand

| | |
|---|---|
| Fließtext | 1,3 |
| Fußnoten | 1,0 |

### Schriftart/-größe

Üblicherweise wählt man eine Proportionalschrift, bei der jeder Buchstabe je nach Breite einen unterschiedlichen Raum im Schriftbild einnimmt. Die am häufigsten verwendete Proportionalschrift ist die Times New Roman, die auch im Buchdruck weithin die Standardschrift darstellt. Eine gutes, lesefreundliches Schriftbild lässt sich ebenfalls mit den Schriften Arial und Helvetica erzielen. Diese sind im Unterschied zur Times New Roman serifenlos (ohne feine Striche an den Anfangs- und Endpunkten der Buchstaben).

Optisch gut unterstützen lässt sich die inhaltliche Gliederung eines Textes, wenn man für die *Überschriften* im Gegensatz zum Fließtext eine serifenlose Schrift wählt. Durch die Kombination von zwei Schriftarten wirkt der Text gleichzeitig lebendiger.

Weniger uniform und langweilig erscheint das Schriftbild auch, wenn *Einschübe* in den Text (z. B. Abbildungen, Tabellen, Textkästen) sich ebenfalls von der Schriftart des Fließtextes abheben. Führen Sie dazu aber keine weitere dritte Schriftart ein, weil der Text sonst unruhig wirkt.

Die *Schriftgröße* im Fließtext hängt von der gewählten Schriftart ab. Bei Times New Roman sollte die Größe 12–13 Punkt (pt) betragen, in Arial ist auch die Größe 11 pt noch gut lesbar. Eine kleine Vergrößerung der Laufweite der Buchstaben um 0,2 pt verbessert die Lesbarkeit noch weiter (Einstellung in Word: „Start", „Schriftart", „erweitert", „Zeichenabstand").

Bei den Überschriften hat sich eine *Staffelung* der Schriftgrößen bewährt, je nach Status des Kapitels. Die Schriftgröße 12 pt sollte jedoch nicht unterschritten werden.

*Empfehlung:*

**Tab. 19:** Schriftart/-größe

| | **Schriftart** | **Schriftgröße** |
|---|---|---|
| Fließtext | Times New Roman | 12 pt |
| Überschriften | Arial | gestaffelt |
| 1. | Arial | 14 pt |
| 1.1 | Arial | 13 pt |
| 1.1.1 | Arial | 12 pt |
| 1.1.1.1 | Arial | 12 pt |
| Fußnoten | Times New Roman | 10 pt |
| Laufweite | Times New Roman | + 0,2 |

#### Ausrichtung des Textes

Wer seiner Arbeit das professionelle Erscheinungsbild des Buchdrucks verleihen möchte, wird sich für den *Blocksatz* entscheiden, es ist aber genauso gut der sog. *Flattersatz* möglich. Beim Flattersatz beginnen die Zeilen zwar linksbündig, fransen am Zeilenende je nach Länge des letzten Wortes aber aus. Das Lesen fällt hierdurch eher leichter als schwerer. Beim Blocksatz werden die Zeilen künstlich auf die exakt gleiche Länge gebracht, indem die Abstände zwischen den Wörtern entsprechend angepasst werden. Wenn Sie sich für Blocksatz entscheiden, müssen Sie zuvor die Silbentrennung in Ihrer Textverarbeitung einschalten, damit nicht übergroße Wortzwischenräume entstehen. Die Korrektheit der automatischen Silbentrennung sollten Sie bei Ihrer orthografischen Prüfung kontrollieren.

Verzichten Sie grundsätzlich darauf Überschriften zu zentrieren.

#### Hervorhebungen im Text

Hervorhebungen von Wörtern und Sätzen/Satzteilen können durch Unterstreichung, Kursiv- oder Fettdruck geschehen (sog. Schriftschnitte). Während die Unterstreichung altbacken anmutet (vor dem PC-Zeitalter gab es kein anderes Mittel), wirkt Fettdruck eher grob.

*Kursivschnitt* fügt sich harmonischer in das Textbild ein, fällt allerdings weniger deutlich auf als Fettdruck. **Fettdruck** kommt am besten in Lehrbüchern zur

Geltung, wo über das durchgängige Kenntlichmachen von Schlüsselwörtern das schnelle Auffinden von Informationen erleichtert werden soll. In studentischen Arbeiten geht es bei einer Hervorhebung dagegen meist nur um ein einzelnes Wort auf einer Seite. Kursivschnitt ist hierfür empfehlenswert.

Üblicherweise werden die Verfasser/innen der im Text zitierten Werke nicht besonders hervorgehoben. Wenn Sie dies gleichwohl für wünschenswert halten, sollten Sie sich zwischen einem Kursivschnitt und den sog. „Kapitälchen" entscheiden. Kapitälchen sind Großbuchstaben in der Größe von Kleinbuchstaben, wobei der erste Buchstabe gegenüber den nachfolgenden Buchstaben vergrößert ist.

Eine andere Form der Hervorhebung besteht in der farblichen Unterlegung eines Textelementes (z. B. einer Abbildung). Solche Hervorhebungen verfolgen allerdings einen anderen Zweck als die Schriftschnitte; sie sind ein visuelles Gestaltungsmittel und dienen nicht der Verstärkung einer inhaltlichen Information.

*Empfehlung:*

**Tab. 20:** Hervorhebungen

| | |
|---|---|
| Fließtext | kursiv |
| Fußnoten | Hervorhebungen nicht üblich |
| im Text zitierte Verfasser-namen | Kapitälchen oder kursiv (beides möglich, aber nicht allgemein üblich) |
| Überschriften | fett |
| wörtliche Zitate | ohne Hervorhebung |

**Kopfzeilen**

Kopfzeilen werden in der Regel dazu genutzt, in verkleinerter Schrift das Kapitel anzuzeigen, in dem der Leser sich gerade befindet (sog. Kolumnentitel). Meist ist auch die Seitenzahl in die Kopfzeile integriert. Kopfzeilen – im Verlagswesen weitgehend üblich – unterstützen die Orientierung des Lesers, bei Arbeiten von etwa 50 Seiten sind sie aber nicht zwingend erforderlich. Unter Umständen kostet es Sie wertvolle Zeit, gegen Ende der Bearbeitungsfrist herauszufinden, wie jedes neue Kapitel bei fortlaufender Seitenzahl den richtigen Kopfzeileneintrag erhält. Eine gut verständliche Anleitung geben Karmasin/Ribing (2008, 66).

**Absätze, Abstände**

Absätze sollten nicht nur in einer neuen Zeile beginnen, sondern durch einen vergrößerten Durchschuss (Abstand) getrennt werden. Diesen können Sie über das Menü Format beeinflussen („Start", „Absatz", „Abstand nach"). Empfohlen wird ein Abstand von 6 pt, d. h. weniger als der doppelte Zeilenabstand.

*Empfehlung:*

**Tab. 21:** Abstand zwischen Absätzen

| | |
|---|---|
| Abstand zwischen Absätzen | 6 pt |

Der Abstand zwischen dem Textende des vorhergehenden Kapitels und der Überschrift des nachfolgenden Kapitels sollte stets größer sein als der Abstand zwischen Überschrift und Text innerhalb eines Kapitels; diese Abstände zum Vortext bzw. nachfolgenden Text lassen sich einstellen, wenn man zur Formatierung von Überschriften eine Formatvorlage erstellt („Start“, „Formatvorlagen“).

**Seitenumbruch**

Achten Sie darauf, dass eine Seite nicht mit der ersten Zeile eines neuen Absatzes endet. Ebensowenig sollte ein Absatz der vorhergehenden Seite mit seiner letzten Zeile auf der nächsten Seite enden, sodass auch hier eine Zeile ‚mutterseelenallein herumsteht‘. Beides verhindern Sie in Word durch Einschaltung der Absatzkontrolle („Start“, „Absatz“, „Absatzkontrolle“).

Lassen Sie jedes *Hauptkapitel* Ihrer Arbeit auf einer neuen Seite beginnen (Cursor vor Überschrift des neuen Kapitels setzen, „Einfügen“, „Seitenumbruch“).

## 10.2 Schlusskorrektur

In Kapitel 7.5 wurde vorgeschlagen, den Text unmittelbar nach Überarbeitung des Rohmanuskriptes *mindestens einer* dritten Person zur Durchsicht zu geben und nachvollziehbare Korrekturempfehlungen sogleich in den Text einzuarbeiten. Wenn Sie dieser Empfehlung gefolgt sind, dürfte sich der inhaltliche und sprachliche Korrekturbedarf Ihrer Arbeit in der meist stressbelasteten Endphase auf überschaubare Restarbeiten beschränken (z. B. einzelne Einfügungen oder Streichungen, kleinere Reparaturen im Ausdruck).

Im Vordergrund der Schlusskorrektur stehen die (nochmalige) Überprüfung von

- Ausdrucksweise
- Grammatik
- Rechtschreibung
- Zeichensetzung
- Vollständigkeit und Korrektheit aller Verzeichnisse und der Anlagen
- korrekte Einbindung der Zitate
- Fußnoten, Abbildungen und Tabellen
- Einheitlichkeit und Vollständigkeit aller Formatierungen und des Layouts

*So gehen Sie vor:*

- Bevor Sie mit Ihrer Korrekturarbeiten beginnen: Klären Sie, ob Sie alle ‚Zutaten‘ an Bord haben, um den nächsten Schritt, die Indruckgabe der Arbeit, notfalls in kürzester Frist zu bewerkstelligen (CD-ROM-Rohling bzw. Ersatzdruckpatrone, falls Sie in der Druckerei eine Papierfassung und keinen Datenträger vorlegen müssen; ausreichender Papiervorrat). Klären Sie so banale Dinge wie die Öffnungszeiten des Post- und Prüfungsamtes sowie den Zeitbedarf des Copy-Shops, der Ihre Arbeit binden soll.

- Gehen Sie Ihren Text systematisch am Bildschirm durch. Vergrößern Sie dazu die Schrift auf 150 %, sodass Sie den Text mühelos lesen können. Wonach Sie Ausschau halten sollten, können Sie der Checkliste „Endkorrektur“ im Anhang entnehmen (Anlage 4). Haken Sie die ausgeführten Kontrollen auf der Checkliste kapitelweise ab. Bei der Rechtschreibprüfung sollten Sie die automatische Prüfung Ihres Schreibprogramms nutzen; diese findet zumindest einen Teil der Fehler.

**So schreiben Sie Zahlen korrekt**

Zahlen werden traditionell von null bis zwölf ausgeschrieben, ab 13 werden sie in Ziffern geschrieben, es sei denn, sie stehen im Zusammenhang mit größeren Zahlen oder dem Wort Zahl (vgl. Kornmeier 2013, 316).

*Beispiele:*
Es gab lediglich elf Teilnehmer/innen.
Die Zahl 11.
Es kommen regelmäßig zwischen 10 und 30 Teilnehmer/innen.

Soll die Aufmerksamkeit des Lesers auf die Zahl gerichtet werden oder soll ein Missverständnis ausgeschlossen werden, können auch Zahlen von null bis elf in Ziffern geschrieben werden:

*Beispiele:*
Es saßen nur 2 Personen in der Vorlesung.

Die Schreibweise „Es war nur ein Mann anwesend“ ist missverständlich, wenn es nicht um das Bedauern geht, dass keine Frauen erschienen sind, sondern gesagt werden soll, dass sich unter den weiblichen Teilnehmern nur ein einziger Mann befand.

Vor Zeichen und Abkürzungen von Maßen, Gewichten, Geldsorten usw. setzt man die Zahl in Ziffern:

*Beispiele:*
11 kg; 7 km; 5 €

Steht statt der Abkürzung die entsprechende Vollform, kann man die Zahl sowohl in Ziffern als auch in Buchstaben schreiben:

*Beispiel:*
10 Kilometer/zehn Kilometer; 5 Euro/fünf Euro.

Zahlen mit mehr als drei Stellen hinter oder vor dem Komma werden vom Komma ausgehend in 3-stellige Gruppen gegliedert:

*Beispiel:*
5 710 256,00 €

- Bitten Sie parallel zu Ihren eigenen Aktivitäten eine dritte Person um ihre Unterstützung. Selbst wenn Sie selbst in den formalen Dingen einigermaßen fit sind, sollte stets auch ein Anderer – vorzugsweise mit guten Kentnissen in Orthografie und Interpunktion – Ihre Arbeit parallel Korrektur lesen. Im eigenen Text übersieht man Fehler, die ein anderer auf den ersten Blick erkennt.

  Stellen Sie Ihren Text dem Korrekturleser als Ausdruck zur Verfügung. Erfahrungsgemäß entdeckt man auf einer Papierkopie weitaus mehr Fehler als am Bildschirm! Rüsten Sie ihn mit derselben Checkliste aus, die Sie auch selbst verwenden (Anlage 4).
- Wenn Sie es zeitlich einrichten können, empfiehlt es sich, zu guter Letzt selbst einen abschließenden Durchgang durch eine *ausgedruckte* Fassung Ihrer Arbeit zu machen. Da Sie die Änderungsvorschläge Ihres Korrekturlesers ohnehin prüfen müssen, bietet es sich an, dessen Papierausdruck für die eigene Manuskript-Durchsicht zu verwenden. Rechnen Sie damit, dass Sie bei diesem ‚Durchgang auf Papier' noch Mängel entdecken werden.
- Zum Schluss übernehmen Sie alle gewünschten Änderungen in das Original.

## 10.3 Indruckgabe

Bei Abschlussarbeiten erwartet die Hochschule mehrere Ausfertigungen Ihrer Arbeit in gebundener Form. Maßgeblich für die Zahl der abzuliefernden Exemplare ist die jeweilige Prüfungsordnung. In der Regel sind zwei Prüfer/innen bestellt, die jeweils ein Exemplar erhalten; ein weiteres Exemplar wird zu den Prüfungsakten genommen.

Klären Sie mit Ihrem Copy-Shop frühzeitig, wann und wie die Druckvorlage erfolgen soll (Papier, Mail-Anhang im PDF-Format, USB-Stick, CD-ROM). Arbeiten Sie niemals auf die letzte Sekunde. Kommt es beim Drucken zu einer unvorhersehbaren Verzögerung, geht diese ausschließlich zu Ihren Lasten. Achten Sie auf die richtige Reihenfolge aller Teile sowie das leere Blatt zwischen Schutzumschlag und Titelblatt bzw. letzter Druckseite und Schutzumschlag (C-9.1).

Üblicherweise werden Abschlussarbeiten mit einem einfachen flexiblen Schutzumschlag versehen, dessen Farbe Sie frei wählen können. Der Schutzumschlag sollte nicht bedruckt werden, es sei denn, Ihre Gutachter wünschen dies ausdrücklich. Eine üppige Aufmachung erregt bei vielen Prüfer/innen eher Verdacht als positive Voreingenommenheit. Die Bindung geschieht üblicherweise durch Klebung oder Heftung. Möglich ist auch eine Spiralbindung, die aber nicht alle Prüfer/innen schätzen.

## 10.4 Abgabe

Die Abgabe muss fristgerecht erfolgen, andernfalls gilt die Prüfung als nicht bestanden. Achten Sie darauf, dass Sie die Frist nicht versehentlich falsch aus den Unterlagen des Prüfungsamtes entnehmen! Fällt die Abgabefrist auf einen Tag, an dem die Abgabestelle geschlossen ist, so ist die Arbeit am nächsten Öffnungstag abzuliefern. Soweit Sie auch eine CD-ROM einreichen müssen, ist diese jedem der Exemplare beizufügen.

Wo die Arbeit einzureichen ist, sollten Sie rechtzeitig klären. Üblicherweise ist dies das Prüfungsamt. Die Prüferexemplare sind mitunter den Prüfer/innen direkt zuzuleiten.

Versäumnisse eines Dritten, den Sie evtl. gebeten hatten, die Arbeit für Sie pünktlich abzugeben, gehen grundsätzlich zu Ihren Lasten. Ob den Dritten ein Verschulden trifft oder nicht, spielt hierfür keine Rolle. Rechnen Sie bei der Vorlage der Abschlussarbeit niemals damit, dass die „kleine Abweichung von der Frist", der im Laufe Ihres Studentenlebens womöglich mit Nachsicht begegnet wurde, auch am Ende gilt: Das tut sie nicht. Holen Sie alle Auskünfte zu Regularien möglichst nicht bei Ihren Kommilitonen ein, sondern bei Ihrem Prüfungsamt oder Prüfungsausschuss.

Eine Alternative zur persönlichen Abgabe ist die Aufgabe zur Post. In diesem Fall ist der Zeitpunkt der Einlieferung bei der Post maßgebend. Diesen müssen Sie im Zweifelsfall nachweisen können! Brandgefährlich sind ungeprüfte Hypothesen über die Öffnungszeiten von Postämtern oder Vermutungen darüber, dass man das Postamt trotz knapp bemessener Zeit auf jeden Fall rechtzeitig vor Schließung erreichen wird.

## *Gut zu wissen – gut zu merken*

Die Anfertigung einer Bachelor- oder Masterarbeit ist ein dynamischer Prozess, der nicht strikt linear verläuft (Kap. C-1). Um die Arbeit fristgerecht abgeben und die eigenen Fähigkeiten optimal einsetzen können, sollten Sie die Erstellung einer Bachelor- oder Masterarbeit sorgfältig planen (Kap. C-2). Überlegen Sie genau, welches Thema Sie in welcher Absicht wählen, welche Frage(n) Ihre Arbeit klären soll und wie Sie diese auf ein inhaltlich und zeitlich realisierbares Maß eingrenzen können. Treffen Sie frühzeitige Vereinbarungen mit den Prüfer/innen (Kap. C-3).

Die inhaltlichen Vorarbeiten erfordern erste Fühlungnahmen mit der Fachliteratur und bestimmen nachfolgend Umfang und Ausrichtung der Literaturrecherche. Recherchieren beinhaltet ein systematisches, schrittweises und mehrdimensionales Vorgehen. A priori ist zu berücksichtigen, dass nicht jedweder auffindbare Text eine wissenschaftlich akzeptable Auskunftsquelle darstellt. Die Suche wird so lange betrieben, bis ein ausreichender, dem Ziel und dem Anspruch der eigenen Arbeit entsprechender Fundus an Literaturquellen erschlossen ist. Wie ergiebig eine Recherche verläuft, hängt von den eingesetzten Suchstrategien ab (Wo sucht man, Wie sucht man). Neben Büchern sind auch Fachaufsätze in die Recherche einzubeziehen (Kap. C-4).

Einen erheblichen Zeitaufwand verschlingt das Studium der Quellen. Um Literaturquellen als Fundamente für den Aufbau der Arbeit und die Gedankenführung in den einzelnen Kapiteln nutzen zu können, müssen die Quellen gesichtet und systematisch ausgewertet werden (Markieren, Randnotizen hinzufügen, Exzerpieren). Wie Sie hierbei vorgehen können, ist in Kap. C-5 dargestellt.

Das ausgewertete Quellenmaterial beeinflusst und fundiert die Gliederung Ihres Werks. So wie ein Haus einer soliden Statik bedarf, steht und fällt auch ein Gedankengebäude einer schriftlichen Arbeit mit dem sachlogischen Aufbau der Kapitel, Unterkapitel und inhaltlichen Abschnitte, unterstützt durch eine übersichtliche formale Struktur (Kap. C-6).

Bei der Abfassung des Manuskriptes geht es – von den zu treffenden Grundentscheidungen (z. B. Anmerkungen – ja oder nein?) abgesehen- um ein schrittweises Vorgehen, bei dem Sie in Ausschöpfung und kritisch-reflexiver Auseinandersetzung mit der Fachliteratur Kapitel für Kapitel eine eigenständige gedankliche Struktur entwickeln. Um den „roten Faden“ zu spinnen, muss die ausgewertete Literatur mit den eigenen Gliederungspunkten verbunden und die Gedankenfolge in den Kapiteln skizziert werden. Nach – ggf. auch mehrfacher – Überarbeitung entsteht aus dem Rohentwurf des Textes schließlich die vorläufige Endfassung (Kap. C-7). Dabei sind allgemeine Standards für den Umgang mit fremden Gedanken ebenso zu beachten wie Zitatformen und Zitierregeln (Kap. C-8).

Neben dem eigentlichen Ausführungsteil enthält die Bachelor- oder Masterarbeit weitere Manuskriptteile (Titelblatt, diverse Verzeichnisse, Anlagen etc.), deren Erstellung formalen Regeln unterliegt. Ihre Nichtbeachtung schlägt in der Regel auf die Note durch (Kap. C-9).

Die inhaltliche und formale Schlusskorrektur sowie das Layout geben der Arbeit der letzten Schliff. Damit das persönliche Projekt Bachelor- oder Masterarbeit nicht auf seinen letzten Metern scheitert, bleibt bis zur fristgerechten Abgabe eine umsichtige Prozessorganisation erforderlich (Kap. C-10).

### *Literaturempfehlungen*

Kornmeier, M. (2013): Wissenschaftlich schreiben leicht gemacht für Bachelor, Master und Dissertation. 6. Aufl., Bern/Stuttgart/Wien: Haupt.

Plümper, Th. (2012): Effizient schreiben. Leitfaden zum Verfassen von Qualifizierungsarbeiten und wissenschaftlichen Texten. 3. Aufl., München: Oldenbourg.

# D SEMINARVORTRÄGE HALTEN

### Was Sie in diesem Kapitel lernen können

Der Seminarvortrag erfüllt nicht nur wichtige Funktionen im Studium, er schult auch für die spätere Berufstätigkeit. In der Arbeit mit Elterngruppen, in der Schulung ehrenamtlicher Mitarbeiter, in der Jugendbildungsarbeit, in der Fortbildung, in Gremientätigkeiten, in der Aussenvertretung eines Trägers – überall ist „Präsentationskompetenz" heute gefragt. Für das Erlernen der Fähigkeit, vor anderen Menschen vorzutragen, gibt das Studium den nötigen Übungsraum. In diesem Abschnitt erfahren Sie

- welche Bedeutung Seminarvorträge im Studium haben,
- wie Sie Ihren Seminarvortrag Schritt für Schritt vorbereiten, durchführen und durch Medieneinsatz unterstützen, und last but not least
- wie Sie mit Ihrem nahezu unvermeidlichen Lampenfieber umgehen können.

## 1 FUNKTIONEN DES SEMINARVORTRAGS

Der Seminarvortrag (synonym: das Referat) ist eine klassische Studienleistung, die vor allem in den geistes- und sozialwissenschaftlichen Fachdisziplinen seit jeher verankert ist. Der Seminarvortrag soll im Studium drei zentrale Funktionen erfüllen: die *Lernfunktion*, die *Lehrfunktion* und die *Leistungsnachweisfunktion*. Während der „Scheinerwerb" nur einen Nebenzweck darstellt, bilden Lernen und Lehren die beiden Hauptzwecke.

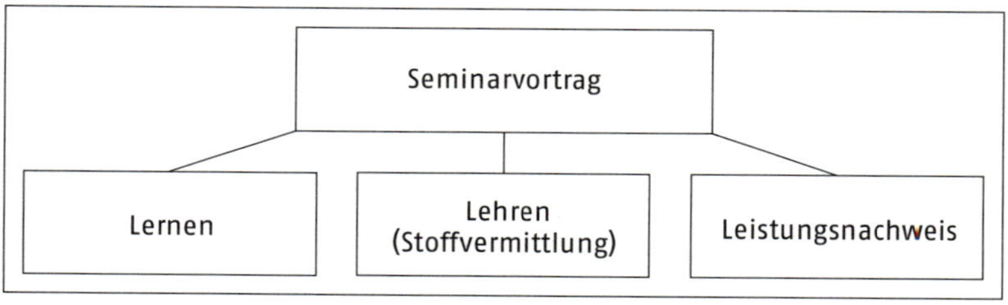


**Abb. 9:** Funktionen des Seminarvortrags

### Lernfunktion

Studierende sollen lernen, einen Gegenstand systematisch zu erschließen und nach wissenschaftlichen Standards zu bearbeiten; sie sollen lernen, einen Stoff methodisch-didaktisch so aufzubereiten, dass er für Dritte, hier: Lehrperson und Kommiliton/innen, nachvollziehbar ist und zur weiteren Vertiefung genutzt werden kann; sie sollen rhetorische und mediale Präsentationsfähigkeiten aufbauen und weiterentwickeln (Schlüsselqualifikation „Kommunikationskompetenz").

### Lehrfunktion

Der Seminarvortrag ist Transportmedium für den Lernstoff und somit Teil der akademischen Lehre. Für den Lernzuwachs der Zuhörer ist die Qualität des Vortrags entscheidend; er muss bei seinem Auditorium „ankommen." Dies erfordert zum einen, sich als Referent/in mit dem Thema intensiv auseinander zu setzen (dem „Was"), zum anderen geht es um das „Wie" des Vortragens.

### Leistungsnachweisfunktion

Last but not least kommt dem Seminarvortrag meist auch eine Prüfungsfunktion zu. Als Studien- und Prüfungsleistung soll er zeigen, inwieweit Sie als Studierende/r bestimmten Leistungserwartungen entsprechen können. Die erfolgende Benotung soll Ihre Leistungsfähigkeit dokumentieren und zugleich Ihre Leistungsbereitschaft fördern.

# 2 VORBEREITUNG DES SEMINARVORTRAGS

## 2.1 Grundfragen

Bevor Sie sich an Literaturrecherche (Kap. C-4) und die Erstellung von Text und Medien begeben, gilt es einige grundlegende Fragen zu klären:

### Welches Ziel verfolgt der Seminarvortrag?

Das sachbezogene Ziel Ihres Vortrags identifizieren Sie am leichtesten, wenn Sie sich fragen, was der Zuhörer am Ende von Ihren Ausführungen haben soll:

- Soll er einen ersten *Einstieg* in das Thema erhalten, um dessen praktische und fachliche Relevanz zu erkennen?
- Soll er einen *Überblick* über verschiedene Theorie- oder Interventionsansätze bekommen?
- Geht es um den Aufbau von *vertieftem Wissen*, weil das Grundlagenwissen bereits vorhanden ist?
- Geht es um reine *Sachinformationen* oder auch um die *Urteilskompetenz* des Zuhörers?
- Soll der Vortrag nicht nur das Wissen des Zuhörers anreichern, sondern zugleich *Handlungskompetenz* aufbauen?
- Soll der Vortrag bestimmte *Einstellungen* und Haltungen problematisieren?

Wenn Ihnen (das im Regelfall) vorgegebene Sachziel Ihres Vortrags im Rahmen der Lehrveranstaltung nicht klar ist, sprechen Sie Ihre Lehrperson an.

Neben den sachbezogenen Zielen kann Ihr Vortrag auch *persönliche Ziele* verfolgen: Sie möchten womöglich nicht irgendeine, sondern eine gute Bewertung erzielen; Sie möchten vor Ihren Kommiliton/innen gut dastehen; Sie möchten den Übungsraum Hochschule gezielt nutzen, um sich für ähnliche Situationen im Berufsleben zu rüsten; Sie möchten Ihre Scheu überwinden, vor anderen Menschen zu sprechen etc.

Ihre persönlichen Ziele können Sie mit der Frage klären: Was ich mit meinem Vortrag für mich selbst erreichen?

Ziehen aus Ihren persönlichen Zielen Schlussfolgerungen: Was muss ich z. B. tun, um vor meinen Kommiliton/innen eine „gute Figur" zu machen? Antwort: Meinen Vortrag gut strukturieren, Grundregeln der Präsentation beachten etc.

### Wer sind die Zuhörer?

Klar ist, dass die Zuhörer in einer Lehrveranstaltung aus Seminarleiter/in und Studierenden bestehen. Das bedeutet: Ihr Vortrag muss nicht nur bei Ihren Kommiliton/innen gut ankommen, sondern auch Ihre/n Seminarleiter/in überzeugen. Finden Sie deshalb heraus, welche Erwartungen der Seminarleiter an Ihre Präsentation stellt (Inhalt, Form des Vortrags), denn er vergibt anschließend die Note.

Ihr eigentliches Zielpublikum sind allerdings Ihre Kommiliton/innen. Versuchen Sie sich auch hier klarzumachen, was die Ausgangspunkte und Erwartungen Ihrer Kommiliton/innen sind:

- Was *wissen* die Kommilitonen bereits über mein Thema? Wie vermeide ich demzufolge Unter- oder Überforderung?
- Ist mit eher günstigen oder eher ungünstigen *Voreinstellungen* zu rechnen, z. B. der Abneigung, sich mit „Theorie" oder empirischen Forschungsdaten vertiefend auseinanderzusetzen?
- Gibt es umgekehrt typische *Erwartungen*, z. B. die Erwartung, die Praxisbezüge in einem Vortrag erkennen zu können oder nicht mit einem Übermaß an Detailinformationen überschüttet zu werden?
- Gibt es überhaupt eine *homogene* Zuhörerschaft? Gehören z. B. alle Kommiliton/innen zum selben Semester oder sitzen „alte Hasen" und „Frischlinge" unsortiert beieinander?
- Befinden sich unter den Anwesenden Kommilitonen mit einer anderen *Muttersprache*, sodass sich Probleme beim Verstehen des Gehörten ergeben können?

Auch wenn Sie auf Vermutungen verwiesen bleiben: Versuchen Sie so gut es geht, die *Kundenperspektive* einzunehmen. Notfalls gehen Sie von sich selbst aus: Wie können Sie persönlich Forschungsdaten, die jemand referiert, am besten aufnehmen? Welchen Wert legen Sie darauf, die Bedeutung eines Themas für die Praxis zu erkennen? etc.

### Welche Rolle sollen die Zuhörer einnehmen?

Ihre Vorstellung kann z. B. sein, eine halbe Stunde lang „ungestört" vortragen zu können, sodass Einwände und weiterführende Gedanken erst am Schluss eingebracht werden können. Abweichend davon können Sie Ihren Zuhörern gestatten, Sie zumindest dann zu unterbrechen, wenn sich eine *Verständnisfrage* ergibt (empfehlenswert!). Sie können ausdrücklich sogar Phasen einer aktiven Beteiligung der Zuhörer einplanen (z. B. um eine gemeinsame Übung, ein Rollenspiel oder eine kurze Gruppenarbeit zu einem soeben behandelten Aspekt Ihres Themas durchzuführen). Je mehr Sie Ihren Zuhörern ermöglichen, sich aktiv einzubringen, desto mehr steigen nicht nur Lernmotivation und Lernerfolg, sondern desto länger darf auch Ihr zeitliches Engagement ausfallen. Beachten Sie bei Ihrer didaktischen Planung aber den hohen Zeitfaktor, wenn Sie erwägen, Gruppenarbeitsphasen mit anschließender Auswertung der Arbeitsergebnisse vorzusehen.

### Wie viel Vortragszeit steht zur Verfügung?

Manchmal stellt die Lehrperson Ihnen 90 Minuten, manchmal nur 20 Minuten zur Verfügung. Diese Vorgabe beeinflusst nicht nur Inhalt, Ziel und Zuhörerrolle, sondern auch den Spielraum Ihrer Darstellungsmöglichkeiten (z. B. Einbringen von Praxisbeispielen, Einblendung eines Videos). Vorträge, die deutlich länger sind als offiziell vorgesehen oder vom Referenten angekündigt, kommen auch dann schlecht an, wenn sie gut sind. Überziehen Sie daher nicht! Überlegen Sie ebenfalls schon im Vorfeld, was Sie bei unvorhergesehener Zeitnot sinnvoll weglassen können. Wenn Sie umgekehrt bei einem Zeitbudget von 60 Minuten nur 30 Minuten sprechen, ohne sich über den Rest der Zeit Gedanken gemacht zu haben, punkten Sie ebenso wenig.

#### Welche Fachliteratur ist auszuwerten?

Zu klären sind Menge, Anspruchsniveau und Zugänglichkeit der Fachliteratur. Die Tatsache, dass ein Titel in der eigenen Hochschulbibliothek nicht sofort verfügbar ist, sollten Sie bei der Zeitplanung unbedingt berücksichtigen. Merken Sie ausgeliehene Literatur so früh wie möglich vor.

#### Welche Technik ist vorhanden?

Hier geht es um folgende Fragen:

- Stehen zum Zeitpunkt des Vortrags (!) in dem betreffenden Seminarraum – soweit erforderlich – Beamer, Notebook, Tageslichtprojektor oder ein Video/DVD-Abspielgerät zur Verfügung?
- Komme ich mit der Technik zurecht? Benötige ich jemanden zur Unterstützung?
- Wo lässt sich die erforderliche Technik beschaffen? Ist eine Vormerkung bei der Ausgabestelle erforderlich?
- Wird der USB-Stick, auf dem meine komplette Präsentation gespeichert werden soll, von dem hochschuleigenen Notebook akzeptiert?
- Wenn ich mein eigenes Notebook nutzen möchte: Läuft dieses problemlos auf der Hausanlage oder müssen Einstellungen angepasst werden?
- Wie viel Zeit ist für die Installation der Technik zu veranschlagen, damit das Seminar pünktlich beginnen kann?
- Wie stelle ich sicher, dass mein Vortrag erfolgreich durchgeführt werden kann, wenn am Tage X. überraschend die Technik versagt?

#### Wie viel Arbeitszeit benötige ich für die Vorbereitung?

Häufig wird der Zeitbedarf für einen Seminarvortrag deutlich unterschätzt. Wie viel Zeit einzuplanen ist, hängt von der Schwierigkeit der Materie, der Zugänglichkeit der Fachliteratur, den eigenen Vorkenntnissen, den sonstigen Verpflichtungen u. v. m. ab. Wer zwei Wochen vor dem Vortrag erst mit seiner Vorbereitung beginnt, macht sich nicht nur unnötigen Stress, sondern wird wegen des suboptimalen Ergebnisses auch unzufrieden sein. Bei der Zeitplanung ist zu berücksichtigen, dass der Vortragstext womöglich noch von der Lehrperson durchgesehen werden soll.

**Tipp**

Zerlegen Sie Ihr Vorhaben in einzelne Teilschritte und ordnen Sie diese zeitlich. So behalten Sie alle Anforderungen am besten im Blick.

## 2.2 Vom Basistext zum Stichwortmanuskript

Üblicherweise stehen bei einem Seminarvortrag die folgenden Arbeitsschritte an:

**Fachliteratur auswerten**

Wie bei einer Hausarbeit werten Sie zunächst die einschlägige Fachliteratur aus. Wie Sie hierbei zielgerichtet und zeitbewusst vorgehen, ist in Kap. C-5 ausführlich beschrieben.

**Basistext erarbeiten**

Auch wenn Sie im Rahmen einer Seminarlehrveranstaltung grundsätzlich keinen Text verlesen sollten, so ist es dennoch ratsam, einen schriftlichen Text auszuarbeiten („Basistext"). Zwar könnte auch ein reiner Stichwortkatalog als ausreichend erscheinen, für einen ausformulierten Basistext sprechen aber eine Reihe guter Gründe (vgl. Presler 2004):

- In der Regel stößt man erst bei der Niederschrift eines zuvor durchgearbeiteten Stoffs auf Halb- oder Unverstandenes, auf Ungereimtheiten und offene Fragen. Die Niederschrift ist eine *Verständniskontrolle*, die sich bei Verzicht auf einen ausformulierten Text nicht annähernd gut erreichen lässt.
- Die inhaltliche Qualität des Vortrags kann nach Vorliegen eines ersten Textentwurfs schrittweise im Vorfeld verbessert werden. Die Qualität eines Textes lebt davon, dass man ihn *wiederholt* durchgeht und überarbeitet. Erst dann gibt man ihn aus der Hand bzw. bringt seinen Inhalt zum Vortrag. Auch der Text, den Sie jetzt gerade lesen, ist auf diese Weise zustande gekommen. Im Gegensatz zu einem ausformulierten Text geht man über einen bloßen Stichwortkatalog viel leichter hinweg.
- Ein schriftlicher Text kann von allen Seminarteilnehmern *nachgelesen* werden, auch von denen, die nicht anwesend waren. Ein vollständiger Text wird hierbei deutlich besser verstanden als eine Überschriftensammlung. Ein häufiges Problem von Seminarvorträgen besteht darin, dass zu wenig an transportablen Informationen mit nach Hause genommen werden kann, um diese vor der Prüfung noch einmal durchzuarbeiten.
- Sie lernen bei diesem Vorgehen, einen wissenschaftlichen Text zu *schreiben*. Ihre Fähigkeit zur gedanklichen Differenzierung wird gefördert.
- Der Basistext kann der Lehrperson (sofern diese dies wünscht) vor dem Vortrag vorgelegt werden. Die Lehrperson erhält so eine Kontrolle über den Inhalt, Fehler können noch vor dem Vortrag beseitigt werden. Gleiches ist bei einem reinen Stichwortkonzept nur bedingt möglich. Als Studierende erhalten Sie bei diesem Vorgehen mehr Sicherheit; die Peinlichkeit des Ad-hoc-Eingriffs im Seminar bleibt Ihnen erspart („Verzeihung, das kann ich leider so nicht stehen lassen …"). Die Vorlage des Textes sollte ca. 10 Tage vor dem Vortrag erfolgen, nach Rücksprache ggf. auch kurzfristiger. Übersenden Sie den Text möglichst digital, damit die Lehrperson ihre Anmerkungen in den Text einfügen kann und keine Zeiten für den Postweg verloren gehen.

- Die nachträgliche *Bewertung* Ihrer Leistung fällt leichter, wenn nicht nur Stichworte vorliegen, sondern ein vollständiger Text. Die Gefahr, dass die Bewertung der inhaltlichen Qualität zu kurz kommt, weil der Eindruck Ihres Vortrags dominiert, wird vermindert. Besteht über die Qualität der Leistung kein Einverständnis, erleichtert ein ausformulierter Text die nachträgliche Überprüfung.

Für die Erstellung Ihres Basistextes gelten grundsätzlich dieselben Anforderungen wie für eine Hausarbeit (Eingrenzung des Themas, Literaturrecherche, Literaturauswertung, Gliederung etc.; Kap. C). Abstriche bei der sprachlichen Perfektion sind bei diesem Arbeitstext aber durchaus erlaubt. Der Basistext soll schließlich nicht den Vortragstext bereit stellen, sondern lediglich als Grundlage für die weitere Vorbereitung des Vortrags dienen. Während sprachlichen und formalen Kriterien eine geringere Bedeutung zukommt, sind bei der inhaltlichen Qualität keine Abstriche zu machen. Je nach Schwierigkeitsgrad des Themas und Lektüreaufwand ist deshalb mit einem ähnlich hohen Zeitbedarf wie bei einer Hausarbeit zu rechnen. Fangen Sie daher frühzeitig mit Ihren inhaltlichen Vorbereitungen an. Die letzten Tage vor dem Vortragstermin sollten genutzt werden, um letzte inhaltliche Korrekturen vorzunehmen und den Folien den letzten Schliff zu geben.

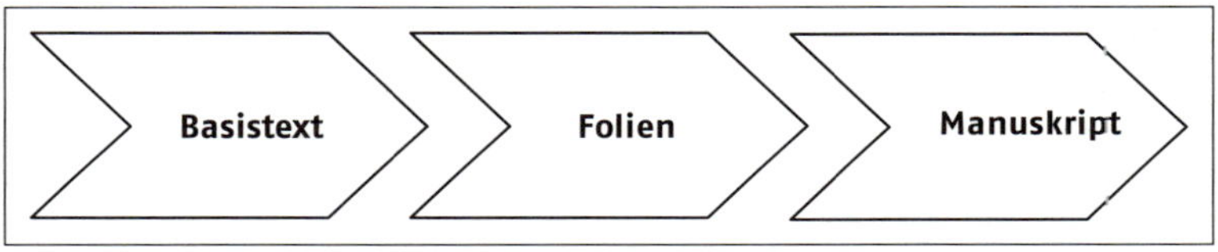


**Abb. 10:** Grundelemente des Seminarvortrags

### Folien erarbeiten

Der erarbeitete Basistext liefert die Grundlage für die Erstellung der Folien. Gleich ob sie diese konventionell als Klarsichtfolien für den Overhead-Projektor erstellen oder digital auf Ihrem Laptop: ohne eine „visuelle Begleitmusik" würde Ihr Seminarvortrag sein Ziel weitgehend verfehlen. Folien machen aus Zuhörern Zuschauer und Mitleser. Den Lernstoff auf zwei Kanälen zu empfangen, über Ohren und Augen, ist für das Speichern der inhaltlichen Essentials von großer Bedeutung. Folien sollten neben Stichworten, Satzstümpfen und Schlüsselvokabeln zum Inhalt möglichst auch *bildhafte Darstellungen* („Visualisierungen") enthalten. Bilder erzeugen Aufmerksamkeit und Abwechselung, der Inhalt des gesprochenen Wortes wird leichter verstanden. Welchen Anforderungen Ihre visuellen Hilfsmittel entsprechen sollten, haben wir aus darstellungstechnischen Gründen in einem gesonderten Kapitel vermerkt (Kapitel D-5).

### Stichwortmanuskript erstellen

Bei einem Sachvortrag, der differenziert über einen Gegenstand informieren will, reichen Basistext und daraus extrahierte Folien im Allgemeinen nicht aus, um in der Vortragssituation, ohne den Basistext wortwörtlich abzulesen, eine inhaltlich differenzierte und flüssige Darstellung zu gewährleisten. Ergänzen Sie deshalb den bereits vorhandenen Folientext mit Hilfe Ihres Basistextes um weitere Stichworte. So vermeiden Sie auch unangenehme „Hänger“, die nichts weiter bewirken, als Ihre ohnehin vorhandene Anspannung weiter zu steigern.

**Praxistipp**

Wenn Sie das Präsentationsprogramm PowerPoint nutzen, können Sie in der Funktion „Ansicht-Notizenseite" jeder Ihrer Folien (Charts) die hier empfohlenen Ergänzungen auf Ihrem Rechner hinzufügen (am besten in 14 pt Schriftgröße).

Da diese sog. „Notizen" während des Vortrags auf Ihrem Bildschirm auch für Sie nicht sichtbar sind, sollten Sie diese am Ende dieses Arbeitsschrittes zusammen mit den Folientexten/-bildern ausdrucken. Beim Ausdruck erscheint das Originalbild der Folie verkleinert auf der oberen Hälfte des Blattes, während sich in der unteren Hälfte die Notizenseite mit Ihren Stichwort-Ergänzungen, Erläuterungen und Hinweisen befindet. Nunmehr halten Sie ein vollwertiges Manuskript in Ihren Händen.

Arbeiten Sie ohne PowerPoint-Charts, liegen die erstellten Folien vermutlich als einfaches Word-Dokument vor. Fertigen Sie auf dem Bildschirm eine Kopie der Folien an und ergänzen Sie den Folientext mit zusätzlichen Eintragungen zwischen den Zeilen (Schriftgröße 14 pt), sodass Sie Ihr Manuskript während des Vortrags mit Ihren Augen nacheinander „abfahren" können.

Ob digital oder nicht: Tragen Sie in Ihr Foliengerüst außerdem ein

- Ihr Einstieg ins Thema aussehen soll (evtl. wörtlich ausformuliert),
- wann Sie ein Zwischenergebnis formulieren wollen,
- wann Sie Rückfragen an die Zuhörer vorgesehen haben (oder einen Text austeilen wollen, ein kurzes Video abspielen wollen, eine Übung vornehmen möchten, eine Pause für angebracht halten etc.),
- wie Ihr Schlussakkord lauten soll (evtl. wörtlich ausformuliert).

# 3 LEITFADEN FÜR EINEN GUTEN SEMINARVORTRAG

## 3.1 Grundregeln

### Sachinformation in den Vordergrund stellen

Vorträge können unterschiedlichen Zwecken dienen, der Manipulation von Überzeugungen, der Rechtfertigung bereits getroffener politischer Entscheidungen, der Animation zum Kauf etc. Im Gegensatz zu solchen meinungs- und verhaltensbeeinflussenden Vorträgen steht bei einem wissenschaftlichen Seminarvortrag die *Sachinformation* im Vordergrund: über eine Theorie, einen Praxisansatz, eine Methode, ein soziales Problem etc. Seine Zuhörer mit einer Sache vertraut zu machen, bedeutet, den zu behandelnden Gegenstand so objektiv wie möglich vorzustellen, d. h. frei von persönlichen, offenen oder versteckten *Wertungen des Vortragenden* und ohne verfälschende Verkürzungen. Der Zuhörer muss hierbei auf die sachliche Richtigkeit und Angemessenheit der Darstellung vertrauen können. Denn praktisch ist ihm eine Überprüfung der angebotenen Informationen nicht möglich.

Erst nach der Sachdarstellung – was nicht zwingend am Ende des Vortrags heißen muss – ist die kritische Auseinandersetzung mit dem Gegenstand nicht nur erlaubt, sondern in einem handlungsorientierten Kontext wissenschaftlicher Betätigung sogar erwünscht. Für die Teilnehmer/innen der Lehrveranstaltung sollte aber stets erkennbar sein, was der Sache selbst zu eigen ist und was der persönlichen Auffassung und Wertung des Referenten entspringt. Selbstredend bedarf die eigene Meinung in einem wissenschaftlichen Kontext der sachlichen Begründung: Warum ist welche Gegebenheit in der Praxis oder welche der vorgesehenen Maßnahmen oder erwartbaren Entscheidungen zu begrüßen oder im Gegenteil als unzulänglich abzulehnen?

### Vortragen statt Vorlesen

Ein Ablese-Vortrag reduziert zwar die verbreitete Angst, in einer Live-Situation mehr oder weniger frei formulieren zu müssen; das Verlesen eines schriftsprachlichen Textes über einen wissenschaftlichen Gegenstand macht es aber schwer, den Ausführungen über längere Zeit zu folgen. Die Erfahrung mit studentischen Vorlese-Referaten zeigt: Schon nach wenigen Minuten ist die Konzentrationsfähigkeit vieler Zuhörer erschöpft. Ist die Sache endlich auf den Punkt gebracht, sind die Zuhörer längst ausgestiegen. Aufwändig sprachlich formuliert verfehlt der abgelesene Text am Ende sein Ziel.

Die Alternative zum Vorlesen ist der freie Vortrag an Hand von ausreichend differenzierten Stichworten (siehe Vorkapitel). Ein solcher Vortrag wirkt – gerade weil ihm der Schliff der Schriftsprache fehlt – weitaus natürlicher; die Wortwahl ist einfacher. Der Zuhörer fühlt sich stärker persönlich angesprochen und kann sich deutlich besser konzentrieren. Gleichzeitig entschleunigt der (ohne Hektik präsentierte) Stichwortvortrag die Informationsaufnahme, gibt also mehr Zeit zum Verstehen und Einordnen des Gehörten. Selbstverständlich schließt der freie Vortrag nicht aus, gelegentlich ein Zitat einzuflechten, das wortwörtlich vorgetragen wird. Ebenso sollten Definitionen wortwörtlich erfolgen. Um das Verständnis zu sichern, bedürfen wörtliche Zitationen häufig aber der Erläuterung bzw. Wiederholung in eigenen Worten.

#### Synchron vortragen

Das gesprochene Wort und die unterstützend eingesetzten Folien müssen in ihrem Inhalt und Duktus während des gesamten Vortrags übereinstimmen. Der Redetext muss den Folien folgen und die Folien dem Redetext. Nur dann ist es dem Zuhörer möglich, akustische und visuelle Informationen problemlos zu verknüpfen.

#### Den Vortrag als Dienstleistung sehen

Wer vorträgt, sollte sich klar darüber sein, dass es unter dem Aspekt der Stoffvermittlung um eine Dienstleistung geht, die sich so gut wie möglich am Zuhörer, dem Lernenden, orientieren muss. Nur dann erreicht der Vortrag auch sein Ziel. Wer seine „Kunden" z.B. länger als 30 Minuten in einen Zustand ununterbrochener Passivität versetzt, hat die *„Kundenorientierung"* bereits aus dem Blick verloren.

#### Testlauf durchführen

Bevor Sie vor Ihre Zuhörerschaft treten, sollten Sie zuhause immer einen Probelauf durchführen. Prüfen Sie, wieweit Ihnen ein einigermaßen flüssiger Vortrag mit Präsentation der Folien gelingt. Wenn Ihr gedanklicher Aufbau noch Schwächen zeigt, werden Sie es bei dieser Simulation im stillen Kämmerlein bemerken. Laden Sie darüber hinaus befreundete Kommiliton/innen zu einer *persönlichen Generalprobe* ein. Erbitten Sie dabei ernsthafte Hinweise auf Verbesserungsmöglichkeiten. Selbstverständlich ist auch anerkennendes Schulterklopfen bei solchen Gelegenheiten angebracht, es sollte aber sachlich-konstruktive Hinweise nicht verdrängen. Fordern Sie Ihr Testpublikum ebenso auf, Fragen zu stellen und Einwände zu formulieren, falls mit derartigen Publikumsbeiträgen auch in der authentischen Situation zu rechnen ist.

Bei Ihrem persönlichen Testlauf sollten Sie nach Blod (2007, 122) vor allem auf folgende Aspekte achten:

- Passen Redetext und Folien zusammen? Sind Änderungen – am Redetext oder an den Folien – nötig?
- Reicht die Zeit? Müssen Sie kürzen?
- Wie kommt das Gesagte an? Was sollten Sie ändern?

## 3.2 Einstieg und Einleitung

Für die Erreichung Ihres Vortragsziels ist der Einstieg, vor allem aber die inhaltliche Einleitung des Vortrags, von kaum zu überschätzender Bedeutung. Dies wird von Studierenden immer wieder verkannt. Dadurch wird die gute Chance, die Zuhörer auch motivational an das Thema heranzuführen, vertan.

### Begrüßen Sie Ihre Kommilitonen

Studentische Seminarvorträge beginnen mitunter gänzlich unvermittelt. Das liegt womöglich daran, dass die im öffentlichen Raum übliche formelle Form der Begrüßung einer Zuhörerschaft („Meine sehr verehrten Damen und Herren") in dem informell geprägten studentischen Kontext künstlich und unpassend wirken würde. Auf eine *situationsgerechte* Begrüßung muss deswegen aber nicht verzichtet werden.

> *Beispiel:*
> „Liebe Kommilitonen, ich bin Katrin Huber und begrüße Euch sehr herzlich."

Verzichten Sie dagegen auf gestelzte oder unbeholfene Formeln wie diese:

> „Ich freue mich, Euch begrüßen zu dürfen." *Oder:* „Hallo, alle zusammen, ich bin der Martin. Ja, dann fange ich mal an, also ..."

### Benennen Sie Thema und Ziel des Vortrags

Legen Sie als Erstes dar, worüber Sie sprechen wollen und worauf es Ihnen dabei ankommt. Geben Sie so viel an gut verständlichen Informationen über Ihren Gegenstand, wie die Zuhörer/innen benötigen, um zu verstehen, worum es überhaupt geht und welche Lernziele Sie verfolgen.

> *Beispiel:*
> „Liebe Kommiliton/innen, mein Vortrag befasst sich mit Diversity Management.
> Dieses Konzept hat in den letzten Jahren in vielen Ländern, insbesondere in den USA, zunehmend aber auch in Deutschland erhebliche Aufmerksamkeit gefunden. Es geht beim Diversity Management im Grunde um eine ganz schlichte Frage ... usw."

Statt unmittelbar in Ihr Thema einzusteigen, können Sie auch einen geeigneten *Aufhänger* vorschalten (z. B. eine aktuelle Zeitungsmeldung, die „öffentliche Meinung").

> *Beispiele:*
> „Im Wirtschaftsteil der Süddeutschen bin ich kürzlich auf folgende Meldung gestoßen: ‚Behindert oder schwarz zu sein ist auf dem deutschen Arbeitsmarkt nach wie vor ein Risikofaktor. Trotz gesetzlicher Verpflichtung beschäftigen viele Unternehmen nicht einen einzigen Schwerbehinderten.' Die Meldung zeigt, liebe Kommiliton/innen: Wir haben guten Grund, uns Gedanken zu machen, wie wir mit der Verschiedenheit von Menschen und dem Thema ‚Gleiche Chancen' in unserer Gesellschaft umgehen wollen. Da ist auch der Soziale Sektor keine Ausnahme. Um den Umgang mit Verschiedenheit – darum geht es beim Diversity Management. Das ist das Thema meines Vortrags."

„Vor etwa drei Wochen misshandeln drei Jugendliche einen zufällig daher kommenden 50-jährigen Mann, der sich weigert, ihnen sein Portemonnaie auszuhändigen. Wenige Tage später sticht ein Jugendlicher mit einem Messer auf einen Gleichaltrigen ein, weil dieser angeblich seine Freundin „angemacht" hat. Die Spuren, die solche und andere Medienberichte über brutale Gewalthandlungen von Jugendlichen hinterlassen, könnten zu der Vermutung verleiten, dass Gewalt im Jugendalter dramatisch zugenommen hat. Aber trifft dies tatsächlich zu? Werden Jugendliche immer brutaler?

Was sagt die polizeiliche Kriminalstatistik? Was sagt die Verurteilten-Statistik? Was sagen empirische Untersuchungen zur Jugendkriminalität? Ist an der These von der steigenden Gewaltbereitschaft der Jugendlichen tatsächlich etwas dran? Das ist mein Thema in den kommenden 40 Minuten."

Sie können einleitend auch auf eine zum Thema passende (!) *historische Begebenheit* Bezug nehmen oder mit einem scheinbaren Paradoxon starten.

*Beispiele:*
„Als man 1922 im Reichstag über die Verabschiedung des Reichsjugendwohlfahrtsgesetzes stritt, trat ein junger Abgeordneter der SPD ans Rednerpult und sagte: ‚Meine sehr verehrten Damen und Herren ...'"

„In den Siebziger Jahren war es in der Sozialen Arbeit populär festzustellen, dass ... In dem von Müller und Meyer verfassten Lehrbuch über „Grundfragen der Sozialen Arbeit" konnte man z. B. lesen (folgt Zitat). Im Kern bedeutet das ... In meinem Referat nehme ich diese auch heute noch verbreitete Lehrmeinung zum Anlass zu fragen, ... usw."

Als Beispiel für ein scheinbares Paradoxon:

„Die Deutschen werden immer reicher und gleichzeitig immer ärmer."

Ebenso könnte eine *rhetorische Frage* den Einstiegspunkt bilden. Gezielt gesetzte Pausen unterstreichen dabei das Gewicht Ihrer Fragen.

*Beispiel:*
„Niemand wird bezweifeln wollen, dass Erzieher/innen gute Arbeit leisten, aber haben wir deshalb keine Veranlassung, uns mit Qualitätsfragen in der frühkindlichen Erziehung zu beschäftigen? (Pause) Was ist überhaupt Qualität? (Pause) Wie kann man Qualität in einer Kindertageseinrichtung feststellen? (Pause) Kann man sie am Ende gar gewährleisten?"

Mitunter können aufrüttelnde Fakten oder persönliche *Erlebnisse* die Aufmerksamkeit der Zuhörer erregen:

„Jedes Jahr werden tausende Kinder von ihren Eltern misshandelt. Auch Jahre nach Ende der Tortur leiden die meisten dieser Kinder noch unter seelischen Störungen. Nicht nur die Nachbarn, sondern auch Sozialarbeiter/innen schauen oft weg, nehmen eindeutige Hinweise auf Kindeswohlgefährdung nicht zur Kenntnis. Wie ist das zu erklären? (Pause) Was können professionelle Helfer tun, um Kinder besser zu schützen? Das sind zwei der Fragen, denen ich in meinem Referat nachgehen will."

Nicht ausgeschlossen ist es, in einem geeigneten Fall mit einem Rollenspiel, einer Gruppenaufgabe oder einer Partnerarbeit einzusteigen, um die Zuhörer/innen für das Thema zu öffnen bzw. eigene Vorerfahrungen und Voreinstellungen zu aktivieren. Ein solcher Einstieg muss aber in einem direkten und für alle erkennbaren inhaltlichen Zusammenhang mit Ihrem Vortrag stehen, er stellt keine allgemeine Weckübung dar.

**Empfehlung**

Wie immer Sie Ihren Einstieg gestalten: Allzu auffällige oder krampfhaft wirkende Bemühungen um rhetorische Originalität kommen im Zusammenhang einer Lehrveranstaltung nicht gut an. Nicht jede gute Idee ist gut, wenn sie nicht zum Thema, zur Situation und zu Ihnen selbst passt.

### Zeigen Sie die Bedeutung Ihres Themas an

Gehen Sie niemals davon aus, Ihren Zuhörer/innen sei a priori klar, warum es Sinn macht, sich mit Ihrem Vortragsthema zu beschäftigen. Dies mag in einigen Fällen zutreffen, in anderen Fällen ist es dafür umso notwendiger, die Bedeutung des Themas ausdrücklich zu erläutern. Erklären Sie den Zuhörer/innen, welchen *Erkenntnis- oder Kompetenzgewinn* sie zu erwarten haben, wenn sie Ihrem Vortrag lauschen. Betreiben Sie diese versteckte Werbung für Ihr Thema mit Worten, die dessen Bedeutung unterstreichen. Dieser Punkt erfordert eine sorgfältige Vorbereitung.

*Beispiel:*
„Warum macht es Sinn, sich der Qualität von Kindertageseinrichtungen zu befassen? Aus meiner Sicht sprechen mindestens drei Gründe dafür. Erstens ... Zweitens ... Drittens.

„Ich habe zwei bedeutsame Gründe genannt. Noch wichtiger erscheint mir aber der folgende Grund: ..."

### Geben Sie eine Vorschau

Sagen Sie Ihren Zuhörer/innen ohne verwirrende Details, wie der Vortrag aufgebaut ist.

*Beispiel:*
„Ich werde zunächst klären, was Arbeitslosigkeit bedeutet.

Es folgen einige statistische Daten zur Arbeitsmarktentwicklung, damit deutlich wird, wie groß das Problem quantitativ überhaupt ist. Danach frage ich, welche Folgen insbesondere Langzeitarbeitslosigkeit für Kinder und Jugendliche hat. Um diese Folgen zu belegen, werde ich eine soeben erschienene Studie der Universität

Mannheim vorstellen. Zum Schluss will ich einige Folgerungen für die Soziale Arbeit ziehen."

Mit der Erläuterung Ihres Themas legen Sie indirekt dar, welche Fragen Sie nicht behandeln werden. Ausdrückliche Hinweise auf Aspekte, auf die Sie nicht eingehen werden, sollten Sie aber vermeiden.

Um sicherzustellen, dass ihre Zuhörer auch im Fortgang des Vortrags den roten Faden nicht verlieren, können Sie Ihre Gliederung während des gesamten Vortrags auf einer Flipchart anzeigen (Kapitel D-3.3).

**Erläutern Sie wichtige Fragen zur Organisation Ihres Vortrags**

Teilen Sie Ihren Zuhörer/innen am Ende Ihrer Einführung mit, wie viel Zeit Ihr Vortrag in Anspruch nehmen wird, ob Zwischenfragen zugelassen sind, welche Handreichungen Sie vorbereitet haben und – falls beabsichtigt – dass Sie Ihren Vortrag hier und da unterbrechen werden, um den Zuhörer/innen aktive Beteiligungsmöglichkeiten anzubieten (z. B. eine kurze Gruppendiskussion).

## 3.3 Hauptteil

Der Hauptteil bildet nicht nur das inhaltliche Zentrum Ihrer Ausführungen, er ist schon wegen seiner Länge, vor allem aber wegen der Vielfalt der Informationen, der Komplexität mancher Materien und der Differenziertheit der Gedankenführung *anfällig für Unübersichtlichkeit* und Verwirrung. Als Redner/in müssen Sie dafür sorgen, dass die Zuhörer/innen nicht den roten Faden verlieren. Einmal entstandene Verständnislücken sind nicht nur demotivierend, sondern können auch den Wiedereinstieg in den Gedankenfluss deutlich erschweren.

**Konzentrieren Sie sich auf das Wesentliche**

Verlieren Sie sich nicht in Details! Es geht nicht darum, möglichst viel in den Vortrag hineinzupacken oder zu demonstrieren, was Sie alles wissen. Zu viele Informationen erschweren das Erkennen des Wesentlichen. Mehr Informationen können weniger Lerngewinn (der berühmte Schuss nach hinten!), weniger Informationen *mehr Lerngewinn* bedeuten. Für Ihre Zuhörer geht es darum, die *Kerngedanken* Ihrer Ausführungen zu verstehen. Wenn Sie Ihren Vortrag durch gründliche Auswertung einschlägiger Fachliteratur vorbereitet haben, so haben Sie ein differenziertes Wissen erworben, das Sie aber nicht in allen Einzelheiten an Ihre Zuhörer weiterreichen können. Nutzen Sie dieses Wissen vielmehr als Reservewissen, das Ihnen bei Zwischenfragen oder im Nachgespräch zur Verfügung steht.

**Definieren Sie zentrale Begriffe**

Wenn Sie einen Seminarvortrag über „Armut" halten, ist es erforderlich zu erklären, welchen Armutsbegriff Sie Ihrem Vortrag zugrunde legen. Ansonsten müssen Sie mit Missverständnissen bei ihrer Zuhörerschaft rechnen, weil diese auf ihr womöglich anderes Vorverständnis zurückgreift.

*Beispiel:*
„Unter Armut verstehe ich hier Einkommensarmut, die wie folgt definiert ist ..."

Definieren bedeutet nicht, dass Sie in eine aufwändige Diskussion über diverse Armutskonzepte eintreten, bevor Sie zu Ihrem eigentlichen Thema kommen. Definieren bedeutet auch nicht, jedweden Fachbegriff fortlaufend zu erläutern. Dies würde die Verständigung über ihr eigentliches Thema über kurz oder lang zum Erliegen bringen. Allgemein gebräuchliche Fachbegriffe, die in einem Auditorium als bekannt vorausgesetzt werden können, müssen nicht jeweils definiert werden. Entscheidend ist die Frage, ob durch das Unterlassen einer Begriffsbestimmung *Fehlverständnisse* beim Zuhörer zu befürchten ist. Diese lassen sich oft schon durch eine grobe Abgrenzung ausschließen.

*Beispiel:*
„Ich spreche hier von Einkommensarmut; Bildungsarmut schließe ich aus meiner Betrachtung aus."

**Zeigen Sie kontinuierlich den roten Faden an**

Geben Sie Ihren Zuhörern immer wieder Hinweise darauf, an welchem Punkt Sie sich gerade befinden. Bevor Sie zu einem neuen Abschnitt übergehen, könnten Sie z. B. sagen: „Ich komme in Abschnitt 4.2 nun zu der Frage, aus welchen Gründen. ..."

Machen Sie hierbei möglichst nachvollziehbare Angaben, sodass erkennbar wird, worauf Sie hinauswollen („Ich will mich in diesem Teil mit der Frage auseinandersetzen ... Vor allem interessiert mich hierbei die Position der Kostenträger ...").

Je nach Länge der Ausführungen kann es sich empfehlen, ein Zwischenergebnis zu formulieren, bevor Sie zum nächsten Punkt Ihrer Ausführungen übergehen. Das hilft auch jenen Zuhörern, die mit ihren Gedanken für eine kurze Zeit einmal abwesend waren.

*Beispiel:*
„Ich fasse meine Ausführungen zur Frage X. noch einmal kurz zusammen ..."

Leiten Sie von einem Hauptabschnitt zum nächsten über.

**Geben Sie Ihren Zuhörern eine Ablichtung Ihrer Folien in die Hand**

Ihre Folien enthalten das Gerüst Ihres Vortrags. Wenn Sie Ihren Zuhörern zu Beginn Ihres Vortrags eine Kopie ihrer Folien in die Hand geben, so ist dies nicht nur psychologisch sinnvoll (Ihre Zuhörer haben „etwas in der Hand"), sondern jeder Teilnehmer kann sich nach Bedarf zu jedem von Ihnen frei erläuterten Punkt nach Bedarf *Notizen* machen. Notieren bindet nicht nur die Aufmerksamkeit, es fördert auch das Verständnis des angebotenen Stoffs, wenn es um ergänzende Notizen geht und nicht um krampfhaftes, unter Zeitdruck stattfindendes „Mitschreiben". Ergänzt um eigene Notizen bietet das Folien-Handout für die Seminarteilnehmer die hervorragende Möglichkeit, das Vorgetragene zu Hause noch einmal in Ruhe nachzuvollziehen. Diese Nachbereitung ist zur Festigung des neu erworbenen Wissens wichtig. Außerdem kann der Stoff vor einer Prüfung leichter wiederholt werden.

Als Handouts bewährt haben sich mit PowerPoint erstellte „Handzettel“, die auf der linken Blatthälfte jeweils drei Folien untereinander stark verkleinert abbilden. Auf der rechten Blattseite können die Zuhörer handschriftlich Notizen hinzufügen.

### Setzen Sie geeignete sprachliche Mittel ein

Folgende Regeln können Sie hierbei leiten:

- *Sprechen Sie frei*, gestützt auf Ihr Manuskript, also auf den gegliederten und um eigene Anmerkungen und Ergänzungen erweiterten Stichwortkatalog (Kap. D-2.2). Frei sprechen bedeutet nicht, den vorher erstellten Basistext auswendig zu lernen, um diesen dann „aufzusagen“. Dann könnten Sie den ausformulierten Text auch gleich verlesen. Frei sprechen bedeutet: Seinen Basistext gut zu kennen, seine Inhalte mithilfe der ergänzten Folien-Stichworte abrufen zu können und dem Auditorium den Inhalt in frei gewählten Worten zu präsentieren.
- Wählen Sie eine einfache, leicht verständliche Sprache, die kurzen Sätzen und prägnanten Formulierungen den Vorrang gibt.

> *Beispiel:*
> „Ich fasse noch einmal zusammen: Die Deutschen werden immer älter. Die Kinder in unserem Land werden immer weniger. Kurzum: die Bevölkerung altert und schrumpft."

Lange, *verschachtelte Sätze*, wie sie in der Schriftsprache immer wieder anzutreffen sind, sind tabu.

> *Negativbeispiel:*
> „Nach der Darstellung der häufigsten Erscheinungsformen der Jugendkriminalität – die oft falsch eingeschätzt werden –, will ich mich mit den verschiedenartigen Ursachen der Jugendkriminalität befassen, insbesondere sozialisationstheoretischen Erklärungsmodellen, was mir deshalb wichtig erscheint, weil man aus den Ursachen Hinweise darauf erhält, wo man in der Prävention gezielt ansetzen kann, genauer gesagt …, obwohl man letztendlich …"

- Modulieren Sie Ihre Stimme: Sprechen Sie in ausreichender Lautstärke, aber nicht monoton in derselben *Lautstärke*. Betonen Sie besonders zentrale Worte („Das ist im Grunde die Kernaussage der Autorin“; „Ich möchte zwei Dinge hervorheben.“)
- Legen Sie immer wieder kleinere *Sprechpausen* von mehreren Sekunden ein. So können Ihre Ausführungen beim Zuhörer noch ein wenig nachhallen. Pausen steigern außerdem die Bedeutung Ihrer Worte und binden die Aufmerksamkeit.

> *Beispiel:*
> „Man könnte sich fragen, was der Zweck des Ganzen ist … (Pause) … ich bin mir nicht sicher, ob es darauf eine wirklich überzeugende Antwort gibt."

- Sprechen Sie *langsam*. Viele Vorträge scheitern daran, dass die Zuhörer/innen durch das Vortragstempo überfordert werden.
- Nehmen Sie sich für die Entfaltung eines *Gedankens ausreichend Zeit*. Zuhörer/innen benötigen Zeit, um Ihre Gedanken verarbeiten zu können (Verstehen, Abgleichen mit dem eigenen Vorwissen, Übernehmen). Ein wichtiger Gedanke kann deshalb nicht in einem einzigen Satz übermittelt werden. Bedenken Sie: Zuhörer/innen können – anders als der Leser/innen – nicht innehalten und noch einmal an die vorhergehende Stelle zurückkehren, um den Satz noch einmal zu hören! Anders als bei geschriebenen Texten sind bewusste Redundanzen in einem Vortrag (hier: Wiederholungen) kein Kunstfehler. Versuchen Sie zwischen langweiliger, unterfordernder Weitschweifigkeit und dem schnellen Hinweghuschen über einen wichtigen Inhalt ein gutes Mittelmaß zu finden.
- *Veranschaulichen* und verdeutlichen Sie Ihre Ausführungen durch Beispiele, Vergleiche, Analogien und bildhafte Übertreibungen. Suchen Sie dabei möglichst nach realen Beispielen und Vergleichen. „Hinkende" Beispiele überzeugen nicht. Übertreibungen müssen als solche zweifelsfrei erkennbar sein und dürfen sich nicht überzogen weit von der Sachverhaltsdarstellung entfernen, erst recht diese nicht ersetzen.

*Beispiele:*
„Ein gutes Beispiel für diesen Ansatz ist das Projekt „Frühe Hilfen" des Jugendamtes Dormagen: Dort hat man ..." *oder* „Interkulturelle Öffnung von Sozialeinrichtungen kann z. B. bedeuten, dass man ..." (Beispiele)

„Dieser Bevölkerungsverlust entspricht in seiner Größenordnung den Einwohnerzahlen von Berlin, Hamburg, München, Köln und Frankfurt am Main." (Vergleich)

„Einem depressiven Klienten einen solchen Rat zu geben, wäre dasselbe, als wollte man einem blinden Menschen empfehlen, genauer hinzusehen!" (Analogie)

„Man könnte meinen, dass einige Kommunen auf diesem Gebiet noch mit dem Fahrrad unterwegs sind, während andere schon im ICE sitzen" (bildhafte Übertreibung).

- Stellen Sie des öfteren eine *aktivierende Frage*.

*Beispiel:*
„Was meint ihr: Was ist die Hauptursache für Armut im Alter?"

Wenn es sich hierbei lediglich um eine rhetorische Frage handelt, so sollten Sie einen kurzen Moment innehalten, ihren Blick in die Runde richten und die Frage sodann selbst beantworten.

- Verzichten Sie auf *unnötige Fremdwörter*. Beachten Sie aber, dass eingeführte Fachtermini (Fachbegriffe) nicht ohne weiteres ins Deutsche übersetzt werden können.

### Achten Sie auf Ihre Körperhaltung und -stellung

- Tragen Sie *im Stehen* vor. Dies ermöglicht Ihnen einen besseren Kontakt zu Ihren Kommiliton/innen.
- Versuchen Sie, mit allen Seminarteilnehmer/innen, nicht nur der Lehrperson, gleichmäßig *Blickkontakt* zu halten. Bleiben Sie Ihren Zuhörer/innen körperlich zugewandt. Sprechen sie zum Publikum, nicht zu den Folien, nicht zu Ihrem Manuskript, nicht zur Decke und nicht zum Boden.
- Zeigen Sie an Ihrem Standort eine gewisse *Beweglichkeit*, ohne hektisch hin- und herzulaufen.
- Achten Sie darauf, dass Sie die *Sicht* auf Ihre Folien nicht *versperren*.
- Wenn Sie Ihr *Manuskript in die Hand* nehmen, ist die Frage „Wo lasse ich meine Hände?“ zumindest für eine Ihrer beiden Hände geklärt. Nutzen Sie die andere Hand – ggf. mit einem Kugelschreiber ‚bewaffnet‘ -, um Ihre Worte durch Ihre natürliche Gestik zu unterstreichen. Keinesfalls sollten Sie Ihre Hände in Ihrer Hosentasche oder hinter Ihrem Rücken verbergen. Mit verschränkten Armen gehen Sie nicht auf Ihr Publikum zu, sondern signalisieren im Gegenteil Distanz.
- Versuchen Sie nicht, Ihre Gestik und Mimik künstlich zu trimmen. Das gelingt nicht, wirkt merkwürdig und lenkt Ihre Aufmerksamkeit nur von Ihrer Kernaufgabe ab, einen guten Seminarvortrag zu halten. Bleiben Sie auch als Referen/tin die Person, die Sie sind!

### Setzen Sie visuelle Mittel ein

Vor allem bildliche Darstellungen, wie z. B. Grafiken, Kuchen- und Säulendiagramme, Tabellen, Organigramme, aber je nach Vortragsgegenstand auch Fotografien und Video-Sequenzen, bisweilen auch ein Comic, können die Aufmerksamkeit und Motivation fördern und das Verstehen des Gehörten und als Folientext präsentierten Stoffes erleichtern („Ein Bild sagt mehr als tausend Worte.“). Auch einfache Sachverhalte prägen sich besser ein, wenn sie bildlich dargestellt werden. Gehen Sie aber auch mit Visualisierungen behutsam um. Es geht um die sinnvolle Unterstützung eines Sachvortrags und nicht um eine Multi-Media-Schlacht.

### Nutzen Sie die Tafel oder eine Flipchart

Die Verwendung digitaler Folien schließt nicht aus, auch die konventionelle Tafel, den Overheadprojektor oder eine Flipchart als Medium der Darstellung einzusetzen, z. B. um einen Sachverhalt in Form einer Skizze zu verdeutlichen, um Zwischenfragen der Teilnehmer zu sammeln oder um die Gliederungsübersicht Ihres Vortrags fortlaufend anzuzeigen. Eine Flipchart ist ein großer Schreibblock im Format von ca. 70 × 100 cm, der auf einem Ständer befestigt ist und mit dicken Filzstiften beschriftet werden kann. Ein Vorteil der Flipchart ist, dass die Blätter zu Hause vorbereitet werden können, um dann in der Veranstaltung ggf. vervollständigt zu werden. Die auf der Flipchart notierten Arbeitsergebnisse können am Ende des Vortrags fotografiert und per E-Mail allen Seminarteilnehmer/innen zur Verfügung gestellt werden. Allerdings können von der Flipchart weiter entfernt sitzende Teilnehmer/innen die Notizen kaum noch lesen, sodass sich die Flipchart eher für den Einsatz in kleineren Räumen eignet. Ist keine Flipchart vorhanden, erfüllt ein einfaches Poster/Plakat denselben Zweck.

## 3.4 Schlussteil

Während ein gelungenes Entree das Interesse der Zuhörer/innen wecken soll, kommt dem Schlussteil eine wichtige Funktion für die Ergebnissicherung zu. Als Schlussakkord prägt er gleichzeitig den Eindruck, den Ihre Präsentation am Ende hinterlässt. Bisweilen überlagert ein guter Schluss auch die ein oder andere kleine Schwäche, die Zuhörer/innen im Vortrag entdeckt haben könnten. Deshalb gilt es auch hier einige Grundregeln zu beherzigen.

### Geben Sie eine Zusammenfassung

Fassen Sie die wichtigsten Informationen oder Botschaften am Ende Ihres Vortrags noch einmal prägnant zusammen. Wiederholen Sie nicht Ihre gesamten Ausführungen im Zeitraffer, sondern konzentrieren Sie sich auf die *Essentials:* Was sollen Ihre Zuhörer/innen auf jeden Fall „mit nach Hause nehmen"?

Kehren Sie dabei noch einmal zu Ihren Ausgangsfragen (Thema) zurück und formulieren Sie dann das Ergebnis.

> *Beispiel:*
> „Mein Ziel war, Euch über neuere Ansätze in der Museumspädagogik zu informieren. Ich habe drei Ansätze unterschieden, die jeweils eigene konzeptionelle Schwerpunkte setzen. Ich fasse die wichtigsten Ergebnisse noch einmal kurz zusammen."

Die Zusammenfassung wirkt punktgenauer, wenn Sie sie in einfache *Hauptsätze* ohne Nebensätze packen.

> *Beispiel:*
> „Ansatz A ist ein zielgruppenbezogener Ansatz. Er will speziell benachteiligte Kinder fördern. Ansatz B dagegen ist ..."

### Rufen Sie offene Fragen noch einmal in Erinnerung

Ihr Vortrag hat so Manches über den behandelten Gegenstand mitgeteilt. In der Auseinandersetzung mit der Materie hat er womöglich aber auch lösungsbedürftige Probleme, fehlendes Wissen, widerstreitende Konzepte und strittige Bewertungen von Fakten herausgearbeitet. Gerade diese „offenen Punkte" stellen wichtige Informationen über den Gegenstand dar. Rufen Sie diese noch einmal in Erinnerung. Bei Bedarf können diese in der nachgehenden Diskussion des Vortrags aufgegriffen werden.

### Geben Sie einen Ausblick, sofern Ihr Thema dazu geeignet ist

Wie werden sich die Dinge möglicherweise weiterentwickeln? Was ließe sich tun, um Einfluss auf die zukünftige Entwicklung zu bekommen? Geben Sie in Ihrem

Ausblick Anregungen, die zum Weiterdenken und zur nachgehenden Diskussion anregen. Entscheiden Sie, wie weit Sie hierbei gehen wollen.

### Wählen Sie eine freundliche Schlussformel

Beschließen Sie Ihre Ausführungen mit einer freundlichen Formulierung, die wiederum zur studentischen Lernkultur passt.

> *Beispiele:*
> „Ich danke Euch fürs Zuhören."
> „Danke für Euer Interesse."

Nicht gut kommen Entschuldigungen und von Selbstzweifeln angerührte Formulierungen an: „Es tut mir leid, ich hatte nur wenig Zeit für die Vorbereitung“; „Ich hoffe, … ich habe mich einigermaßen verständlich machen können … dass es nicht zu langweilig war … dass ich Euch nicht genervt habe …“ Ungelenk wirken Schlusssätze wie „Das war's denn auch schon!“ oder die Fluchtfrage an die Lehrperson „Kann ich mich jetzt wieder setzen?“

# 4 NACHGESPRÄCH ZUM VORTRAG

In der Regel wird sich an den Vortrag ein Seminargespräch anschließen. Hier können sowohl Verständnisfragen geklärt, Vertiefungen des behandelten Stoffes vorgenommen oder Schlussfolgerungen, z. B. für die Praxis der Sozialen Arbeit, gezogen werden. Als „Expert/in" für das behandelte Thema sind Sie in dieser Nachbesprechung besonders gefragt; oft wird aber die Lehrperson das Heft der Diskussionsleitung in die Hand nehmen.

Versuchen Sie bereits im Vorfeld herauszufinden, welche Fragen Ihre Zuhörer/innen haben könnten, damit es Ihnen leichter fällt, in der Situation eine angemessene Antwort zu geben.

Gut kommt es an, wenn Sie – vor allem wenn Ihre Zuhörer gerade einmal wieder das ‚Schweigen im Walde' üben – mit *eigenen Fragen* aufwarten können, um die Diskussion in Gang zu bringen. Formulieren Sie Ihre eigenen Fragen auf einer Folie, damit Sie Ihren Teilnehmer/innen unmittelbar vor Augen stehen und eine Aufforderungswirkung entfalten können.

Nach der Behandlung inhaltlicher Fragen sollten Sie eine *Rückmeldung* Ihrer Kommiliton/innen erbitten: Ist die Aufbereitung des Stoffs gelungen (Auswahl der Inhalte, Aufbau des Vortrags, Informationsdichte, Relevanz, Praxisbezug)? War die Vortragsmethodik zufrieden stellend (Sprache, Tempo, Kontakt zum Publikum, Visualisierung)? Bei diesem Feedback sind pauschale Bewertungen wie „Fand ich gut" zwar psychologisch wohltuend, für das eigene Weiterlernen aber nur begrenzt verwertbar. Die Kritik der Zuhörer/innen sollte freundlichkonstruktiv und präzise sein

*Beispiele:*
„Mein Vorschlag wäre, zukünftig noch mehr darauf zu achten ..."
„Du könntest die Folien weniger voll packen."

Hören Sie den Rückmeldungen genau zu und machen Sie sich Notizen. Erst am Schluss sollten Sie diese zusammenfassend kommentieren. Verzichten Sie aber auf langwierige Rechtfertigungen und die Entschuldigung von Fehlern.

Da sich Ihre Kommiliton/innen vielleicht scheuen, offene Kritik zu äußern, können Sie das Feed-back auch schriftlich erbitten, indem Sie entweder a) gezielt nach bestimmten Qualitätsaspekten fragen („Verständlichkeit", „Praxisbezug", „Aufbau" etc., siehe Abb. 12) oder b) Ihre Zuhörer/innen ohne Vorgabe von Beurteilungskriterien bitten, auf einem Blatt Papier zu zwei Punkten Stellung zu nehmen:

a) „Das Folgende fand ich gut: ..."
b) „Darauf könntest du noch stärker achten: ..."

Sollten Sie sich über das Urteil Ihrer Lehrperson am Ende der Gesprächsrunde nicht im Klaren sein, sprechen Sie diese außerhalb des Seminars gezielt an. Denken Sie immer daran: Es geht um Ihr persönliches Lernen, nicht darum, es irgendwie „geschafft" zu haben. Die nächste Gelegenheit für Ihren Auftritt kommt bestimmt.

| | | stimme gar nicht zu | | | | stimme voll zu |
|---|---|---|---|---|---|---|
| | | 0 | 1 | 2 | 3 | 4 |
| | Mein Interesse am Thema war anfänglich groß. | | | | | |
| | Ich hatte keine Probleme, in das Thema einzusteigen. | | | | | |
| | Der Inhalt war gut verständlich. | | | | | |
| | Die Gliederung des Vortrags war transparent. | | | | | |
| | Es wurden an passender Stelle Beispiele gegeben. | | | | | |
| | Wichtige Begriffe wurden definiert. | | | | | |
| | | | | | | |
| | Das Vortragstempo war angemessen. | | | | | |
| | Die Artikulation war klar und deutlich. | | | | | |
| | Die Referent/innen haben den Kontakt zum Publikum gesucht (z. B. durch Augenkontakt). | | | | | |
| | Die Referentin weckte Interesse und Aufmerksamkeit. | | | | | |
| | Die Zuhörer wurden angemessen einbezogen/aktiviert. | | | | | |
| | Die eingesetzten Medien (Folien, Tafel, Plakate, Videos) haben das Verständnis der Ausführungen angemessen unterstützt. | | | | | |
| | Das Begleitmaterial ist zur Ergänzung/Wiederholung/Vertiefung des Stoffs hilfreich. | | | | | |
| | Die Inhalte wurde zu Zwischenergebnissen zusammengefasst. | | | | | |
| | Die Vortragszeit wurde i. W. eingehalten. | | | | | |
| | Die Referent/innen haben zwischen Vortrag und Vorlesung unterschieden. | | | | | |
| | Gestik, Mimik und Körperhaltung förderten die Konzentration auf den Inhalt. | | | | | |
| | | | | | | |
| | Wichtige Ergebnisse wurden noch einmal zusammengefasst. | | | | | |
| | Die Referent/innen wirkten gut vorbereitet. | | | | | |
| | Die Bedeutung des Themas für das Studium war gut zu erkennen. | | | | | |
| | Ich fühlte mich durch den Vortrag unterfordert. | | | | | |
| | Ich erwarb neue Erkenntnisse. | | | | | |
| | Interesse am Thema nahm durch Vortrag zu. | | | | | |

**Abb. 11:** Feedbackbogen Seminarvortrag

# 5 ERSTELLUNG UND HANDHABUNG DER FOLIEN

Die Folien zu Ihrem Vortrag können Sie konventionell, d.h. in gegenständlicher Form („zum Anfassen“) oder ausschließlich *digital*, z.B. mit PowerPoint, erstellen.

*Konventionelle* Folien erfordern einen Tageslichtprojektor (Overhead-Projektor), der in Seminarräumen üblicherweise aber vorhanden ist. Vorteil des Tageslichtprojektors ist seine einfache Handhabbarkeit. Eines Notebooks bedarf es nicht. Außerdem muss man sich nicht erst mit elektronischen Präsentationsprogrammen vertraut machen. Dafür ist die Änderung einer Folie mit Aufwand verbunden, falls die Folien nicht zuhause auf dem eigenen Drucker erstellt werden können. Folien lassen sich während des Vortrags ggf. mit Filzschreiber vervollständigen. Dies setzt allerdings einiges an Übung voraus. Ebenso können mehrere Folien übereinander gelegt werden, um einen Inhalt sukzessive zu ergänzen.

In der digitalen Variante sind die Folien auf einem Notebook abgelegt. Mit Hilfe eines fest installierten oder (ausleihbaren) mobilen Beamers werden die digitalen Folien von dem Notebook auf eine Leinwand/Projektionswand übertragen werden.

Digitale Präsentationsprogramme wie PowerPoint bieten eine Reihe von *Vorteilen:*

- Ergänzungen und Korrekturen der elektronischen Folien sind auch bis zur letzten Sekunde noch möglich, das erneute Indruckgeben, wie bei einer konventionellen Folie, entfällt.
- Die Einblendung der Folien während des Vortrags geschieht ganz einfach durch Knopfdruck. Das häufig zu beobachtende Durcheinandergeraten konventioneller Folien entfällt.
- Bilder, Videos, Tondokumente (z.B. Interview mit einem Fachexperten) können integriert werden.
- Es können unterschiedlichste Diagramme oder vorgefertigte schematische Darstellungen eingefügt werden. Die Masken hierfür sind in PowerPoint abrufbar.
- Digitale Folien kosten nichts, während konventionelle Folien (zumindest bei farblicher Gestaltung) teuer sind.
- Digitale Folien können problemlos zu einem Handout weiterverarbeitet und ausgedruckt werden.

Die Nachteile liegen in dem erforderlichen Technikaufwand (Notebook, Beamer, Zubehör) und der auf Anhieb nicht immer gelingenden technischen Handhabung.

Die Leichtigkeit, mit der digitale Folien hergestellt werden können, ist allerdings verführerisch. Wenn das Bemühen, das Verstehen und Behalten beim Zuhörer über Folien zu fördern, in eine regelrechte *Folienschlacht* ausartet, wird das Kind mit dem Bade ausgeschüttet. Dieser Lapsus ist auch bei ‚gelernten Referenten‘ immer wieder zu beobachten. Verkannt wird, dass der Zuhörer und Zuschauer Zeit benötigt, um den Inhalt einer Folie aufzunehmen. Das gilt auch dann, wenn der Inhalt der Folien dem Vortragenden selbst nicht besonders kompliziert erscheint.

Bieten Sie in einem 30 Min. Vortrag nicht mehr als 10–12 Folien an. Andernfalls erkennt der Zuhörer „vor lauter Bäumen den Wald nicht mehr“.

**Weitere Empfehlungen**

- Vermerken Sie auf Ihrer ersten Folie das Thema Ihres Vortrags und Ihren Namen.
- Setzen Sie Übersichtsfolien ein, bei Bedarf auch während des Vortrags, bevor Sie zu einem neuen Hauptabschnitt übergehen.
- Eine Folie gibt nicht den Wortlaut ihres Vortrags wieder; vielmehr bringt sie den wesentlichen Inhalt des Vortrags in Form von Stichworten, Schlüsselbegriffen, Überschriften (z. B. „Ursachen", „Gründe, die dafür sprechen", „Vorteile der Methode") oder in kurzen Sätzen zur Sprache. Verzichten Sie dagegen auf längere Sätze; das Lesen dieser Sätze lenkt nur von Ihren Worten ab.
- Wählen Sie für jeden Gliederungspunkt Ihres Vortrags eine eigene Folie.
- Erläutern Sie den Inhalt jeder einzelnen Folie. Immer wieder werden Tabellen und Abbildungen ohne jede Erläuterung aufgespielt. Folge: Der Betrachter gibt dem Bild nahezu automatisch den Vorrang und hört Ihnen nicht mehr zu.
- Unterstützen Sie das Mitkommen der Zuhörer, indem Sie immer wieder auf die Stelle der Folie zeigen, an der sich Ihr Vortrag gerade befindet. Bei einer Overhead-Folie können Sie dazu einen Stift nutzen (nicht den Zeigefinger), der vom Rand des Projektors auf die richtige Stelle zeigt, bei einer digitalen Folie nehmen Sie einen Laserpointer oder ganz einfach Ihre Hand und zeigen auf die entsprechende Stelle auf der Leinwand.
- Eine reine Textfolie sollte in der Regel nicht mehr als sieben Zeilen mit jeweils sieben Wörtern umfassen (Faustregel).
- Überlegen Sie, wie Sie das Hör- und Leseverständnis durch bildhafte Darstellungen unterstützen können. Abbildungen aus Büchern müssen wegen zu kleiner Schrift und zu vieler Details ggf. bearbeitet werden.
- Vermeiden Sie Mätzchen (sog. „Animationen"), wie z. B. von oben links oder rechts mit Schweif einschwebende Zeilen; ebenso unruhig und in seiner Bedeutung verwirrend wirken zu viele verschiedene Farben (max. drei) oder die Verwendung von mehr als zwei Schrifttypen. Der Betrachter unterstellt dem Wechsel von Farbe und Typografie unterschwellig eine inhaltliche Bedeutung. Wenn Sie Ihren PC-Folien eine Hintergrundfarbe zuordnen möchten, achten Sie darauf, dass die Schrift ausreichend kontrastiert.
- Wählen Sie für die Überschriften Ihrer Folie die Schriftgröße 28 pt, für die Textzeilen 20–24 pt.
- Achten Sie auf eine übersichtliche Strukturierung der Folien (leichte Erfassbarkeit).
- Verzichten Sie bei konventionellen Klarsicht-Folien darauf, Teile der Folie zunächst abzudecken, um sie erst sukzessive freizugeben. Für den Zuschauer erscheinen die abgedeckten Teile als dominanter tiefschwarzer Block; das Abdecken wird außerdem schnell als „Vorenthalten" und „Bevormunden" empfunden. Weniger problematisch (aber auch nicht empfehlenswert) ist es bei elektronischen Folien, die einzelnen Zeilen der Folie erst nach und nach einzublenden.
- Bedanken Sie sich auf der letzten Folie für die Aufmerksamkeit Ihrer Zuhörer.

# 6 ANGST VOR DEM SPRECHEN

Die Angst, vor Dozent/innen und Kommiliton/innen „aufzutreten", ist zwar nicht bei allen Studierenden gleich stark ausgeprägt, aber fast immer vorhanden. Rede- und Sprechangst macht sich in vielen Symptomen bemerkbar: Leere im Kopf, Konzentrationsproblemen, Nervosität, Gereiztheit, feuchten Händen, Schwitzen, Herzklopfen, Erröten, Zittern, weichen Knien, starrer Mimik, Blassheit etc. Solcher Stress macht Hausarbeiten erfahrungsgemäß beliebter als Seminarvorträge, solange jedenfalls, wie man nicht die heilsame Erfahrung machen konnte, dass die Angst vor der Bühne weitgehend unbegründet ist. So unangenehm die Angst subjektiv auch empfunden wird, einen Vorteil hat sie: Um dem wenig schmeichelhaften Urteil der anderen zu entkommen, treibt sie – nicht nur Studierende – zu höherer Leistung an.

### Was lässt sich gegen „Lampenfieber" tun?

- *Bereiten Sie sich gut* auf Ihren Seminarvortrag *vor*. Das Gefühl, sich im Thema auszukennen, gibt Ihnen beim Vortragen Sicherheit; ebenso steigt die Wahrscheinlichkeit einer positiven Rückmeldung durch Lehrperson und Kommiliton/innen, was Ihnen bei zukünftigen Vorträgen sehr zugute kommt.
- Üben Sie den Vortrag zuhause, zunächst alleine (ggf. vor dem Spiegel), dann in Anwesenheit einer Vertrauensperson. Lernen Sie die Einstiegssätze ggf. auswendig, damit Sie einen guten Start haben.
- Versuchen Sie, Ihr Lampenfieber durch Selbstinstruktionen realitätsangemessen *einzuordnen:* „Aufgeregt sind alle, auch wenn man es nicht immer bemerkt"; „Wer Angst hat, will es gut machen. Ich will es gut machen"; „Anspannung stört mich, aber sie ist nun mal da"; „Aller Anfang ist schwer, beim nächsten Mal geht es schon besser"; „Mein Professor wird sich daran erinnern, wie es war, als er zum ersten Mal einen Seminarvortrag halten musste"; „Angst zeigen heißt, eine menschliche Seite von mir zu zeigen, das macht mich sympathisch"; „Ich darf Angst haben, auch wenn mein Sitznachbar sie nicht hat"; „Wenn namhafte Schauspieler vor einem Auftritt nach wie vor großes Lampenfieber haben, warum sollte es mir anders gehen?" „Meine Anspannung kann ich nicht steuern, deshalb versuche ich sie zu akzeptieren"; „Niemand kann nach kurzer Einarbeitung in ein Thema alle nur denkbaren Fragen beantworten. Auch ich muss das nicht können"; „Nach dem Einstieg legt sich das Lampenfieber schon." etc. Machen Sie sich unbedingt klar: Einen guten Vortrag zu halten, ist eine Kunst. Bei keiner Kunst fällt der Meister vom Himmel. Geben Sie sich genügend Zeit, ihre Fähigkeit zur Präsentation allmählich auszubauen.
- Versuchen Sie in der Vortragssituation nicht, Ihr Lampenfieber zu *verbergen*. Damit steigern Sie nur Ihre Anspannung. *Akzeptieren* Sie, dass Sie aufgeregt sind. Messen Sie Ihrer Aufregung so wenig Bedeutung wie möglich bei. Angst zu haben ist normal und nur in sehr extremen Fällen eine Störung.

- Versuchen Sie nicht, versierte Vortrags-Profis zu kopieren. Bleiben Sie Sie selbst. Das wirkt natürlicher und kommt – trotz vermeintlicher oder tatsächlicher Unvollkommenheit – besser bei Ihren Kommiliton/innen an. Diese müssen sich dann ebenfalls nicht so unter Druck setzen.
- Sprechen Sie Ihre *Lehrperson* vor Ihrem Auftritt an, damit diese Sie in der Situation ggf. unterstützen kann.
- Machen sich frühzeitig vor Ihrem Vortrag mit der *Technik vor Ort* vertraut, sodass Sie die Befürchtung, an der Technik zu scheitern, unter Kontrolle haben. Prüfen Sie auch, ob Beamer und Notebook technisch fehlerfrei zusammenarbeiten.
- Vermeiden Sie jedwede *Hektik* vor Ihrem Vortrag; treffen Sie frühzeitig am Vortragsort ein und installieren Sie in Ruhe die erforderliche Technik. Zu dem Eindruck eines guten Vortrags trägt eine gute Organisation entscheidend bei. Fast immer sitzt ein Kommilitone in Ihrer Lehrveranstaltung, der sich mit den technischen Anforderungen auskennt und Sie gerne unterstützt.
- Geben Sie Ihrer Nervosität beim Vortrag durchaus *ihren Lauf*. Lassen Sie Ihre innere Anspannung in Bewegung *abfließen*. Sie müssen deswegen ja nicht hektisch umherlaufen.

In manchen Fällen tritt die Angst, vor einem Publikum zu sprechen, überbordend auf und führt zu einer *ausgeprägten Denk- und Aktionsblockade*. Dahinter stehen starke Versagensängste, die ihren Grund fast immer in nicht wirklichkeitsgemäßen Selbst- und Situationseinschätzungen haben. Die eigenen Fähigkeiten werden dabei erheblich unterschätzt, die Anforderungen an die gestellte Aufgabe werden erheblich überschätzt. Gleichzeitig nimmt der Betreffende an, dass nur ein Ergebnis möglich ist: dass alles schief geht (Worst-Case-Hypothese). Gegenteilige Erfahrungen werden dagegen als Zufall oder Glück abgetan. So bleibt es bei der negativen Selbsteinschätzung. In Fällen hochgradiger Selbsteinschüchterung ist es ratsam, eine psychologische *Beratungsstelle* für Studierende aufzusuchen. Es gibt sie an vielen Hochschulen. Die Mitarbeiter sind auf „Uni-Stress" spezialisiert und helfen dabei, die eigenen Kognitionen („Ich kann nichts.", „Es werden extrem hohe Erwartungen gestellt.", „Ich werde auf jeden Fall scheitern.") zu hinterfragen und allmählich durch realistische Einschätzungen zu ersetzen. Dazu ist es wichtig, dass Sie parallel bereit sind, *neue Erfahrungen* zuzulassen.

### *Gut zu wissen – gut zu merken*

Der Seminarvortrag dient dem Lernen, nicht nur dem eigenen, sondern auch dem Lernen der Zuhörer/innen. Entscheidender Erfolgsfaktor ist neben dem Inhalt das „Wie" der Präsentation: Das Sich-Einstellen auf den Zuhörer, die Motivierung des Zuhörers, die Unterstützung des Vortrags durch Medien, die Visualisierung der Inhalte, das freie Sprechen nach Stichworten, der Einsatz sprachlicher Mittel, die Bereitstellung eines Handouts u. a. m. Ein gut vorbereiteter Vortrag verschafft nicht nur einen Lerngewinn bei Sprecher und Hörer, er reduziert auch die verbreitete Angst, überhaupt vor anderen Menschen zu sprechen.

### 🕮 *Literaturempfehlungen*

Franck, N./Stary, J. (2006): Gekonnt visualisieren. Medien wirksam einsetzen. Paderborn: Schöningh.

Blod, G. (2007): Präsentationskompetenzen: Überzeugend präsentieren in Studium und Beruf. Passgenau zu den neuen Bachelor-/Master-Studiengängen. Stuttgart: Klett.

# E KLAUSUREN UND MÜNDLICHE PRÜFUNGEN BEWÄLTIGEN*

**Was Sie in diesem Kapitel lernen können**

Klausuren und mündliche Prüfungen bilden neben Hausarbeiten und Seminarvorträgen (Referaten) die zentralen Prüfungsformen des akademischen Lernens. In diesem Kapitel stellen wir Ihnen die verschiedenen Formen von Klausuren und mündlichen Prüfungen vor und geben Hinweise und Tipps, wie Sie Prüfungsanforderungen erfolgreich meistern können. Ausführungen zu den Prüfungsformen „Schriftliche Arbeit", „Seminarvortrag" und „Portfolio" finden Sie in den Kapiteln C, D und F. Abschließend erfahren Sie, wie Sie gegen ungerechtfertigte Prüfungsentscheidungen vorgehen können.

## 1 KLAUSUREN

### 1.1 Gestaltungsformen

Klausuren können sich nicht nur nach Form, Umfang, Bearbeitungszeit oder speziellen Modalitäten (z. B. Erlaubnis zur Nutzung von Hilfsmitteln) unterscheiden, sondern auch in ihrer grundlegenden Zielsetzung. Während viele Klausuren sich auf den Nachweis beschränken, dass der Kandidat das zuvor erarbeitete Faktenwissen angemessen wiedergeben kann (*Wissensprüfung*), geht es in anderen Klausuren vor allem um den Beleg, erworbenes Wissen erfolgreich zur Lösung von Problemen zu nutzen (*Transferprüfung*).

**Abb. 12:** Klausurziele

* Gemeinsam mit Julia Bieker.

## 1.2 Schwerpunkt Wissensprüfung

Der Nachweis von Faktenwissen kann über offene, geschlossene oder offene und geschlossene Fragen erfolgen; als besondere Spielart der offenen Frage kommt auch die Bearbeitung von Lückentexten in Betracht.

a) Offene Fragen
Als offen bezeichnet man Fragen, bei denen die Antwort frei zu formulieren ist. Offene Fragen können auf eine kurze, aber präzise Antwort abzielen, genauso gut aber eine mehrseitige Ausarbeitung verlangen. Werden ausführliche Darlegungen erwartet, ist es ratsam, Inhalt und gedankliche Struktur der Antwort zunächst auf einem gesonderten Blatt zu skizzieren und erst dann mit der Niederschrift bzw. Ausformulierung zu beginnen.

*Beispiele für offene Wissensfragen:*
- „Benennen Sie die einzelnen Zweige des Sozialversicherungssystems und erläutern Sie kurz, welche hauptsächlichen Leistungen diese bereitstellen."
- „Was versteht man unter dem so genannten ‚Management-Kreislauf'?"
- „Erläutern Sie den Begriff ‚Border-Line-Syndrom'."
- „Grenzen Sie den Begriff Lebenswelt von dem Begriff Lebenslage ab."

Bei offenen Fragen wird die Qualität der Antwort in der Regel über ein *Punktesystem* ermittelt. Das gilt auch dann, wenn die Klausur lediglich aus einer einzigen Frage besteht. Gegenstand der Punktvergabe kann in diesem Falle z. B. sein, inwieweit Ihre Antwort die wichtigsten Inhaltsaspekte aufgreift, ob der Aufbau Ihrer Darlegung angemessen ist, ob die Ausführungen eindeutig und sachlich richtig sind, wie präzise Sie geantwortet haben etc. Prüfer/innen tut gut daran, vor der Klausur ein Bewertungsschema festzulegen, das sie im Falle eines Widerspruchs gegen die Note als Grundlage ihrer Entscheidung vorlegen können (Kriterien der Bewertung, Gewichtung der Kriterien). Am Schluss der Korrektur werden die kriterienbezogenen Einzelpunktwerte zu einem Gesamtpunktwert addiert und in eine Note umgerechnet.

Als Studierende/r sollten Sie im Klausurbogen erkennen können, welche Antwort Ihnen welche Höchstpunktzahl verspricht, damit Sie Ihre gedanklichen Anstrengungen nicht zu lange an Fragen binden, die relativ wenig zum Ergebnis beitragen. Im Klausurbogen muss außerdem eindeutig angegeben sein, ob der Prüfer lediglich eine kurze, präzise oder aber eine umfassende Antwort erwartet. Anderenfalls können Sie das Klausurergebnis durch einen förmlichen *Widerspruch* anfechten, falls Ihr Missverständnis für die Note ausschlaggebend war (Kap. E-5). Dasselbe gilt, wenn Fragen nicht präzise gestellt werden. Weisen Sie Ihren Prüfer durch einen Vermerk im Klausurbogen darauf hin, wenn ihm eine nicht eindeutig gestellte Frage unterlaufen ist. Wenn Ihr Einwand berechtigt ist, wird er diese Frage für alle Klausurteilnehmer von der Korrektur ausschließen.

b) Geschlossene Fragen
Anders als bei offenen Fragen geben Klausuren mit geschlossenen Fragen dem Kandidaten Antwortalternativen vor. Der Prüfling wählt unter verschiedenen

Antwortalternativen die richtige oder die richtigen durch Ankreuzen aus (sog. Multiple-Choice-Klausuren bzw. Prüfungen im Antwortwahlverfahren). Multiple-Choice-Klausuren sind wegen des erheblich geringeren Korrekturaufwandes vor allem bei hoher Teilnehmerzahl eine sehr beliebte und häufig genutzte Art von Prüfungen. Bei Vorhandensein der entsprechenden Hard- bzw. Software können MC-Klausuren elektronisch ausgewertet werden, sodass das Klausurergebnis den Studierenden womöglich bereits nach wenigen Tagen zur Verfügung steht.

Die Bewertung einer Multiple-Choice-Klausur kann unterschiedlich erfolgen. Manche Prüfer/innen geben bei einer teilweise falschen Antwort überhaupt keinen Punkt, andere verrechnen richtig und falsch angekreuzte Antwortalternativen miteinander. Sind Antworten fehlerfrei, aber nur zum Teil richtig, erhält man in der Regel eine anteilige Punktzahl.

*Beispiel:*
Sie kreuzen lediglich zwei von drei richtigen Antwortalternativen an.

MC-Klausuren stoßen bei Studierenden auf eine geteilte Beliebtheit. Die Annahme, dass es leichter sei, eine geschlossene als eine offene Klausur zu bestehen, ist jedoch unzutreffend. Manche Prüfer/innen geben Antwortalternativen vor, die sehr präzise Kenntnisse erfordern. Wer nur oberflächlich gelernt hat oder auf einen schlichten Wiedererkennungseffekt setzt, wird bei solchen Klausuren kein gutes Ergebnis erzielen.

c) Lückentext
Beim Lückentext bekommt der Prüfling einen Text, bei dem er fehlende Wörter ergänzen soll. Herausgefunden werden soll die Kenntnis bestimmter Sachinformationen oder termini technici.

*Beispiel:*
Nach der Gemeindeordnung kann der Rat in Nordrhein-Westfalen ................ wählen, die er mit der selbständigen Leitung eines größeren Geschäftbereichs der Verwaltung (Dezernat, Fachbereich) beauftragt (bitte ergänzen).

## 1.3 Schwerpunkt Transferprüfung

Bei einer Transferprüfung geht es weniger um die Wiedergabe zuvor auswendig gelernten Wissens als um das Anwenden dieses Wissens auf typische Problemkonstellationen des beruflichen Alltags. Die zuvor gelernten Theorien, Methoden und Regeln sollen auf einen neuen unbekannten Fall bzw. Sachverhalt bezogen werden. Im Vordergrund steht die Fähigkeit, richtige bzw. wissenschaftlich-fachlich begründete Lösungen für ein Problem zu entwerfen und alternative Optionen gegeneinander abzuwägen.

**Typische Aufgabenstellungen**

- *Fallinterpretation*
  Sie erhalten einen Fall aus der Praxis der Sozialen Arbeit. Mit Hilfe des erworbenen Theoriewissens sollen Sie die wechselseitigen Beziehungen der Beteiligten analysieren.
- *Methodische Reflexion*
  Sie erhalten einen Fall aus der Praxis der Sozialen Arbeit. Sie sollen das methodische Vorgehen der sozialpädagogischen Fachkräfte unter systemischen Aspekten kritisch reflektieren.
- *Entwicklung einer Handlungsstrategie*
  Sie erhalten einen Fall aus der Praxis der Sozialen Arbeit. Sie sollen im Rückgriff auf das erworbene methodische Wissen darlegen und begründen, welche Schritte der Problemlösung Ihnen aus welchen Gründen angemessen erscheinen.
- *Prüfung eines sozialrechtlichen Anspruchs*
  Sie erhalten einen Fall aus der Praxis der Sozialen Arbeit. Sie sollen klären, ob die betreffende Person einen Anspruch auf eine bestimmte Sozialleistung hat, woraus sich dieser ggf. ergibt und wie eine finanzielle Leistung zu berechnen ist.
- *Anwendung eines begrifflichen Konzeptes*
  Sie sollen z. B. darlegen, was „Kundenorientierung" in einem Handlungsfeld wie dem Strafvollzug bedeuten kann.
- *Berechnung einer betriebwirtschaftlichen Kennzahl*
  Sie sollen an einem vorgegebenen Fallbeispiel z. B. den Gewinn eines Unternehmens oder die Kosten einer Dienstleistung (z. B. einer Fachleistungsstunde) ermitteln.

Ob eine Klausur als Wissenstest oder als Transferprüfung oder als beides gestellt wird, hängt nicht nur von den Lernzielen eines Studienfaches bzw. der Professoren ab, sondern auch von grundsätzlichen Erwägungen. Faktenklausuren verführen dazu, den Lernstoff auswendig zu lernen, ohne dass es zu einer vertiefenden Auseinandersetzung mit dem Stoffgebiet kommt. Zudem wird oberflächlich angeeignetes Wissen nach der Klausur schnell wieder vergessen. Diesem Nachteil steht für die Prüfer/innen der meist hohe Auswertungsaufwand einer reinen Transferprüfung gegenüber. Verständlicherweise liefern Studierende bei Aufgaben, die längere schriftliche Ausführungen erfordern, keine druckreifen Texte ab. Die inhaltliche Qualität der Antworten muss manchmal erst erschlossen werden. Vor allem bei großer Teilnehmerzahl kann es erhebliche Schwierigkeiten bereiten, die Ergebnisse einer reinen Transferprüfung einigermaßen zeit- und fristgerecht vorzulegen. Besondere Korrekturkräfte, wie sie z. B. an den juristischen Fakultäten von Universitäten üblich sind, gibt es an Fachhochschulen nicht.

# 2 MÜNDLICHE PRÜFUNGEN

## 2.1 Gestaltungsformen

Mündliche Prüfungen bieten sich nur bei einer überschaubaren Zahl von Kandidat/innen an, falls die Prüfer/innen sich nicht einem tagelangen Prüfungsmarathon aussetzen wollen. Mündliche Prüfungen können sich ebenso wie Klausuren auf den Nachweis von *Wissen* konzentrieren oder stärker *anwendungsorientiert* ausgerichtet sein. Als Instrument reiner Wissensüberprüfung sind sie allerdings wenig effizient. Diesen Zweck erfüllt eine Klausur bei weitem Zeit sparender.

Aus Prüfersicht bieten mündliche Prüfungen den Vorteil, *nachfragen* zu können, wenn eine Antwort diffus ausfällt oder oberflächlich auswendig gelernt wirkt. Deshalb sind mündliche Prüfungen für Studierende meist mit einer größeren Anspannung verbunden als Klausuren.

Mündliche Prüfungen können unterschiedlich ausgestaltet sein: Zeitdauer und Zahl der beteiligten Prüfer/innen können sich unterscheiden. Meist dauern mündliche Prüfungen zwischen 20 und 30 Minuten. Neben Einzel- kommen auch Gruppenprüfungen in Betracht. Neben der selbständigen mündlichen Prüfung als Hauptprüfung steht das Kolloquium als Teil einer verbundenen Prüfung (Abb. 13).

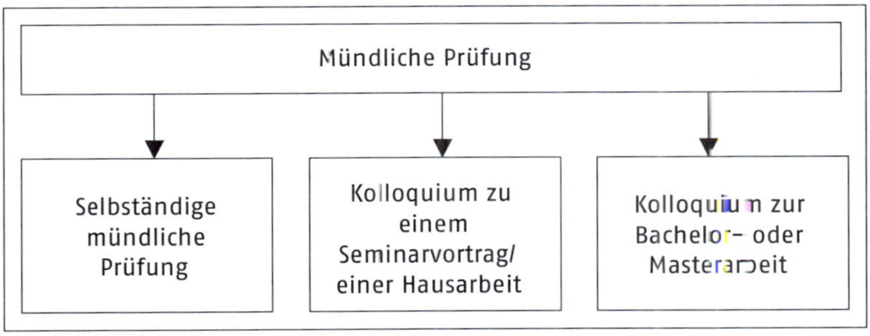


**Abb. 13:** Formen der mündlichen Prüfung

Das Kolloquium zur Bachelorarbeit „dient der Feststellung, ob der Prüfungskandidat befähigt ist, die Ergebnisse der Bachelorarbeit, ihre fachlichen Grundlagen, ihre fachgebietsübergreifenden Zusammenhänge und ihre außerfachlichen Bezüge mündlich darzustellen, selbstständig zu begründen und ihre Bedeutung für die Praxis einzuschätzen" (§ 30 der Prüfungsordnung für den Bachelor-Studiengang „Soziale Arbeit" an der Hochschule Niederrhein). Ähnliche Formulierungen finden sich in den Prüfungsordnungen für Master-Studiengänge.

## 2.2 Prüfungsablauf

Der Ablauf einer mündlichen Prüfung variiert von Prüfer/in zu Prüfer/in bzw. Prüfungsteam zu Prüfungsteam. Unterschiede lassen sich immer wieder bei der *Fragetechnik* beobachten:

- Manche Prüfer/innen lassen Studierende längere Zeit sprechen, andere dagegen erwarten eine kurze präzise Antwort, um möglichst bald zur nächsten Frage übergehen zu können.
- Manche Prüfer/innen fragen punktgenau, andere neigen eher zu hohem Wortaufwand.
- Einige Prüfer/innen begnügen sich mit Grundwissen, andere erwarten präzise Detailkenntnisse.
- Möglich ist, dass Prüfer/innen sich in eine Diskussion mit dem Kandidaten begeben, sodass die Prüfung eher den Charakter eines Gesprächs als eines eindimensionalen Frage-Antwort-Spiels annimmt.

Wegen der Weite vieler Stoffgebiete kommt es im Vorfeld der Prüfung oft zu einer Absprache zwischen Prüfer/innen und Kandidat/innen über eine Eingrenzung des Prüfungsbereichs. Zum Teil können Studierende ein spezielles *Schwerpunktthema* auszuwählen, das vereinbarungsgemäß einen größeren Teil der Prüfungszeit in Anspruch nehmen wird. Allerdings werden in dem selbst gewählten Thema auch vertiefte Kenntnisse erwartet, die so nicht Gegenstand der Lehrveranstaltung waren, d. h. durch eigenes Literaturstudium erst erarbeitet werden müssen. Welchen Vertiefungsgrad Prüfer/innen zugrunde legen, sollte unbedingt vorher geklärt werden. Anderenfalls bietet die Möglichkeit der Schwerpunktsetzung kaum Vorteile für die Verbesserung des Prüfungsergebnisses. Ist das Schwerpunktthema sehr schmal zugeschnitten, ist nicht auszuschließen, dass die Fragen der Prüfer/innen in Tiefenschichten und Detaillierungsgrade vordringen, bei denen man als Kandidat/in nicht mehr ‚parieren' kann. Ein breiterer Themenzuschnitt kann deshalb vorteilhafter sein.

Um sich möglichst genau auf die Erwartungen der Prüfer/innen einstellen zu können, sollte eine *Abstimmung* auch über die Literatur herbeigeführt werden, die zur Bearbeitung des „Spezialthemas" durchgearbeitet werden soll. Falls der Prüfer keine entsprechenden Vorgaben macht, bietet es sich an, von sich aus mit entsprechenden Vorschlägen aufzuwarten. Das Besprechungsergebnis sollte möglichst schriftlich festgehalten werden.

Das frühzeitig vereinbarte Schwerpunktthema bildet meist den *Einstieg* in die Prüfung. Manche Prüfer/innen erwarten in diesem Fall, dass Studierende mit einem Kurzvortrag zunächst in das Thema einführen. Für die Kandidat/innen reduziert ein solcher Einstieg nicht nur die Angst vor der Prüfung, sondern bietet auch die Möglichkeit, die Aufmerksamkeit der Prüfer/innen gezielt auf bestimmte Aspekte zu lenken. Gleichzeitig kann man versuchen, Weichen für weitergehende Fragen zu stellen.

*Beispiel:*

Sie deuten in einem Nebensatz Ihres Einstiegsvortrags an, dass eine bestimmte Auffassung in der Fachliteratur „ja keineswegs unumstritten ist", verzichten aber bewusst darauf, hierzu weitere Ausführungen zu machen. Sie setzen darauf, dass der Prüfer Ihren Nebensatz gehört hat und Ihnen die Gelegenheit gibt, Ihr Spezialwissen in der betreffenden Frage auszubreiten („Inwiefern ist diese Auffassung in der Fachliteratur nicht allgemein akzeptiert?"). Rechnen Sie aber nicht damit, dass Prüfer/innen sich ihre Prüfungsfragen durchgängig zuspielen lassen.

Es liegt im eigenen Interesse, zu Beginn der Prüfung noch einmal darauf hinzuweisen, welcher Schwerpunkt vereinbart worden war. So begegnen Sie Missverständnissen des Prüfers, die bei der Vielzahl der abzunehmenden Prüfungen nicht auszuschließen sind. Noch besser ist es, vorher eine schriftliche Gliederung des Schwerpunkthemas einzureichen. Die Wahrscheinlichkeit, dass sich der Prüfer auf die aufgeführten Gliederungspunkte bezieht, ist relativ hoch.

Meist schließen sich an die Fragen zum Schwerpunktthema noch Fragen zu den weiteren in der Lehrveranstaltung behandelten Themen an. Hier geht es darum, herauszufinden, ob zumindest Grundlagenlagenkenntnisse erworben wurden. Was Prüfer/innen unter Grundlagenkenntnissen verstehen, sollte ebenfalls im Seminar besprochen und an Beispielen verdeutlicht werden. Naturgemäß sind Basiskenntnisse für einen Experten und den Einsteiger in ein Thema nicht dasselbe.

Auch wenn kein Schwerpunkthema ausdrücklich vereinbart werden kann, sind viele Prüfer/innen bereit, den Fragenradius inhaltlich einzugrenzen. Nur besonders strenge, leistungsorientierte Prüfer/innen lehnen die Eingrenzung der prüfungsrelevanten Materie grundsätzlich ab. Hier sieht sich der Kandidat einer schwer vorhersehbaren Kaskade einzelner Prüfungsfragen gegenüber, die mehr oder weniger weit über das gesamte Stoffgebiet streuen. Das Gebot der Fairness und der Transparenz gebietet es aber, dass auch solche Prüfer/innen ihren Studierenden einen möglichst genauen Eindruck davon vermitteln, auf welchem Niveau Kenntnisse erwartet werden und wie in der Prüfung typischerweise gefragt werden wird.

# 3 PRÜFUNGSVORBEREITUNG

Für manche Studierende beginnt die Vorbereitung auf eine Prüfung erst wenige Tage vor dem Prüfungstermin. Regisseur dieses Vorgehens ist die Neigung, unangenehme Dinge möglichst lange *aufzuschieben*. Sich von Prüfungsvorbereitungen nicht zu früh beeinträchtigen zu lassen, ist komfortabel und ein Selbstbeweis für Souveränität und Gelassenheit.

In Wirklichkeit hat der späte Start viele Nachteile. Oft wird unterschätzt, welche *Menge an Stoff* sich im Laufe der Vorlesungszeit angesammelt hat. In wenigen Tagen muss jetzt ein Monstrum an Lernstoff abgearbeitet werden. Sich mit einem Themenfeld noch einmal vertiefend zu beschäftigen und offene Fragen zu klären, ist kurz vor Toresschluss kaum noch möglich. Stressgefühle und Versagensängste sind die Folge. Nun müssen der viel zitierte „Mut zur Lücke" oder das kölsche Sprichwort „Es ist noch immer gut gegangen" Pate stehen.

Prüfungsvorbereitung fängt mit der ersten Vorlesung an.

Je kontinuierlicher Sie während des Semesters lernen, umso leichter fällt Ihnen die Rekapitulation des Prüfungsstoffes in der ‚Endphase' und umso bessere Aussichten haben Sie auf eine gute Note. Unverstandenes haben Sie bei diesem Vorgehen längst vor der „heißen Phase" geklärt, Ihr Stresspegel hält sich auf den letzten Metern in Grenzen.

Die nachfolgenden *Empfehlungen* sollen Sie bei einer sinnvollen Prüfungsvorbereitung unterstützen.

### Klären Sie frühzeitig die inhaltlichen, formalen und zeitlichen Anforderungen

Achten Sie schon während einer Lehrveranstaltung auf Hinweise, die sich auf die Prüfung beziehen, z. B. zur Wichtigkeit bestimmter Fragestellungen oder Einzelthemen. Markieren Sie diese Hinweise in Ihrem Skript. Informieren Sie sich frühzeitig, worauf es dem Prüfer inhaltlich ankommt und welcher Art die Prüfung sein wird. So vermeiden Sie, sich womöglich intensiv, aber falsch vorzubereiten.

Das Anforderungsniveau einer Prüfung lässt sich am besten erkennen, wenn Sie nach konkreten *Beispielen für typische Aufgabenstellungen* fragen („Wie sehen typische Fragen aus, die Sie stellen werden?"). Erst dadurch erkennen Sie, was es bedeutet, wenn Prüfer/innen angeben, nach Basiswissen, Detailwissen, Anwendungsbeispielen etc. fragen zu wollen. Wenn Prüfer/innen ihre Alt-Klausuren veröffentlichen, um nachfolgenden Studierenden die Prüfungsvorbereitung zu erleichtern, nutzen Sie diese als Testinstrument. Durch das Üben am „realen Objekt" unter den vorgegebenen zeitlichen Bedingungen bekommen Sie auch Ihre Prüfungsangst deutlich besser in den Griff. Um mehr Sicherheit für die Richtigkeit der eigenen Antworten zu bekommen, bietet es sich an, den Test gemeinsam mit Kommiliton/innen durchzuführen.

Wenn Prüfer/innen sich gegenüber Nachfragen verschlossen zeigen („Prüfungsrelevant ist der gesamte Stoff") und womöglich erst am Ende ihrer Veranstaltung konkretere Informationen geben, sollten sie nicht zuwarten. Fragen Sie frühzeitig ältere Kommiliton/innen, was und wie beim *letzten Durchgang* geprüft wurde. Beachten Sie aber, dass subjektiv gefärbte Schilderungen und Erinnerungslücken zu Fehleinschätzungen führen können. Ebenso wenig besteht die Garantie, dass die kommende Prüfung mit der vorangegangenen vergleichbar ist.

Von Bedeutung kann sein, ob Sie in der Klausur *Hilfsmittel* benutzen dürfen (z. B. einen Taschenrechner, Gesetzestext). Verzichten Sie aber darauf, die Gunst der Stunde zu nutzen und Hilfsmittel zu spicken. In der Regel werden z. B. Gesetzestexte von den Aufsicht führenden Personen zumindest stichprobenweise vor oder während der Klausur überprüft. Dass gespickte Hilfsmittel den Vorwurf des Täuschungsversuchs nach sich ziehen liegt auf der Hand.

In formaler Hinsicht sind frühzeitig die *Voraussetzungen für die Teilnahme* an der Prüfung zu beachten. Manchmal müssen bestimmte Vorleistungen erbracht worden sein, um eine Prüfung ablegen zu können. Es wäre schade, wenn Sie erst nach intensiver Prüfungsvorbereitung bemerken, dass Sie nicht zugelassen werden können.

Achten Sie auch auf die *An- und Abmeldefristen* des Prüfungsamtes. In der Regel muss man sich zu Prüfungen innerhalb einer festgelegten Frist anmelden. Nach der Anmeldung ist ein konsequenzenloser Rücktritt von einer Prüfung oft nur noch möglich, wenn hierbei eine festgelegte Rücktrittsfrist (z. B. eine Woche) nicht unterschritten wird, es sei denn der Kandidat kann besondere Gründe für seinen kurzfristigen Rücktritt nachweisen.

### Fördern Sie Ihre Prüfungsmotivation

Beim Lernen für eine Prüfung ist der Spaßfaktor zumeist gering. Um sich nicht immer wieder aufraffen zu müssen, hilft es, einen *Arbeits- und Lernzeitplan* zu erstellen, zu dessen strikter Einhaltung man sich ausdrücklich selbst verpflichtet. Mehr als Selbstmitleid und das eigene „Elend" anderen mitzuteilen, hilft es, mit dem Lernen praktisch zu beginnen. Erfolg gibt es nicht umsonst, vor den Erfolg haben die Götter bekanntlich den Schweiß gesetzt. Ihre Motivation und Ausdauer werden gefördert, wenn Sie beim Lernen für *Abwechselung* sorgen, d. h. sich nach einer gewissen Zeit einem anderen Stoffgebiet zuwenden. Gönnen Sie sich nach jedem erfolgreich bearbeiteten Lernpaket eine kleine *Belohnung* und in jedem Fall eine kleine Pause. Nutzen Sie die motivationsfördernde Kraft einer *Lerngruppe*, die Sie womöglich auch kurzfristig noch bilden können (Kap. A-3.6 und nachfolgend).

### Lernen Sie kontinuierlich während des Semesters

Wenn Sie in Lehrveranstaltungen präsent sind, aktiv mitarbeiten und wichtige Inhalte festhalten, lernen Sie nicht nur mehr, sondern auch nachhaltiger. Ohne es besonders zu bemerken, arbeiten Sie ganz nebenbei bereits an der Vorbereitung auf Ihre Prüfung. Sie erwerben ein tiefer durchdrungenes Wissen, das Sie im

Endspurt auf die Prüfung leichthändig mobilisieren können. Legen Sie in Ihrem Stundenplan von vornherein Zeitfenster fest, in denen Sie den Stoff Ihrer Lehrveranstaltungen systematisch und fortlaufend nachbereiten. Häufen Sie keine Unklarheiten und Kenntnislücken an; viele Fragen lassen sich kurz vor der Prüfung nicht mehr zufriedenstellend klären. Ihre Kommiliton/innen haben selbst alle Hände voll zu tun mit ihrer Prüfungsvorbereitung; deshalb sind sie wenig geneigt, Studienkolleg/innen dabei zu helfen, eine aus Nachlässigkeit entstandene Halde an Nichtwissen abzuräumen. Gelingt es Ihnen im Semester nicht, den Lernstoff fortlaufend nachzuhalten, notieren Sie alle offenen Punkte in einem Notizbuch, das Ihnen anzeigt, was vor dem finalen Countdown noch nachzuarbeiten ist.

**Tipp**

Lesen Sie noch einmal unsere Empfehlungen nach, wie Sie den Stoff mithilfe von selbst entwickelten Fragen und Karteikarten kontinuierlich während des Semesters aufbereiten können, damit Sie ihn am Ende des Semesters so leicht wie möglich noch einmal rekapitulieren können (A-3.1). Die dort vorgeschlagene Verfahrensweise eignet sich für die Prüfungsvorbereitung unabhängig davon, ob Sie den Lernstoff aus Vorlesungen, Seminaren oder der Lektüre von Fachliteratur entnommen haben. Eine abgewandelte Form dieses Vorgehens kann darin bestehen, die Fragen auf ein Tonband oder ein Diktiergerät zu sprechen. Hinter jeder Frage lassen Sie in kurzem Abstand die richtige Antwort folgen. So können Sie Ihren Wissenstand nach jedem Antwortversuch unmittelbar kontrollieren. Halten Sie akustisch die Quelle fest, aus der sie die Antwort geschöpft haben. Auf diese Weise können Sie noch einmal in Ihren Unterlagen nachschlagen, falls die aufgesprochene Antwort plötzlich Fragen aufwirft. Die klassische Karteikarten-Methode hat gegenüber der akustischen Variante und dem unmittelbaren Lernen mit Texten und Mitschriften allerdings den Vorteil, dass Sie den zu lernenden Stoff selektiv wiederholen können, abhängig davon, wie gut oder schlecht er bereits im Gedächtnis verankert ist. Eine Tonaufzeichnung nötigt sie dagegen, den gesamten Text Schritt für Schritt abzuhören. Dabei wiederholen Sie auch Wissen, das Ihr Gedächtnis längst gespeichert hat. Um die Vorteile der Karten auszuschöpfen, sollten Sie die Lernkarten in einen Karteikasten einsortieren, der in mehrere Abteilungen unterschiedlicher Größe untergliedert ist. Das Vorgehen ist hierbei denkbar einfach: Eingeordnet in den Kasten wandern Karteikarten, deren Wissen Sie erfolgreich erinnern können, schrittweise von der ersten in eine hintere Abteilung, wo sie nur noch von Zeit zu Zeit wiederholt werden (Abb. 14).

Kann bei späterer Wiederholung der Fragen aus den hinteren Abteilungen eine Frage nicht (mehr) richtig beantwortet, wird die betreffende Karte wieder in das erste Fach eingeordnet. Von dort aus macht sie sich dann erneut auf den Weg in die letzte Abteilung. Je höher die Ziffer im Karteikasten, umso seltener wird die Karte wiederholt. Eine praxisnahe Anleitung zum Umgang mit der „Methode Lernkartei" stellt Stangl im Internet zur Verfügung (http://arbeitsblaetter.stangl-taller. at/LERNTECHNIK/Lernkartei.shtml; Aufruf 31. 12. 2010).

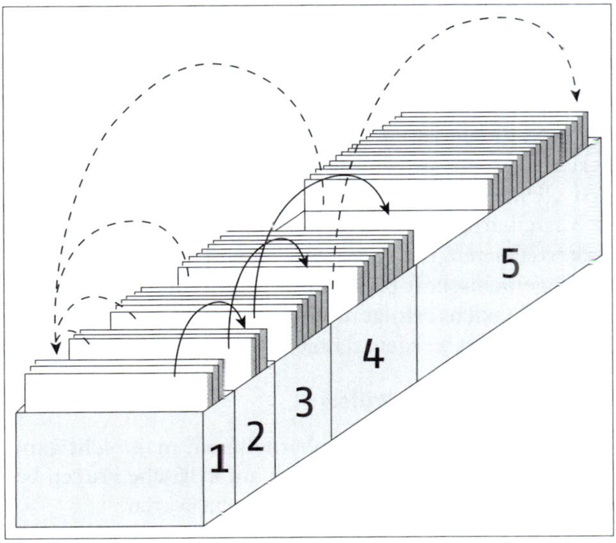


**Abb. 14:** Lernkartei (Stangl, o. J.)

**Vorteile der Lernkarten (vgl. Heister u. a. 2007, 64)**

- Lernkarten gliedern den Stoff in kleine „Happen", die sich auch für das „Lernen zwischendurch" gut eignen.
- Lernkarten motivieren, weil die Menge des zu lernenden Stoffs immer kleiner wird.
- Sie können sich sofort davon überzeugen, ob Sie die richtige Antwort geben können oder nicht.
- Die Kartengröße (Empfehlung: DIN A6) zwingt dazu, sich bei den Antworten auf das Wesentliche zu konzentrieren. Langatmige Ausführungen würden Ihr Lernen dagegen unnötig erschweren.
- Lernkarten eignen sich gut für das Lernen in der Gruppe.
- Lernkarten motivieren zum lauten Aussprechen der Antworten. Der Lerneffekt ist hierbei deutlich größer als beim stillen Durchlesen eines Skriptums. Gleichzeitig üben Sie aktiv den Umgang mit dem einschlägigen Fachvokabular.
- Lernkarten geben Ihnen mehr Sicherheit vor Prüfungen, denn letztlich simulieren Sie kontinuierlich eine Prüfungssituation.

Unter dem Namen „Brain Yoo" gibt es die Lernkartei inzwischen auch in *virtueller Form* (www.brainyoo.com). Wie beim herkömmlichen Papierkarteikasten werden auch hier die Karten bei erfolgreicher Beantwortung erst nach immer länger werdenden Zeitabständen auf Wiedervorlage gelegt. Die Wiedervorlage kann individuell bestimmt werden, ebenso kann die Reihenfolge der Karten verändert werden.

Durch die Möglichkeit, die richtige Antwort jeweils einzugeben, soll ein aktives Lernen gefördert werden. Jede Karteikarte verfügt neben dem Frage- und dem Antwortfenster über ein Eselsbrückenfenster, dessen Einträge während des Abfragemodus zur Gedächtnisunterstützung ein- und wieder ausgeblendet werden können. Per „drag 'n drop" können z. B. Bilder, Audiodateien usw. in die BrainYoo-Karteikarten integriert werden. Durch die üblichen Editierfunktionen eines Computers (Fett, Kursiv, Unterstreichungen, Aufzählungen, Farben etc.) lassen sich die elektronischen Karteikarten außerdem übersichtlicher und vielseitiger gestalten als normale Papierkarteikarten. Ein weiterer Vorteil: Die virtuellen Karten können innerhalb einer Lerngemeinschaft problemlos getauscht werden. Die Bedienung des elektronischen Karteikastens erfolgt intuitiv. Zwei Wochen lang kann die Lernsoftware kostenlos ausprobiert werden, danach werden Lizenzgebühren fällig.

#### Versetzen Sie sich in die Rolle des Prüfers

Gedanklich die Rolle eines Prüfers zu übernehmen, mag nicht ganz einfach sein, bietet aber aussichtsreiche Perspektiven, sich auf kritische Fragen besser einzustellen: Wonach würden *Sie* fragen, wenn *Sie* Prüferin wären?

Prüfer/innen wollen im Allgemeinen wissen:

- Was versteht man unter A.?
- Wie stellt sich die Situation B. dar?
- Welche Ursachen bzw. Gründe liegen für C. vor?
- Was folgt aus D.?
- An welche Voraussetzungen ist E. gebunden?
- Was könnte man tun, um bei F. zu Verbesserungen zu kommen?
- Was würden Sie tun, wenn ...
- Etc.

Wenn eine Haus- oder Abschlussarbeit Gegenstand der mündlichen Prüfung ist, sind es oft die folgenden Fragen, mit denen – neben spezifischeren Fachfragen – zu rechnen ist:

- Warum hat Sie das Thema angesprochen?
- Was an diesem Thema ist für die Soziale Arbeit von Bedeutung?
- Was sind die Ergebnisse Ihrer Arbeit?
- Was kann man mit diesen Ergebnissen anfangen?
- Was würden Sie tun, wenn Sie die Verantwortung für dieses Arbeitsfeld trügen?

Arbeiten Sie also nicht nur Ihre Skripte durch, sondern überlegen Sie, welche Fragen nahe liegen.

#### Bilden Sie eine Lerngruppe

Die Bildung einer Lerngruppe ersetzt nicht die weiter oben empfohlene kontinuierliche Nachbereitung des gelernten Stoffes, bietet aber für die gezielte Vorbereitung auf Prüfungen viele *Vorteile:*

- Das gemeinsame Durcharbeiten des Prüfungsstoffs erweitert das eigene Wissen.
- Offene Fragen und sachliche Unsicherheiten können besprochen werden.

- Arbeitsteilig können mögliche Prüfungsfragen herausgearbeitet und zur Grundlage einer Prüfungssimulation gemacht werden (Jeder prüft jeden). Die gegebenen Antworten können in ihrer Richtigkeit besprochen werden; durch die Lernstandskontrolle wächst das Zutrauen, den Anforderungen der Prüfung gewachsen zu sein; gleichzeitig werden Wissenslücken und Argumentationsschwächen sichtbar.

Da man angesichts der Vielzahl von Prüfungen in einem Seminar nicht für jede Prüfung eine Lerngruppe bilden kann, müssen Sie *Prioritäten* setzen. Überlegen Sie, wo es für Sie am meisten Sinn macht, sich gemeinsam mit anderen auf eine Prüfung vorzubereiten. Wichtige Entscheidungskriterien dürften neben Schwierigkeitsgrad und Umfang des Stoffes Ihre persönliche Affinität zum Themenfeld sein. Ist diese eher schwach ausgeprägt, kann eine Gruppe stabilisierend und motivierend wirken. Ist in einer Prüfung dagegen eine bloße Wissensabfrage intendiert, dürfte das Lernen in einer Gruppe zu zeitaufwändig sein. Gruppen sind außerdem nur dann effektiv und effizient, wenn sie bestimmte Regeln beherzigen (dazu Kapitel A-3.6).

### Nutzen Sie Tutorien

Tutor/innen sind Mitarbeiter/innen von Professor/innen, die Studierende kontinuierlich dabei unterstützen, den in der Vorlesung behandelten Stoff in nachgehenden Übungen anzuwenden. Wegen des fehlenden „Mittelbaus“ wird diese Aufgabe an Fachhochschulen in der Regel von besonders qualifizierten Studierenden aus höheren Semestern übernommen. Der Vorteil von Tutorien liegt in der *längerfristig* angelegten Prüfungsvorbereitung. Die Teilnehmer/innen erlangen in ihren Kenntnissen und Fertigkeiten eine *größere Sicherheit;* die gezielte Nachbereitung des Stoffs wird durch die feste Terminierung der Tutorien erheblich erleichtert. Tutorien kommen in der sozialpädagogischen Ausbildung bisher noch nicht regelmäßig vor. Ob sie in geeigneten Fällen eingerichtet werden, hängt nicht zuletzt davon ab, ob sie von Studierenden *eingefordert* und als Lernunterstützung genutzt werden.

### Reservieren Sie die letzten Tage vor der Prüfung für die Rekapitulation des Gelernten

Wenn Sie unseren Empfehlungen bis hierhin gefolgt sind, haben sie eine „semesterintegrierte Prüfungsvorbereitung“ betrieben, ggf. ergänzt um die Prüfungsvorbereitung in einer Gruppe. Auf das unter jungen Studierenden weit verbreitete *„Lernen auf den letzten Drücker“* haben Sie weitgehend verzichtet. Das bringt Sie in eine komfortable Situation: Sie müssen die letzten beiden Wochen vor der Prüfung nicht damit verbringen, erstmalig Karteikarten zu beschriften, Zusammenfassungen zu formulieren oder eine Vielzahl offener Fragen zu klären. Diese Lernarbeit haben Sie bereits erledigt! Sie können sich jetzt darauf konzentrieren, das benötigte Wissen noch einmal in Ihr Gedächtnis zu rufen. Gehen Sie Ihre aufbereiteten Mitschriften, *Alt-Klausuren* und *Probeklausuren* der Prüfer/innen noch einmal aufmerksam durch. Erfassen Sie in einer Übersicht, in welchem Prüfungsfach welcher Stoff wie gut „sitzt“. Konzentrieren Sie Ihre Anstrengungen auf diejenigen Gebiete, wo Ihr Gedächtnis noch Lücken aufweist. Hilfreich ist es, nach Feststellung des bestehenden Lernbedarfs einen Zeitplan zu erstellen, wann Sie welche Lücke in der verbleibenden Zeit schließen wollen bzw. welchen Stoff Sie wann wiederholen.

Auch in der Akut-Vorbereitungsphase sollten Freizeitaktivitäten nicht völlig wegfallen. Für den Lernerfolg ist es nicht sinnvoll, sich bis zur Erschöpfung auszupowern, sondern zwischen Anspannung und Entspannung eine tragfähige *Balance* zu finden. Gönnen Sie sich dementsprechend auch in den Lernphasen Pausen. Auf diese Weise kann das zuvor Gelernte deutlich besser verarbeitet und abspeichert werden. Gehen Sie zum Beispiel eine Runde um den Block – Sauerstoff tut Ihrem Wohlbefinden und Ihrer Aufmerksamkeit gut. Gleichzeitig steigt mit der Entspannung die Lernmotivation, die für den Erfolg sehr wesentlich ist. Lesen Sie am Vorabend ein interessantes Buch (kein Fachbuch!), treiben Sie intensiv Sport oder greifen Sie zu einem Hörspiel, um Ihre natürliche Anspannung zu dämpfen. Kontakt zu Kommiliton/innen sollten Sie bereits Tage vor der Prüfung eher dosiert pflegen; die Gefahr, dass Sie sich gegenseitig ‚hochpuschen', ist groß.

Gehören Sie zu den Menschen, die über das übliche Maß an *Prüfungsangst* hinaus vor einer Prüfung seelisch aus den Fugen geraten, sollten Sie frühzeitig psychologische oder ärztliche Hilfe in Anspruch nehmen. Ist nur noch eine akute Intervention Erfolg versprechend, wird der Arzt Ihnen womöglich ein Beruhigungsmittel verschreiben, das Ihre Nervosität erfolgreich dämpft, ohne Ihre Leistungsfähigkeit zu beeinträchtigen. Ihre Reaktion auf das Mittel sollten Sie aber unbedingt vorher testen! Wenn eine überbordende, Ihre Leistungsfähigkeit deutlich beeinträchtigende Prüfungsangst regelmäßig auftritt (Black-out, Denkblockade), ist eine längerfristige psychologische Beratung anzuraten.

Last but not least sollten Sie vor einer Prüfung auch an die *„kleinen Dinge"* denken (Gewährleisten Sie, dass Sie nicht zu spät kommen! Setzen Sie sich nicht ohne Grund unter zeitlichen Stress! Vergessen Sie nicht die Mitnahme von Ersatzstift, Verpflegung, Uhr, Personal- und Studentenausweis, Taschenrechner, Gesetzeswerk, Schmierpapier ...).

# 4 VERHALTEN BEI PRÜFUNGEN

## 4.1 Verhalten in einer Klausur

Es ist nicht ungewöhnlich, dass der erste Blick auf den Klausurbogen Sie *erschreckt* und spontan die Angst auslöst zu scheitern („Schaffe ich nie und nimmer!"). Versuchen Sie diese Irritation als normale Reaktion zu werten, die noch nichts über den tatsächlichen Ausgang des Unternehmens besagt.

Studieren Sie zunächst sorgfältig die *Bearbeitungshinweise* des Prüfers: Sollen die Antworten stichwortartig oder ausformuliert gegeben werden? Ist im Falle einer Multiple-Choice-Klausur jeweils nur eine Lösung richtig oder können mehrere Antwortalternativen angekreuzt werden? Gibt es Minuspunkte für falsch angekreuzte Antworten?

Beginnen Sie mit den Aufgaben, deren Beantwortung Ihnen leicht fällt. Klammern Sie sich nicht an „Lieblingsfragen" fest, damit Ihnen die Zeit nicht davon rennt. Sich an einer Aufgabe abzuarbeiten, die lediglich zwei Punkte einbringt, während derselbe Zeiteinsatz an anderer Stelle einen weitaus höheren Punktwert verspricht, würde ebenfalls wenig Sinn machen.

Immer wieder scheitern Studierende an einer Frage, weil sie die *genaue Formulierung* der Aufgabenstellung nicht beachtet haben. Überlesen Sie z. B. ein kleines, aber entscheidendes Wort (wie z. B. ‚nicht'), läuft Ihre Antwort zwangsläufig in die falsche Richtung. Wenn die Aufforderung lautet, ein „konkretes (!) Beispiel" für einen Sachverhalt zu nennen, bringen abstrakte Ausführungen keinerlei Punkte. Ihre Antwort muss stets die gestellte Frage beantworten, nicht eine nicht gestellte.

Bei längeren Aufgabenstellungen empfiehlt es sich, die Aufgabe mehrmals durchzulesen und in der Problemstellung *Schlüsselwörter* zu markieren. Erstellen Sie auf Schmierpapier zunächst eine Gliederung oder eine Mind-Map, die Ihre Niederschrift strukturieren. Es gilt der alte Grundsatz ‚Erst nachdenken, dann schreiben'. Achten Sie gleichwohl darauf, nicht von der Fragestellung abzuschweifen. Prüfer/innen wollen nur selten in Erfahrung bringen, was Sie auch sonst noch alles wissen.

Versuchen Sie möglichst alle Fragen oder Aufgaben zu beantworten, auch wenn Sie nicht viel zu einem bestimmten Teilaspekt beisteuern können. Ein verschenkter Punkt gibt manchmal den Ausschlag für die schlechtere von zwei Noten. Gehen Sie zu guter Letzt Ihre Antworten noch einmal aufmerksam durch. Womöglich entdecken Sie Fehler oder Ungenauigkeiten, die Ihnen im Augenblick der Antwortformulierung nicht aufgefallen sind.

## 4.2 Verhalten in einer mündlichen Prüfung

Achten Sie bei einer mündlichen Prüfung wie bei einer Klausur möglichst genau auf die Fragestellung. Wenn Sie eine gestellte Frage nicht verstehen oder nicht wissen, worauf Prüfer/innen hinaus wollen, bringen Sie dies freimütig zum Ausdruck.

*Beispiel:*
„Verzeihung, aber ich verstehe im Augenblick nicht, wonach Sie fragen ..."
„Geht es Ihnen bei dieser Frage um den Aspekt ...?
„Habe ich Sie richtig verstanden: Sie fragen nach Voraussetzungen für ..."?

Da Fragen in einer mündlichen Prüfung oft erst in der Situation generiert werden und Prüfer/innen darauf achten müssen, die Antwort nicht schon in die Frage hineinzulegen, kommen mitunter *verwirrende Fragengebilde* zustande: Wegen der kompliziert gestellten Frage hält der Studierende es für nicht wahrscheinlich, dass die Antwort in Wirklichkeit einfach ist. Hält er sich darauf hin zurück, erzeugt er den Eindruck, er kenne die Antwort nicht, „obwohl sie doch einfach ist“. Lassen Sie sich auch in dieser Situation nicht aus der Ruhe bringen. Bitten Sie den Prüfer, die Frage noch einmal zu wiederholen oder beantworten Sie die Frage mit einem Vorbehalt:

*Beispiel:*
„Wenn ich Ihre Frage nicht falsch verstehe, möchte ich sie so beantworten: ...
„Schließen Sie Ihre Ausführungen dann mit den Worten: „Ist es das, wonach Sie gefragt haben?"

Selbstverständlich ist es angemessen, wenn Sie kurz *nachdenken*, bevor Sie Ihre Antwort geben. Nur auswendig gelerntes Wissen kann aus der Pistole heraus abgefeuert werden. Vermeiden Sie aber Ihr Nichtwissen hinter inhaltsleeren Schwafeleien zu verbergen. Bei Überforderung ist es sinnvoller, um eine Hilfestellung oder „kleine Brücke“ zu bitten, in der Erwartung, dass Ihnen dadurch wenigstens eine partielle Beantwortung gelingt.

*Beispiel:*
„Es fällt mir auf Anhieb nicht leicht, die richtige Antwort zu finden. Könnten Sie mir ein wenig Hilfestellung geben, damit ich Ihre Frage beantworten kann?"

Manchmal hilft es auch, bei Unkenntnis der richtigen Antwort wie folgt zu reagieren:

*Beispiel:*
„Ich weiß nicht, ob ich jetzt richtig liege ... Ich könnte mir aber vorstellen, dass ..."

Mit dieser Antwort zeigen Sie Ihr Bemühen, auf die Frage des Prüfers einzugehen und *nicht gleich aufzustecken*. Dies kommt im Allgemeinen besser an, als zu sagen: „Tut mir leid, da muss ich passen.“

Gestelzte Sätze sollten Sie in einer mündlichen Prüfung vermeiden, zumindest sollten Sie sich nicht darauf konzentrieren, ihre Antwort sprachlich perfekt oder „hochwissenschaftlich“ zu formulieren. Die Konzentration auf die Form lenkt Sie nur vom Inhalt ab, der hier im Vordergrund steht.

Einsilbigkeit überzeugt ebenso wenig wie Langatmigkeit. Am meisten schätzen Prüfer/innen punktgenaue und klare Antworten.

Treten Sie als Gruppe zu einer mündlichen Prüfung an, macht es Sinn, vorher zu klären, wer auf welchen Teilgebieten seine Stärken und Schwächen hat. Falls die Prüferin ihre Frage nicht speziell an einen bestimmten Kandidaten richtet, können diese sich wechselseitig zur Seite springen, um einen drohenden Offenbarungseid abzuwehren.

Eine erfahrene und faire Prüferin wird berücksichtigen, dass man bei mündlichen Prüfungen zumeist angespannter ist als bei einer Klausur. Sie wird Ihre Nervosität deshalb nicht als Ausdruck schlechter Vorbereitung missverstehen. Es schadet Ihnen daher nicht, wenn man Ihre Prüfungsangst ohne Weiteres bemerkt. Im Gegenteil, für die Prüfer/in kann dies ein wichtiges Signal für Rücksichtnahme sein.

Für mündliche Prüfungen gilt, was bei allen anderen Prüfungen gilt: Erscheinen Sie rechtzeitig. Verspätetes Erscheinen kann prüfungsrechtliche Folgen haben („nicht bestanden"). Fahren oder gehen Sie früher los als üblich. Zeitdruck erhöht Ihre Anspannung, zum Prüfungsergebnis trägt er allenfalls negativ bei.

## 4.3 Verhalten nach der Prüfung

Gönnen Sie sich nach einer Prüfung eine kleine Belohnung, egal ob Sie ein gutes oder ein schlechtes Gefühl haben. Nach vielen Stunden angestrengter Lernarbeit haben Sie sich eine Annehmlichkeit verdient. Lassen Sie sodann die Prüfung, aber auch Ihre Vorbereitung zu der Prüfung noch einmal *Revue passieren*.

- Hätten Sie etwas besser machen können? Haben Sie sich genügend Zeit für die Vorbereitung genommen?
- Haben Sie sich mit einem Themengebiet eventuell zu intensiv auseinander gesetzt, so dass für andere Themen nicht genug Zeit war?
- Haben Sie die Anforderungen richtig eingeschätzt?
- Sollten Sie Ihr Vorgehen bei der Prüfungsvorbereitung verbessern, z. B. Ihre Skripten noch gezielter für die Prüfung aufbereiten, mit Kommilitonen gemeinsam lernen, wichtige Inhalte bei der Nachbereitung der Lehrveranstaltungen stärker visualisieren, um sie besser in Erinnerung rufen zu können?

Auch wenn die nächste Prüfung mit der soeben abgelegten nicht identisch sein mag: Allgemeine Schlussfolgerungen lassen sich gleichwohl ziehen.

Schauen Sie aber nicht nur auf die potenziell kritischen Faktoren: Übersehen Sie nicht, was Sie *gut gemacht* haben, insbesondere wenn Sie zu Misserfolgserwartungen und Prüfungsangst neigen. Selbstbehinderungen dieser Art überwinden Sie am besten, wenn Sie auch Ihre Fähigkeiten und Stärken zur Kenntnis nehmen.

Nicht nur gedanklich aktiv werden sollten Sie immer dann, wenn eine Prüfung trotz angemessener Vorbereitung zu einem *unbefriedigenden Ergebnis* geführt hat. Bringen Sie in Erfahrung, was eine bessere Note verhindert hat. Oft ist Studierenden nicht klar, nach welchen inhaltlichen und formalen Kriterien Prüfer/innen eine Leistung bewerten. Wird dies auch im Nachhinein nicht transparent, ist die Wahrscheinlichkeit groß, dass auch das nächste Prüfungsergebnis an demselben vermeidbaren Mangel leidet.

Fragen Sie wenn immer möglich Ihre Prüfer/innen, was Sie besser machen können. Nehmen Sie z. B. innerhalb der vorgegebenen Fristen Einsicht in Ihre Klausur und die darin vermerkten Korrekturen. Das gilt vor allem dann, wenn Sie im letzten Prüfungsversuch stehen und ein erneuter Misserfolg zur Beendigung Ihres Studiums führt. Bitten Sie um eine *gründliche Einsicht* und gezielte Hinweise für die Vorbereitung der Wiederholungsprüfung. Sinngemäßes gilt auch für mündliche Prüfungen. Bitten Sie um ein Feedback, am besten unmittelbar nach der Prüfung, wo die Eindrücke der Prüfer/innen noch frisch sind.

Manche Prüfungsordnungen ermöglichen es, unter bestimmten Bedingungen eine Note zu *verbessern*, auch wenn die Prüfung bestanden wurde. Ggf. ist dies nur im nächsten Prüfungstermin möglich. Machen Sie von dieser Möglichkeit vor allem dann Gebrauch, wenn Sie sich die Option für ein weiterführendes Masterstudium mit Numerus Clausus offen halten möchten.

# 5 BEANSTANDUNG EINES PRÜFUNGSERGEBNISSES

Wenn Sie trotz Einsicht in die Prüfungsunterlagen und persönlicher Rücksprache mit dem Prüfer zu dem Ergebnis kommen, dass Ihre Leistung nicht angemessen bewertet worden ist, können Sie gegenüber dem Prüfungsausschuss *Widerspruch* einlegen. Da Prüfungsergebnisse gewöhnlicherweise ohne Rechtsbehelfsbelehrung bekannt gegeben werden, haben Sie dafür theoretisch ein Jahr lang Zeit. Der Widerspruch muss schriftlich erfolgen (nicht per E-Mail) und eine Begründung enthalten. Damit beginnt ein *Verfahren*, das wie folgt abläuft:

Der Prüfer erhält eine Kopie Ihres Widerspruchschreibens, um seine Entscheidung *überdenken* zu können. Bleibt er bei seiner Note, so begründet er diese schriftlich gegenüber dem Prüfungsausschuss. Dieser leitet Ihnen die Begründung des Prüfers zu und gibt Ihnen innerhalb einer angemessenen Frist die Möglichkeit, dazu Stellung zu nehmen. Erscheinen Ihnen die Entscheidungsgründe nunmehr tragfähig, ist die Angelegenheit erledigt. Überzeugen Sie die Darlegungen nicht, trifft der Prüfungsausschuss des Fachbereichs nach Ablauf Ihrer Rückäußerungsfrist die abschließende Entscheidung. Der Prüfungsausschuss kann im Verfahren die *gutachtliche Stellungnahme* eines sachkundigen Professors einholen. Hält der Prüfungsausschuss Ihren Widerspruch für begründet, so ersetzt er die Entscheidung des Prüfers. Hält der Prüfungsausschuss Ihren Widerspruch für unbegründet, erhalten Sie einen förmlichen Bescheid, der die Gründe der Ablehnung darlegt und Auskunft darüber gibt, vor welchem Gericht Sie gegen die für Sie unbefriedigende Entscheidung ggf. klagen können.

Ein förmliches Widerspruchsverfahren ist für alle Beteiligten sehr aufwendig und kann sich über Monate hinziehen (Einforderung einer ausführlichen Begründung des/der Studierenden, Anhörung der Prüferin, Fristenwahrung, Mitwirkung des Prüfungsamtes und ggf. der Rechtsabteilung der Hochschule, Sitzungsturnus des Prüfungsausschusses etc.). Bevor Sie einen förmlichen Widerspruch in Gang setzen, sollten Sie in jedem Falle ein persönliches Gespräch mit dem/der Vorsitzenden Ihres Prüfungsausschusses über die Aussichten eines solchen Verfahrens führen. Die Möglichkeiten, in die Wertung von Prüfer/innen von außen einzugreifen, werden von Studierenden sehr häufig überschätzt. Haben Prüfer/innen ihre Entscheidung nach nachvollziehbaren sachlichen Kriterien getroffen, so bleibt es bei der Note, wenn diese im Rahmen des den Prüfer/innen zustehenden Ermessens als vertretbar gelten kann. Es kommt also nicht darauf an, ob andere Prüfer/innen oder der Prüfungsausschuss möglicherweise milder urteilen würden. Widersprüche, die eine aus studentischer Sicht zu schlechte Note reklamieren, laufen deshalb in der Mehrzahl der Fälle ins Leere.

### Gut zu wissen – gut zu merken

Klausuren und mündliche Prüfungen lassen eine Vielfalt an Gestaltungsmöglichkeiten zu, die in der Praxis sehr unterschiedlich ausgeschöpft werden. Die jeweiligen Anforderungen frühzeitig zu klären, gehört zu den vordringlichen Aufgaben der Prüfungsvorbereitung. Zur Prüfungsvorbereitung gehören aber auch motivationsfördernde Lernstrategien; kontinuierliches und systematisches Lernen; gedanklich in die Rolle der Prüfer/innen zu schlüpfen; eine Lerngruppe zu bilden; Tutorien zu nutzen und nicht zuletzt Fehler und Misserfolge genau zu analysieren. Neben sorgfältiger Prüfungsvorbereitung trägt auch das eigene Verhalten während einer Prüfung nicht unwesentlich zum Prüfungserfolg bei.

## *Literaturempfehlungen*

Heister, W./Wälte, D./Weßler-Poßberg, D./Finke, M. (2007): Studieren mit Erfolg: Prüfungen meistern – Klausuren, Kolloquien, Präsentationen, Bewerbungsgespräche, Stuttgart: Schaeffer-Poeschel

# F STUDIEREN MIT PORTFOLIOS

**Was Sie in diesem Kapitel lernen können**

Portfolios sind zurzeit noch ein didaktischer Silberstreif am Hochschulhorizont. In Schulen bereits vielfach erprobt, könnten sie auch in der Ausbildung von Sozialarbeiter/innen und Sozialpädagog/innen eine wachsende Rolle spielen. Portfolios betonen selbstaktives und selbstreflexives Lernen.

## 1 WAS IST EIN PORTFOLIO?

Gegenständlich betrachtet ist ein Portfolio etwas ganz Banales, nämlich eine *Sammel- bzw. Arbeitsmappe*, in der Lernende die Ergebnisse zusammentragen, die sie im Laufe einer Arbeitsperiode, z. B. eines Semesters, pflichtweise oder nach freier Wahl erarbeitet haben. Bei den Ergebnissen kann es sich um eine schriftliche Ausarbeitung, das Ergebnis einer Arbeitsfeldrecherche, eine sozialrechtliche Fallbearbeitung oder dgl. handeln. Zu den Ergebnissen gehören nach dem Portfolio-Konzept aber nicht nur die eigentlichen Studienleistungen, sondern auch die persönlichen *Lernerfahrungen* einschließlich der Beobachtungen, die Studierende im Lernprozess über sich selber machen (Selbstreflexion). Diese sind schriftlich zu dokumentieren. Der Begriff Portfolio (vom Lat. *portare* = tragen und *foglio* = Blatt abgeleitet) steht für aktives, evaluatives und selbstbeobachtendes Lernen. Ein Portfolio dient nicht nur wie die Arbeitsmappe angehender Künstler/innen dem Nachweis eigener Befähigung, sondern es ist auch Medium und Dokumentationsort des bewussten und reflexiven (Selbst-)Lernens.

# 2 GRUNDLAGEN UND ERFOLGSFAKTOREN

## 2.1 Konzeptuelle Grundlagen

Das Portfolio-Modell geht von der Vorstellung aus, dass Lernergebnisse (Erkenntnisse, Einsichten, Handlungskompetenzen) weniger als üblicherweise unterstellt durch die Aktivitäten von Lehrenden bewirkt werden als durch die Studierenden selbst. Deshalb ist nicht der auf Vermittlung, Übernahme und spätere Reproduktion von Wissen ausgerichtete, mehr oder weniger eindimensionale Kathederunterricht das didaktische Idealmodell, sondern ein Arrangement, in dem Studierende sich weitgehend *eigenständig* mit Lernanforderungen auseinandersetzen können. Mehr Selbstverantwortung soll sich nicht nur motivational auszahlen, sondern auch die *Lernkompetenz* als solche fördern (Lernen lernen). Die Bereitschaft und Fähigkeit zum Lernen gilt als Schlüsselqualifikation für die moderne Arbeitswelt, in der sich das Tempo, neues Wissen zu erwerben, immer stärker beschleunigt.

Durch das größere Maß an Eigenaktivität und Eigenverantwortung stellt Portfolioarbeit das Gegenmodell dar zu einem Lernkonzept, das Lernende zu einer eher passiv-rezeptiven, dozentenzentrierten Lernhaltung nötigt, wie es im Hochschulbereich heute noch weitgehend der Fall ist. Zwar steht der Begriff Modell nicht für ein in sich geschlossenes, einheitliches Konzept; dennoch gibt es typische *Eckpfeiler* für die pädagogische Arbeit mit Portfolios in einer Lehrveranstaltung.

#### Eckpfeiler 1: Eigenständige Erarbeitung der Lerninhalte

Nach dem Portfolio-Konzept übernehmen die Lernenden *Arbeitsaufträge* (z.B. die Durcharbeitung eines Fachaufsatzes), die sie alleine oder gemeinsam mit anderen bearbeiten. Das Ergebnis wird schriftlich dokumentiert und im Portfolio niedergelegt. Neben Pflichtaufgaben beinhalten die Arbeitsaufträge auch Wahlaufgaben, damit die Lernenden vor dem Hintergrund ihres Vorwissens und ihrer individuellen Lerninteressen eigene *Schwerpunkte* setzen können (innere Differenzierung von Unterricht und Lehre, Individualisierung des Lernens; vgl. Winter 2009, 214). Bei den dokumentierten Ergebnissen kann es sich auch um Zwischenprodukte handeln, z.B. den Entwurf der Einleitung zu einer Hausarbeit oder den ersten Entwurf eines Leitfadens zur Durchführung eines Experteninterviews. Die Zwischenprodukte können in einer Lerngruppe oder in der Lehrveranstaltung zur Diskussion gestellt oder individuell mit der Lehrperson besprochen werden, bevor sie – ggf. auch mehrfach – überarbeitet ihre Endgestalt finden. Neben dem Endprodukt werden auch diese Entwürfe in der Sammelmappe dokumentiert. Das Portfolio ist damit ein Spiegelbild der Produktivität der Lernenden.

**Die Dokumentation der Leistungen ermöglicht Lernenden,**

- sich als produktiv schaffend zu erleben,
- eigene Entwicklungsfortschritte nachzuvollziehen,

- sich gegenüber Dritten (vor allem gegenüber den Lehrenden) mit ihren Leistungen sowohl im Arbeitsprozess als auch im Rahmen nachgelagerter Prüfungen zu präsentieren.

Für Lehrende ist das Portfolio Grundlage für die Förderung und Begleitung des Lernprozesses (s. u.) sowie für die in der Regel erforderliche prüfungsrechtliche Leistungsbewertung.

**Eckpfeiler 2: Kontinuierliche Reflexion des Lernprozesses**

Ein wesentliches Anforderungsmerkmal des selbstverantwortlichen Lernens stellt im Portfolio-Konzept die kontinuierliche Reflexion des Lernens durch die Lernenden dar.

Reflektieren richtet sich zum einen auf die erstellten Ergebnisse:

*Wie gut erfüllt mein Produkt die Anforderungen? Was gelang mir gut, was weniger gut? Was wäre zu verbessern bzw. weiterzuentwickeln?*

Zum anderen geht es um den Lernprozess insgesamt und seinen Ertrag:

*Wie zweckmäßig bin ich vorgegangen? Was sollte ich beim nächsten Mal anders machen? Welche Motivation habe ich bei mir beobachtet, welche Abneigungen? Welche Stärken, welche Schwächen habe ich bemerkt? Wo gibt es noch inhaltliche Lücken und Unsicherheiten? Was habe ich in der Sache Neues gelernt? Welche Vormeinungen haben sich bestätigt/wurden widerlegt? Was sehe ich jetzt anders/klarer? Was ist an neuen Fragen entstanden? Was ist unverstanden geblieben?*

Portfolios verbinden demzufolge *Produkt* und *Prozess*. „Sie gestatten den Autoren und Betrachtern, die Lernprodukte und den Lernprozess gemeinsam in den Blick zu nehmen und zu beurteilen. Die Verbindung von Produkt- und Prozessdarstellung ... eröffnet die Möglichkeit, Leistungsbeurteilung zum integralen Bestandteil eines übergreifenden, fortlaufenden Lernprozesses zu machen ...“ (Häcker 2009, 35).

Die Reflexion der Lernenden wird über Leitfragen bzw. mithilfe von *Auswertungsbögen* angeleitet und gelenkt. Die Ergebnisse und die aus ihr abzuleitenden Zielprojektionen (Wie geht es weiter?) werden ebenso wie die Arbeitsprodukte verschriftlicht und in die Arbeitsmappe eingelegt. Die Zielprojektionen werden dabei häufig über den kurzfristigen Rahmen eines Lehrveranstaltungs-Portfolios hinaus gehen (z. B. Verbesserung des sprachlichen Ausdrucks, Erweiterung von Recherchekompetenzen, Übung im Textverständnis). Selbstverständlich können und sollten die Ziele auch außerhalb des Pflichtprogramms im Rahmen des Selbststudiums weiterverfolgt werden (z. B. in den Semesterferien).

## 2.2 Erfolgsfaktoren für die Arbeit mit Portfolios

Mit dem Portfolio-Lernen verbinden sich vielfältige Erwartungen. Gefördert und gestärkt werden sollen

- Selbstverantwortetes Lernen,
- der Auf- und Ausbau von Lern- und Methodenkompetenz,
- aktives statt passiv-rezeptives Lernen,
- die kontinuierliche und tiefer gehende Beschäftigung mit Lerninhalten,
- soziale Kompetenzen (durch Arbeit in Lerngruppen und Lernpartnerschaften),
- individualisierteres und motivierteres Lernen,
- der Erwerb nachhaltigeren Wissens.

Um diese Ziele erreichen zu können, bedarf es grundlegender Voraussetzungen:

### Bestimmung von Lernzielen und Beurteilungskriterien

Damit Lernende mehr Selbstverantwortung für ihren Lernprozess übernehmen können, muss geklärt sein, welche Lernziele die jeweilige Lehrveranstaltung verfolgt (vgl. Pölzleitner 2009, 96). Lernziele bilden die Matrix für die gemeinsame Beurteilung des Lernerfolgs durch Lehrende und Lernende. Die Lernziele müssen für den Lernenden transparent und auch einsichtig sein. Deshalb kommt der Kommunikation zwischen Lehrenden und Lernenden über die Lernziele eine große Bedeutung zu. Die Lernziele werden verschriftlicht und in das Portfolio eingelegt. Das gilt ebenso für Beurteilungskriterien, die neben den Lernzielen festzulegen sind. Sie sollen es Lernenden ermöglichen, auch selbst einzuschätzen, ob und wie gut sie die Lernziele erreicht haben (vgl. Brouer 2007, 238).

### Gemeinsamer Austausch in einer Lerngruppe

Förderlich für die angestrebte Selbstreflexion und die Lernbereitschaft des Einzelnen ist die Zusammenarbeit mit anderen, z. B. in einer Semesterlerngruppe. In der Gruppe tauschen sich Studierende offen über ihre Arbeitsprodukte und ihren individuellen Lernprozess aus. Gemeinsam werden Vorschläge zur Verbesserung der erstellten Produkte entwickelt. Gleichzeitig schult dieses sog. *peer conferencing* die Teamfähigkeit der Gruppenmitglieder (vgl. Meissner 2009, 244). Die Gruppe unterstützt die individuellen Lernaktivitäten, ohne diese zu ersetzen. An die Stelle von Lerngruppen können auch Lernpartnerschaften treten, bei denen die Lernpartner ihre Arbeitsergebnisse untereinander austauschen und sich wechselseitig darüber Rückmeldungen geben.

### Individuelle Begleitung des Lernprozesses durch die Lehrenden

Selbstständiges Lernen erfordert Rahmensetzung, Anleitung und Begleitung durch die Lehrenden. Es bedeutet nicht, dass Studierende sich selbst überlassen bleiben. In regelmäßigem *Dialog* evaluieren Studierende und Lehrende gemeinsam Lernprozess und Lernergebnisse. Auf dieser Grundlage können Impulse und Ziele für die Weiterführung des Lernarbeit gesetzt werden. Durch die Rückmeldung der Lehrenden entwickeln Studierende zunehmend eigene Urteilskompetenz, um z. B. die Qualität ihrer Leistungen an wissenschaftlicher Maßstäben auszurichten.

Im Portfolio-Konzept verändert sich die *Rolle der Lehrenden:* Aus dem Dozenten wird der Moderator, Motivator und Feedbackgeber, der sich – anders als allgemein üblich – in eine mehr oder weniger enge Kommunikation mit den

Lernenden begibt. Deren individueller Lernerfolg und nicht mehr der Dozent stehen hierbei im Mittelpunkt. Aus der hierarchischen Beziehung wird eine eher partnerschaftliche Beziehung (vgl. Arbeitsstelle Hochschuldidaktik der Universität Zürich 2006, 5).

Die Begleitung durch die Lehrperson muss einerseits behutsam genug sein, um die Lern- und Reflexionsbereitschaft der Lernenden aufzubauen, aufrecht zu erhalten und zu fördern, andererseits muss für die Studierenden deutlich werden, wo ihr Lernen nach Intensität und Ergebnis Entwicklungsmöglichkeiten bietet. Diese Rolle ist nicht nur zeitintensiv und didaktisch anspruchsvoll, sie erfordert auch eine Beziehungs- und Beratungskompetenz, die nicht immer ohne Weiteres vorausgesetzt werden kann. Die Weiterentwicklung der Lehre durch Portfolios ist insofern mit der Selbstentwicklungsbereitschaft und *Schulung* der Lehrenden verbunden.

Durch vereinbarte Anforderungs- und Qualitätskriterien, durch eigenes Reflektieren der Lernenden, durch den Austausch der Lernenden untereinander und das Feedback der Lehrenden soll Portfolioarbeit die Fähigkeiten zur Selbststeuerung und Bewertung des Arbeitens und Lernens systematisch fördern. Im kriteriengeleiteten Dialog mit sich selbst und in der engen Zusammenarbeit mit anderen sollen *Entwicklungsanreize* und *Lernmotivationen* entstehen können, denen der herkömmliche Hochschul-Betrieb nur wenig Aufmerksamkeit schenkt. Im Mittelpunkt steht nicht alleine das Ergebnis des Lernens (z. B. die Qualität der von den Prüfer/innen zu bewertenden Aufgabenerledigung), sondern auch der Lernprozess, in dem das Ergebnis entsteht.

# 3 PORTFOLIOS IM STUDIUM

## 3.1 Erste Erfahrungen aus der Lehrerausbildung

Publikationen über die Nutzung von Portfolios im Hochschulbereich haben in Deutschland noch Seltenheitswert, erst recht mangelt es an empirischen Forschungsergebnissen. Häcker/Winter (2009, 227) zufolge haben jedoch viele Hochschulen und Studienseminare Portfolios zumindest in der Lehrerausbildung bereits verankert oder ziehen dies in Erwägung. Immerhin: Erste Fallstudien zeigen, dass Portfolios zumindest *keine Selbstläufer* sind. Ein Beispiel hierfür sind die Ergebnisse einer Pilotstudie von Brouer (2007) über den Einsatz von Portfolios in der zweiten Phase der Lehrerausbildung (Referendariat): Anders als vermutet wurde die Arbeit mit den Portfolios von den Studierenden nur bedingt angenommen. Zwar wiesen die schriftliche und mündliche Befragung der Referendar/innen darauf hin, dass die Praxisnähe der Arbeitsaufträge positiv bewertet wurde; das Potenzial der Portfolios als Dokumentations- und Reflexionsmöglichkeit wurde von den Studierenden jedoch nicht genutzt. Am Ende des Semesters waren sich die Teilnehmer/innen der Pilotstudie sogar darin einig, dass sie ihre Portfolios nicht mehr weiterführen würden (ebd., 258).

Die *Gründe* für das Scheitern ihres Projektes sehen die Forscher weder bei den Studierenden noch in dem Portfolio-Ansatz als solchem, sondern in der konkreten Ausgestaltung der Portfolioarbeit und den Rahmenbedingungen, unter denen sie im Feldversuch stattfand. Das Misslingen des Projektes führte zu einer Reihe von Erkenntnissen über notwendige Voraussetzungen für die Portfolioarbeit (vgl. Brouer 2007, 258 ff.): Eine der wichtigsten Aufgaben ist in der Motivation und konkreten *Unterstützung* der Studierenden bei der Nutzung von Portfolios zu sehen. Auch der erwartete offene Umgang mit eigenen Schwächen gelingt nur, wenn ein *Klima* gegenseitigen Vertrauens geschaffen werden kann. Selbstreflexives Lernen einschließlich der Verschriftlichung komplexer Beobachtungen und Erfahrungen aus dem beruflichen Alltag bedarf der Einübung. Die hohe zeitliche Investition für die Portfolioarbeit muss sich für Studierende in konstruktiven Rückmeldungen auszahlen, die sie im Austausch mit ihrer Lerngruppe und der Lehrperson erhalten. Beobachtungs- und Bewertungskriterien müssen gemeinsam diskutiert werden, ihre Anwendung muss wiederum geübt werden. Schließlich muss auch eine Lösung dafür gefunden werden, dass Studierende ein Portfolio nicht nur als Prozessbegleiter, sondern auch als Leistungsbeleg sehen, für den sie in Form einer Note traditionell honoriert werden wollen.

## 3.2 Nutzungsmöglichkeiten im Studium der Sozialen Arbeit

Aufbauend auf diese Erkenntnisse und die inzwischen vorliegenden Erfahrungen (insbesondere aus dem schulischen Bereich) kann das Portfoliolernen auch die

Ausbildung in Sozialer Arbeit bereichern. Ob es sich beim Einsatz von Portfolios um einen „Paradigmenwechsel in der universitären Lehre“ handelt (Arbeitsstelle für Hochschuldidaktik der Universität Zürich 2006, 4), kann hier dahin stehen. Formulierungen wie diese erzeugen Erwartungen, die im Hochschulalltag nur unter idealen, nicht durchgängig herstellbaren Bedingungen umzusetzen sind. Schon die Vorstellung, dass Studierende in mehreren parallel laufenden Lehrveranstaltungen jeweils mit einem Portfolio arbeiten, dürfte wenig realistisch sein. Die Gefahr besteht – so auch die Züricher Experten –, dass die angenommene Wirkung auf Motivation und selbstbestimmtes Handeln kurzerhand verpufft. Das Portfolio laufe damit Gefahr, zu „irgendeiner Unterrichtsanforderung (zu werden), die auch noch abgewickelt werden muss“ (ebd., 5).

In dreifacher Hinsicht könnten Portfolios von Nutzen für die Qualität der Ausbildung in der Sozialen Arbeit sein: für die Qualifizierung des seminar- bzw. modulbezogenen Lernens, für die Qualifizierung des praxisbezogenen Lernens und für die Qualifizierung der Prüfungsgestaltung.

### Qualifizierung des seminarbezogenen Lernens

In Seminaren könnten Portfolios das gegenständliche oder virtuelle Medium sein, in dem Studierende die während des Semesters übernommenen Arbeitsaufträge sammeln, die sie schließlich am Ende – vollständig oder teilweise – als Prüfungsleistung vorlegen wollen. Die Lernaufträge sind aus dem Qualifikationsziel des Seminars bzw. des Moduls abzuleiten. Sie sollten motivierend sein und neben dem fachlichen Wissen die methodischen Kompetenzen sowie die in der Sozialen Arbeit unverzichtbare Sozialkompetenz fördern.

**Beispiele für Lernaufträge**

Erstellung eines Konzeptes; Bearbeitung eines Falls anhand einer Akte; Durchführung eines Fachgesprächs mit einer Professorin oder Fachexpertin; Analyse eines Textes; Erstellung eines Protokolls; Entwurf einer Gliederung; Durchführung einer Literaturrecherche; Erkundung „Wer war ...?"; Herstellung eines Drehbuches; Aufzeichnung und Diskussion eines Rollenspiels; Visualisierung eines theoretischen Ansatzes; Verschriftlichung einer Pro- und Contra-Argumentation; Abfassung eines Essays; Erarbeitung einer Stellungnahme; Klärung der methodischen Anlage einer empirischen Studie; Internetrecherche; Kommentierung eines historischen Textes; Vor-Ort-Ermittlung eines Sachverhaltes; Begehung eines Stadtteils; Auswertung eines historischen Dokumentes; Konstruktion eines Falles; Porträtierung eines Milieus oder einer Person u. a. m.

An die Stelle der klassischen Studienleistungen des „universitären Dreikampfs“ (Hausarbeit, Seminarvortrag und Klausur) tritt somit eine mehrteilige kumulative Prüfungsleistung mit Wahlmöglichkeiten. Das Feedback ihrer Lerngruppe und Lehrperson können die Seminarteilnehmer/innen vor Ablegung der Prüfung zur weiteren Verbesserung ihrer Produkte nutzen. Das Seminar selbst wird zum Ort, an dem – über einen Rest an klassischem „Unterricht" hinaus – Lernaufträge besprochen, Ausführungsstandards definiert und die Lernergebnisse von Studierenden eingebracht werden können.

### Qualifizierung des praxisbezogenen Lernens (Projekte, Praxisphasen)

Wenn es um das eigene Handeln in organisierten oder natürlichen Realsituationen geht (Projekt, Praxisfeld) bietet sich die Portfoliomethode als Lernmedium ganz besonders an. Hierbei geht es nicht nur um die Beobachtung des eigenen Lernprozesses (Welche Beobachtungen mache ich über Klienten, über Professionalität, über methodisches Handeln, über Sozialräume, über Amtshierarchien etc. Worauf gründen meine Erkenntnisse? Welche Auswirkungen hat dies auf meine Sicht von Sozialer Arbeit?); es geht auch um *Reflexion des eigenen Handelns und der eigenen Person* (Wie komme ich mit Klienten in Kontakt? Wie baue ich Gespräche auf? Wie gehe ich mit fordernden, aggressiven, respektlosen Klienten um? Wie behalte ich den Überblick in Stresssituationen? Wie streite ich mit Kommiliton/innen im Projekt? Wie überwinde ich meine Angst vor ...? Was überfordert mich? Woran muss ich bei mir selbst arbeiten?).

Für diese auch die eigene Persönlichkeit berührende, auf direkte Veränderungen ausgerichtete Portfolioarbeit bedarf es nicht nur geeigneter (Selbst-)Beobachtungskategorien und Auswertungsinstrumente, sondern auch eines Beziehungsklimas, in dem Studierenden eine persönliche Öffnung gegenüber Lehrperson und Kommiliton/innen möglich erscheint. Lernziel ist es, Studierende zu ermuntern und zu befähigen, ihre Beobachtungen und ihr Handeln zu hinterfragen (einschließlich seiner affektiven Anteile), sich für die Sichtweisen und das Feedback anderer zu öffnen und andere bei deren Selbsteinschätzung zu unterstützen.

Zur Vorbereitung gemeinsamer Reflexionsrunden können Lerntagebücher gute Dienste leisten.

**Lerntagebuch (auch Studientagebuch oder Lernjournal genannt)**

Ein Lerntagebuch dokumentiert täglich, was man in seinem jeweiligen Lernkontext aus seiner Sicht an neuen Erkenntnissen und Fähigkeiten erworben hat. Der Lernzuwachs kann ebenso gut in Seminarwissen bestehen wie in Beobachtungen und Erfahrungen aus praktischer Tätigkeit. Das Lerntagebuch zeigt damit den eigenen Lernfortschritt an. Gleichzeitig dient es der Reflexion der dokumentierten Inhalte, Wahrnehmungen, Erlebnisse, Eindrücke, Schlussfolgerungen etc. Durch die Verschriftlichung fördern Lerntagebücher die Differenziertheit des Denkens und in einem Zuge auch Schreibfähigkeit.

Neben der Lehrperson und den Kommiliton/innen sind in Praxisphasen auch die Praxisanleiter/innen an den individuellen Selbstevaluationen beteiligt. Durch ihre Vor-Ort-Präsenz sind diese sogar die wichtigsten Feedbackgeber und Partner für die Vereinbarung von Zielen im weiteren Fortgang der Praxisphase. Selbstredend müssen die Anleiter/innen in das Portfolio-Konzept eingebunden werden.

#### Qualifizierung der Prüfungsgestaltung

Portfolioarbeit will das eigenständige Lernen fördern und aktiv begleiten. Nur sekundär geht es um die Frage, welche Note den individuell erreichten Lernstand am besten abbildet. Portfolios – schreibt Winter (2009, 215) – sind von ihren Erfindern sogar ausdrücklich als „Alternative zum herkömmlichen System mit seinen Noten, Ziffernzeugnissen, Klausuren, dem ständigen Abfragen und Prüfen konzipiert worden". Es sei zwar möglich, für die Belegstücke des Portfolios Noten zu vergeben; zu fragen sei aber, welche Rückwirkungen Notenvergaben auf die Lernkultur haben können, die durch das Portfolio gerade gestützt und getragen werden soll. Lernende könnten z.B. geneigt sein, das Portfolio mit hochglanzpolierten Darstellungen zu füllen, um damit die Note zu beeinflussen (z.B. in dem sie den großen Lerngewinn des Seminars herausstellen). Von Anfang an könnte auch Konkurrenz der Lernenden in der Arbeit eine Rolle spielen. Ebenso könne die inhaltliche Kommunikation über die Leistungen behindert werden, „wenn klar wäre, dass es letztlich nur darum geht, eine Note zu finden (ebd., 216).

Diesen Bedenken steht allerdings die nüchterne Erkenntnis gegenüber, dass Portfolioarbeit entwertet würde, wenn sie in dem auf Noten ausgerichteten Leistungssystem von Schulen und Hochschulen nicht verrechenbar wäre und auch bei der Ermittlung der persönlichen Abschlussnote von vornherein nicht zählte (so auch Winter 2009, 216). Überträgt man das Prinzip, dass der Lernende der *Hauptakteur* seines Lernens sein soll, sowie das Prinzip der *dialogischen Kommunikation* über seine Leistungen, auf die Prüfungsgestaltung, liegt es nahe, das Prüfungsergebnis im Dialog mit den Kandidat/innen zu ermitteln und diesen eine aktive Rolle einzuräumen. Das Medium hierfür wäre ein Prüfungsgespräch, bei dem die Kandidat/innen nicht nur die Gelegenheit hätten, die Qualität ihrer Portfolio-Leistungen aktiv zu vertreten und zu „verteidigen", sondern auch zu einer seitens der Prüfer/innen beabsichtigten Bewertung Stellung zu nehmen, und zwar bevor die Note verbindlich verkündet wird. Für die Kandidat/innen ergäbe sich bei diesem Vorgehen mehr *Transparenz* und Nachvollziehbarkeit der Entscheidungsfindung als dies bei üblichen Prüfungsverfahren der Fall ist, bei denen Noten gewöhnlich einseitig verkündet werden. Die oft empfundene Gerechtigkeitslücke („Warum keine Zwei?") ließe sich so verkleinern, vorausgesetzt, dass die Prüfer/innen tatsächlich offen sind, eine ‚angedachte' Entscheidung ernsthaft zu überprüfen.

Der Ablauf könnte in etwa so aussehen:

- die Kandidat/innen legen den Prüfer/innen mit einer festzulegenden Vorlaufzeit ihr Portfolio vor;
- in einem ca. zehnminütigen Vortrag präsentieren die Kandidat/innen ausgewählte Arbeiten aus ihrer Arbeitsmappe (z.B. Welche Frage sie in ihrer schriftlichen Arbeit untersucht haben, wie sie vorgegangen sind und zu welchem Ergebnis sie gekommen sind.);
- anschließend werden die Kandidat/innen durch die Prüfer/innen zu den präsentierten Gegenständen ihres Portfolios befragt. Dazu gehören auch diejenigen Dokumente, in denen diese den Ertrag ihres Selbstlernens (nicht den der Lehrveranstaltung) bewerten.

*Beispiel einer Prüferfrage:*
Welche Erkenntnisse haben sich für Sie aus Ihrer Recherche zur Biografie von Alice Salomon ergeben?

- Die Kandidat/innen nehmen den Bewertungsvorschlag der Prüfer/innen zur Kenntnis und nehmen dazu Stellung.
- Die Prüfer/innen legen die Note fest.

Auch die hier skizzierte Prüfung ist eine Prüfung. Ihre dialogische Ausformung bildet die Logik des vorangegangenen Lernprozesses vermutlich aber besser ab, als es mündliche Prüfungen üblicherweise tun. Das starke Gefälle zwischen Prüfer/innen und Kandidat/innen verringert sich, die Prüfung bekommt mehr die Form eines Gesprächs „auf gleicher Augenhöhe".

## *Gut zu wissen – gut zu merken*

Portfolioarbeit trägt dazu bei, eigene Lernfortschritte zu erkennen und nach außen sichtbar zu machen. Sie bietet auch in der Ausbildung von Fachkräften der Sozialen Arbeit gute Chancen, die Effektivität und Nachhaltigkeit des Lernens (Wissens- und Kompetenzerwerb) und weniger das Lehren in den Mittelpunkt zu stellen. Portfolioarbeit hält Studierende an, das eigene Lernen (Inhalte, Ergebnisse, Bedarf, Lernwege) immer wieder ins Visier zu nehmen und zur Grundlage weiterer Entwicklungsschritte zu machen.

## *Literaturempfehlungen*

Brunner, I./Häcker, Th./Winter, F. (Hg.) (2009): Das Handbuch Portfolioarbeit. Konzepte-Anregungen-Erfahrungen aus Schule und Lehrerbildung. 3. Aufl., Seelze-Velber: Kallmeyer/Klett.

Häcker, Th. (2007). Portfolio: ein Entwicklungsinstrument für selbstbestimmtes Lernen. 2. überarb. Aufl., Baltmannsweiler: Schneider.

# ANLAGEN

1 Mustertitelblatt „Bachelorarbeit“
2 Mustertitelblatt „Hausarbeit“
3 Übersicht „Aufführung der Quellen im Literaturverzeichnis“
4 Checkliste „Endkorrektur des Textes“
5 Immer Ärger mit dem Komma – Wie Sie die häufigsten Fehler vermeiden

# Anlage 1: Mustertitelblatt Bachelorarbeit

**Das Berufsorientierungsjahr in NRW – eine bildungspolitische Warteschleife?**

**Bachelorarbeit**

Hochschule Niederrhein
Studiengang Soziale Arbeit
Sommersemester 2014

Vorgelegt von

**Julia Johanna Suchert**

Matr.-Nr. 89 19 84
E-Mail: Julia.Suchert@web.de

Abgabedatum: 13.5.2014

Erstgutachterin: Prof. Dr. Heike van Beek
Zweitgutachter: Prof. Dr. Winfried Gabler

# Anlage 2: Mustertitelblatt Hausarbeit

**Handlungsmöglichkeiten und Handlungspflichten der Jugendämter bei Kindeswohlgefährdung**

**Hausarbeit**

im
Studiengang Soziale Arbeit
Seminar "Einführung in die Jugendhilfe"

Leitung: Prof. Dr. Wilfried Horstkötter

Vorgelegt von

**Sandra Ehrenberg**

Matr.-Nr. 74 68 93
E-Mail: Sandra.Ehrenberg@t-online.de

Sommersemester 2014

Abgabedatum: 30.6.2014

# Anlage 3: Aufführung der Quellen im Literaturverzeichnis

| Art der Quelle | Dokumentierte Merkmale |
|---|---|
| **Bücher mit einem oder mehreren Verfassern** | Nachname des Verfassers/der Verfasser<br>Vorname des Verfassers/der Verfasser (ggf. abgekürzt)<br>Erscheinungsjahr (in Klammern)<br>Titel/Untertitel<br>Auflage (erst ab 2. Auflage, fakultativ: mit abgekürzten Überarbeitungshinweisen*)<br>Erscheinungsort(e)<br>Verlag (fakultativ)<br><br>*) überarb., unveränd., durchges. etc. |
| *Beispiel* | Fieseler, G./Herborth, R. (2008): Recht der Familie und Jugendhilfe. Arbeitsplatz Jugendamt/Sozialer Dienst.<br>7. vollst. überarb. Aufl., Neuwied: Luchterhand. |
| *Besonderheiten* | Bei Büchern, die in einer Reihe erschienen sind, kann die Reihe mit angegeben werden:<br><br>Bogumil, J./Holtkamp, L. (2006): Kommunalpolitik und Kommunalverwaltung. Eine policyorientierte Einführung. Reihe Grundwissen Politik, Bd. 42, Wiesbaden: Verlag für Sozialwissenschaften. |
| **Zeitschriftenartikel** | Nachname des Verfassers/der Verfasser<br>Vorname des Verfassers/der Verfasser (ggf. abgekürzt)<br>Erscheinungsjahr (in Klammern)<br>Titel/Untertitel<br>In: Name der Zeitschrift<br>Jahrgangsnummer<br>Heftnummer<br>Seitenangaben (Anfangsseite-Schlussseite) |
| *Beispiel* | Zipperle, M./Bolay, E. (2009): Jugendhilfe in der Ganztagsschulentwicklung. Analyse der Jugendhilfeentwicklung in einem Kooperationsprojekt. In: NDV, 89. Jg., Heft 5, S. 185–191. |
| *Besonderheit* | Der Erscheinungsort entfällt. |
| *Anmerkung* | Die offizielle Abkürzung des Zeitschriftennamens kann verwendet werden, wenn diese im Abkürzungsverzeichnis vermerkt ist. |
| **Herausgeberwerke (Sammelbände)** | Nachname des Herausgebers/der Herausgeber<br>Vorname des Herausgebers/der Herausgeber (ggf. abgekürzt)<br>Hg.<br>Erscheinungsjahr (in Klammern)<br>Titel/Untertitel<br>Auflage*<br>Erscheinungsort(e)<br>Verlag (fakultativ)<br><br>*) siehe oben „Bücher ..." |

| Art der Quelle | Dokumentierte Merkmale |
|---|---|
| *Beispiel* | Ziegenhain, U./Fegert, J. M. (Hg.) (2007): Kindeswohlgefährdung und Vernachlässigung. München: Reinhardt. |
| **Beiträge in Herausgeberwerken (Sammelbände)** | Nachname des Verfassers/der Verfasser<br>Vorname des Verfassers/der Verfasser (ggf. abgekürzt)<br>Erscheinungsjahr (in Klammern)<br>Titel/Untertitel<br>In: Name des Herausgebers/der Herausgeber<br>Vorname des Herausgebers/der Herausgeber (ggf. abgekürzt)<br>Hg.<br>Titel/Untertitel des Herausgeberwerkes<br>Auflage*<br>Erscheinungsort<br>Verlag (falkultativ)<br>Seitenangaben (Beginnseite-Schlussseite)<br>*) siehe oben „Bücher ..." |
| *Beispiel* | Forster, R. (2007): Diskriminierung. In: Theunissen, G./Kulig, W./Schirbort, K. (Hg.): Handlexikon Geistige Behinderung. Stuttgart: Kohlhammer, S. 80–81. |
| *Besonderheiten* | Beiträge aus einer Festschrift<br>*Beispiel:*<br>Schreiber, W. (2010): Soziale Dienste im Wandel. In: Meyer, A./Müller, B. (Hg.): Soziale Arbeit als Profession. Festschrift zum 70. Geburtstag von Erwin Schulze. Köln: Stelzmann, S. 23–34.<br>Der Zusatz Festschrift darf entfallen. |
| **Internetquellen** | Verfasser- und Herausgeberangaben wie bei allen gedruckten Quellen<br>Titel/Untertitel<br>Erscheinungsjahr (in Klammern)<br>Online: URL [Uniform Resource Locator = Internetadresse]<br>Zugriffsdatum |
| *Beispiel* | Innenministerium NRW (o. J.): Kommunalfinanzbericht August 2008. Online: URL: http://www.im.nrw.de/bue/64.htm, Aufruf: 18. 11. 2009.<br>[o. J. = ohne Angabe des Erscheinungsjahrs] |
| *Besonderheiten* | Mit Druckerzeugnissen vollkommen identische Internetpublikationen können ohne Hinweis auf das Internet aufgeführt werden. |
| **Dissertationen/ Habilitationsschriften (die nicht verlegt worden sind)** | Name des Verfassers<br>Erscheinungsjahr (in Klammern)<br>Titel/Untertitel<br>Diss. (= Dissertationsschrift) bzw. Habil. (= Habilitationsschrift)<br>Name der Universität<br>Ort der Universität |
| *Beispiel* | Erbes, A. (2007): Schule und Schulsozialarbeit: eine qualitative Studie zu den Strukturen personaler Kooperation und ihrer Professionalisierungs- und Schulentwicklungspotenziale. Diss., Pädagogische Hochschule Freiburg, Freiburg. |

| Art der Quelle | Dokumentierte Merkmale |
|---|---|
| *Besonderheiten* | Elektronisch veröffentlichte Hochschulschriften<br>*Beispiel:*<br>Ruf, M. (2008): Der Übergang von der vollzeitschulischen Berufsausbildung in das Beschäftigungssystem als Herausforderung für die Berufsbildungsforschung: theoretische und empirische Zugänge zum Problem der Akzeptanz vollzeitschulisch erworbener Berufsabschlüsse. Elektronische Publikation, zugl. Diss., Universität Konstanz, 2007, URL: http://www.ub.uni-konstanz.de/kops/volltexte/2008/4854/pdf/Michael_Ruf_Diss.pdf.<br>[zugl. = zugleich] |
| **Rechtsquellen (Gesetze, andere Rechtsnormen, Urteile)** | Gesetze werden nicht aufgeführt; über das Abkürzungsverzeichnis kann jede im Text in Kurzform zitierte Gesetzesnorm eindeutig dem Gesetz zugeordnet werden.<br><br>Entscheidungen der Gerichte sind nur im Ausnahmefall in einem besonderen Rechtsquellenverzeichnis aufzuführen (dazu Kapitel C-9.9) |
| **Beiträge in gebundenen oder Loseblatt-Kommentaren** | Nachname des Verfassers/der Verfasser<br>Vorname des Verfassers/der Verfasser (ggf. abgekürzt)<br>Erscheinungsjahr (in Klammern)<br>in<br>Titel/Untertitel des Kommentars<br>ggf. Hinweis auf Loseblattwerk<br>Jahr bei Loseblattwerken: Stand: Monat/Jahr<br>Erscheinungsort(e)<br>Verlag (fakultativ)<br>Hinweis auf Zitierweise im Ausführungstext |
| *Beispiele* | Breunig, N. (2010) in Hohm, K. H. (Hg.): SGB II. Gemeinschaftskommentar zum SGB II. Loseblattwerk, Stand: 4/2010, Neuwied: Luchterhand (zit.: Breunig in Hohm GK-SGB II).<br>Trenk-Hinterberger, P. (2009) in: Lachwitz, K./Schellhorn, H./Welti, F. A. (Hg.): Handkommentar zum Sozialgesetzbuch IX (HK-SGB IX). Rehabilitation und Teilhabe behinderter Menschen, 3. Aufl., Neuwied: Luchterhand (zit.: Trenk-Hinterberger in Lachwitz HK-SGB II). |
| **Vorträge** | Nachname des Verfassers/der Verfasser<br>Vorname des Verfassers/der Verfasser (ggf. abgekürzt)<br>Titel/Untertitel<br>Vortrag auf der/anlässlich der [Fachtagung o. Ä.] |
| *Beispiel* | Weber, S. (2010): „Kinder vor Gefahren für ihr Wohl schützen" – Strukturmodelle und Handlungskonzepte. Vortrag auf dem Bundeskongress Soziale Arbeit am 15. 4. 2010 in Nürnberg. |

| Art der Quelle | Dokumentierte Merkmale |
|---|---|
| **Zeitungsartikel** | Nachname des Verfassers/der Verfasser<br>Vorname des Verfassers/der Verfasser (ggf. abgekürzt)<br>Titel/Untertitel<br>In: Name der Zeitung<br>vom: Datum des Erscheinens<br>Seite |
| *Beispiel* | Steinfeld, Th. (2009): Versetzung gefährdet. Duden, Pons und wir: Wer lehrt die Deutschen schreiben? In: Süddeutsche Zeitung vom 30. 7. 2009, S. 9. |

# Anlage 4: Checkliste „Endkorrektur des Textes"

| Prüfbereich | Kriterien („kritische Punkte") | Erledigt ✓ |
|---|---|---|
| **Allgemeines** | Liegen alle Elemente der Arbeit vor (Titelblatt ... siehe Kapitel C-9.1) | |
| **Sprache** | überlange Sätze<br>zu abstrakte Formulierungen<br>fehlerhafte Bezüge („deshalb" etc.)<br>hölzernes Bürokratendeutsch<br>Wortwiederholungen<br><br>Grammatik<br><br>Rechtschreibung<br>• automatische Prüfung<br>• visuelle Prüfung<br>• Korrektheit aller Eigennamen<br><br>Zeichensetzung<br>• allgemein<br>• Infinitivsätze<br>• Relativsätze<br>• rund um Zitate | |
| **Tabellen/ Abbildungen** | vollständig in den Text eingestellt<br><br>Beschriftung/Nummerierung<br>Größe/Größenverhältnis der Textfelder/Spalten<br>farbliche Hinterlegung<br>Schriftart, -größe<br>Hinweise auf Tab./Abb. im Text vorhanden | |
| **Fußnoten** | erster Buchstabe groß, Punkt am Ende<br>Korrektheit der Quellenangabe | |

| Prüfbereich | Kriterien („kritische Punkte") | Erledigt ✓ |
|---|---|---|
| | Nummerierung | |
| | Schriftgröße | |
| | richtige Platzierung | |
| **Layout** | Überschriftenformatierung | |
| | Schriftgröße | |
| | Schriftart | |
| | Kopfzeilen korrekt | |
| | Abstand Überschriften-Text-Überschriften | |
| | Seitenumbruch | |
| | Seitenzahlen | |
| | Einrückung von längeren Zitaten, Beispielen etc. | |
| | Silbentrennung | |
| | Blocksatz | |
| **Inhaltsverzeichnis** | korrekte Form | |
| | Übereinstimmung der Seitenzahlen mit Text | |
| | Übersichtlichkeit | |
| | Übereinstimmung Inhaltsverzeichnis-Textüberschriften | |
| **Abkürzungsverzeichnis** | Vollständigkeit | |
| **Tabellenverzeichnis** | Vollständigkeit | |
| **Literaturverzeichnis** | Vollständigkeit der Quellen | |
| | Vollständigkeit aller bibliografischen Angaben | |
| | einheitliche Erfassung aller Quellen | |
| | Korrektheit der Internetquellen | |
| **Anlagen** | Vollständigkeit | |
| | Lesbarkeit | |
| | Beschriftung der einzelnen Anlagen | |
| **Sonstiges** | Korrektheit der Querverweise im Text | |

# Anlage 5: Immer Ärger mit dem Komma – Wie Sie die häufigsten Fehler vermeiden

Eine korrekte Interpunktion ist keineswegs eine nebensächliche Formfrage oder eine schlichte Konvention, die auch anders ausfallen könnte. Zeichen, allen voran das Komma, gliedern einen Satz in Sinneinheiten. Sie zeigen die logischen Verknüpfungen in einem Satzgebilde an und fördern damit entscheidend das Verstehen eines Textes. Willkürlich gesetzte Kommata durchbrechen die Sinnstrukturen eines Satzes; fehlende Kommata fordern dem Leser ab, die Strukturen im Lesefluss selbst herauszufinden.

**Empfehlungen**

Setzen Sie Ihre Leser/innen bzw. Prüfer/innen nicht durch fehlerhafte Zeichensetzung fortgesetzter Irritation aus. Durch Beachtung nur weniger Grundregeln können Sie 80 % der üblichen Fehler vermeiden. Schließen Sie die Lücken bei Interpunktion und Rechtschreibung möglichst schon zu Beginn Ihres Studiums. So vermeiden Sie von Anfang an Notenabschläge. Auch im Berufsleben wird man es nicht akzeptieren, dass Ihre Schriftstücke hohe Fehlerquoten aufweisen.

Im Folgenden haben wir die wichtigsten Regeln der Zeichensetzung für Sie zusammengefasst. Prüfen Sie anhand der beigefügten Beispiele, wie sattelfest Sie derzeit in der Interpunktion sind. Weiter gehende Möglichkeiten des Interpunktionstrainings bieten das Internet bzw. einschlägige Publikationen der Buchverlage.

**Die wichtigsten Regeln im Überblick**

**1. Das Komma steht zwischen den Teilen einer Aufzählung.**

*Beispiel:*
- Die Darstellung war sachgerecht, gut gegliedert, prägnant.
- Als Prüfungsformen waren ein kurzes Referat, eine Praxisrecherche, ein Seminarprotokoll vorgesehen.

Das Komma entfällt, wenn die Elemente einer Aufzählung durch *und, oder, beziehungsweise/bzw., sowie, wie, entweder…oder, sowohl…als auch oder durch weder…noch verbunden sind.*

*Beispiele:*
- Der Professor betrat den Hörsaal und die Vorlesung begann.
- Er benutzt entweder die Tafel oder die Flipchart.

**2. Beisätze (Appositionen) werden in Kommata eingeschlossen.**

*Beispiel:*
Julia Suchert, Studierende am Fachbereich Wirtschaftswissenschaften, erhält den diesjährigen Senatspreis.

**Die wichtigsten Regeln im Überblick**

**Nachgestellte Erläuterungen,** die häufig mit *also, besonders, das heißt (d. h.), insbesondere, nämlich, und zwar, vor allem, zum Beispiel oder dergleichen* eingeleitet werden, **werden durch Komma ab- bzw. eingegrenzt.**

*Beispiele:*
- Bachelorstudiengänge, vor allem an Fachhochschulen, zeichnen sich durch ihre besondere Praxisnähe aus.
- Wir können uns treffen, zum Beispiel morgen.

3. **Ein Komma wird gesetzt, wenn zwischen Satzteilen entgegenstellende Bindewörter (Konjunktionen) wie *aber, doch, jedoch,* und *sondern* stehen.**

*Beispiele:*
- Die Prüferin gilt als streng, aber fair.
- Die Exkursion ist nicht nur lehrreich, sondern auch kostengünstig.

**Das Komma steht auch zwischen Satzteilen, die durch mehrteilige Konjunktionen verbunden sind, wie z. B. *einerseits – andererseits, nicht nur – sondern auch, teils – teils.***

*Beispiele:*
Die Prüfungen sind teils schwer, teils leicht.
Einerseits ist er fleißig, andererseits ist er faul.

4. **Eine Infinitivgruppe, die aus dem Wort zu und einem Verb im Infinitiv besteht (Grundform), grenzt man in bestimmten Fällen durch Komma ab:**

**a) wenn der Infinitiv mit einer näheren Bestimmung verbunden ist;**

*Beispiel:*
Sie bemüht sich, die Hausarbeit [= nähere Bestimmung] zu schreiben.

**b) wenn die Infinitivgruppe mit *um, ohne, statt, anstatt, außer oder als* eingeleitet wird;**

*Beispiele:*
- Sie meldete sich, um an der Übung teilnehmen zu können.
- Statt zu lernen, streifte er abends durch die örtlichen Szenekneipen.
- Sie konnte eine Stunde reden, ohne auf ihr Manuskript zu sehen.

**c) wenn die Infinitivgruppe von einem Substantiv abhängt;**

*Beispiel:*
Er hatte die Absicht, mit den Vorbereitungen frühzeitig zu beginnen.

**d) wenn die Infinitivgruppe von einem Verweiswort abhängt;**

*Beispiele:*
- Die Studierenden mögen es, Beratungsmethoden selbst auszuprobieren.
- Ich halte es für richtig, der Forderung nachzugeben.

Bei sonstigen Infinitivkonstruktionen kann auf das Komma verzichtet werden.

*Beispiel:*
- Der Dozent hatte die Absicht(,) zu beginnen.
- Die Überlegung(,) aufzuhören (,) bewegt ihn seit langem.

**Sind Missverständnisse möglich, ist das Komma erforderlich.**

*Beispiel:*
Ich rate ihm zu helfen. *Was ist hier gemeint?* Ich rate, ihm zu helfen, oder: Ich rate ihm, zu helfen.

**Die wichtigsten Regeln im Überblick**

**5. Zwischen erweitertem Partizip und Satz kann ein Komma stehen.**

*Beispiel:*
Mit viel Theoriewissen ausgestattet(,) begannen wir die Expertenbefragung.

**6. Das Komma steht zwischen Hauptsätzen.**

*Beispiel:*
Das Thema ist spannend, das Seminar ist langweilig.

Bei der ***Aneinanderreihung von Hauptsätzen,*** die durch ***und, oder, beziehungsweise/bzw., entweder – oder, nicht – noch*** oder durch ***weder – noch*** verbunden sind, **kann man ein Komma setzen,** um die Gliederung des gesamten Satzes deutlich zu machen. Der Regelfall lautet aber: kein Komma.

*Beispiele:*
- Die Professorin betritt den Hörsaal(,) und die Vorlesung beginnt.
- Entweder gehe ich in die Sprechstunde der Dozentin(,) oder ich rufe sie an.
- Weder befand sich das Buch im Schrank(,) noch befand es sich im Regal.

**7. Hauptsätze werden von Nebensätzen durch Komma abgegrenzt. Das gilt auch für eingeschobene Neben- und Hauptsätze.**

*Beispiele:*
- Das Seminar fand statt, obwohl sich die Studierenden im Streik befanden.
- Als die Veranstaltung endlich begann, war schon eine halbe Stunde vergangen.
- Ich hoffe sehr, dass sich unsere Arbeitsgruppe regelmäßig treffen kann.

**Eingeschobener Nebensatz:**

*Beispiele:*
- Fachaufsätze, die besonders aktuelles Wissen bieten, sollten bei Hausarbeiten unbedingt berücksichtigt werden.
- Der Prüfer sagte, wenn nichts dazwischen käme, fände die Prüfung wie vorgesehen statt.

**Eingeschobener Hauptsatz:**

*Beispiel:*
Die Klausuraufgaben waren, man will es kaum glauben, sehr leicht zu beantworten.

## *Literaturempfehlungen/sonstige Informationsquellen*

Duden-Redaktion (2007): Deutsche Rechtschreibung und Grammatik – leicht gemacht. Mannheim u. a.: Dudenverlag.

Universität Duisburg Essen: Grundkurs zur neuen Rechtschreibung. Online in: http://www.uni-due.de/schreibwerkstatt/trainer/trainer/start.html.

# Literaturverzeichnis

*Hinweis:* Titel, aus denen lediglich zu Demonstrationszwecken zitiert wurde oder die in Literaturempfehlungen benannt wurden, sind nicht aufgeführt.


Arbeitsstelle Hochschuldidaktik der Universität Zürich (2006): Lern-Portfolio. In: Dossier Unididaktik Heft 1/2006. Online: http://www.afh.uzh.ch/HochschuldidaktikAZ/du_lern-portfolio-1.pdf.

Atteslander, P. (2010): Methoden der empirischen Sozialforschung. 13. Aufl., Berlin: Erich Schmidt Verlag.

Bango, J. (2000): Wissenschaftliches Arbeiten in der Sozialarbeit. Wiesbaden: Westdeutscher Verlag.

Biermann, B. (2007): Soziologische Grundlagen der Sozialen Arbeit. München/Basel: Reinhardt.

Blod, G. (2007): Präsentationskompetenzen: Überzeugend präsentieren im Studium und Beruf. Passgenau zu den neuen Bachelor-/Master-Studiengängen. Stuttgart: Klett.

Bohl, T. (2008): Wissenschaftliches Arbeiten im Studium der Pädagogik. Arbeitsprozesse, Referate, Hausarbeiten, mündliche Prüfungen und mehr. 3. Aufl., Weinheim/Basel: Beltz.

Bortz, J./Döring, N. (2006): Forschungsmethoden und Evaluation für Human- und Sozialwissenschaftler. 4., überarb. Auflage, Berlin: Springer.

Brezinka, W. (1978): Metatheorie der Erziehung. Eine Einführung in die Grundlagen der Erziehungswissenschaft, der Philosophie der Erziehung und der praktischen Pädagogik. München/Basel: Reinhardt.

Brink, A. (2013): Anfertigung wissenschaftlicher Arbeiten. Ein prozessorientierter Leitfaden zur Erstellung von Bachelor-, Master- und Diplomarbeiten in acht Lerneinheiten. Heidelberg: Springer Gabler.

Brouer, B. (2007): Portfolios zur Unterstützung der Selbstreflexion – Eine Untersuchung zur Arbeit mit Portfolios in der Hochschullehre. In: Gläser-Zikuda, M./Hascher, T. (Hg.) (2007): Lernprozesse dokumentieren, reflektieren und beurteilen. Lerntagebuch und Portfolio in Bildungsforschung und Bildungspraxis. Bad Heilbrunn: Klinkhardt, S. 235–266.

Bünting, K.D./Bitterlich, A./Pospiech, U. (2002): Schreiben im Studium: mit Erfolg. Ein Leitfaden. 3. Aufl., Berlin: Cornelsen.

Burchardt, M. (2006): Leichter studieren. Wegweiser für effektives wissenschaftliches Arbeiten. 4. erg. u. akt. Aufl., Berlin: BWV.

Burchert, H./Sohr, S. (2008): Praxis des wissenschaftlichen Arbeitens. Eine anwendungsorientierte Einführung. 2. Aufl., München/Wien: Oldenbourg.

Deutsche Forschungsgemeinschaft (DFG) (1998): Vorschläge zur Sicherung guter wissenschaftlicher Praxis. Empfehlungen der Kommission „Selbstkontrolle in der Wissenschaft“. Weinheim: Wiley-VCH.

Diekmann, A. (2009): Empirische Sozialforschung. Grundlagen, Methoden, Anwendungen. 20. Auflage, Reinbek: Rowohlt.

Engelke, E./Spatscheck, Chr./Borrmann, S. (2009): Die Wissenschaft Soziale Arbeit. Werdegang und Grundlagen. 3. Aufl., Freiburg: Lambertus.

Engelke, E./Maier, K./Steinert, E./Borrmann, S./Spatscheck, C. (Hg.) (2007): Forschung für die Praxis. Zum gegenwärtigen Stand der Sozialarbeitsforschung. Freiburg: Lambertus.

Erath, P. (2006): Sozialarbeitswissenschaft. Eine Einführung. Stuttgart: Kohlhammer.

Franck, N. (2007): Handbuch wissenschaftliches Arbeiten. 2. Aufl., Frankfurt am Main: Fischer.

Häcker, Th. (2009): Vielfalt der Portfoliobegriffe. In: Brunner, I./Häcker, Th./Winter, F. (Hg.) (2009): Das Handbuch Portfolioarbeit. Konzepte-Anregungen-Erfahrungen aus Schule und Lehrerbildung. 3. Aufl., Seelze-Velber: Kallmeyer/Klett, S. 33–39.

Häcker, Th./Winter, F. (2009): Portfolio – nicht um jeden Preis. In: Brunner, I./Häcker, Th./ Winter, F. (Hg.) (2009): Das Handbuch Portfolioarbeit. Konzepte-Anregungen-Erfahrungen aus Schule und Lehrerbildung. 3. Aufl., Seelze-Velber: Kallmeyer/Klett, S. 227–233.

Heister, W./Wälte, D./Weßler-Poßberg, D./Finke, M. (2007): Studieren mit Erfolg: Prüfungen meistern – Klausuren, Kolloquien, Präsentationen, Bewerbungsgespräche, Stuttgart: Schaeffer Poeschel.

Hochschule Niederrhein (2010): Modulhandbuch für den Bachelor-Studiengang Soziale Arbeit. Hrsg. vom Fachbereich Sozialwesen der Hochschule Niederrhein, Mönchengladbach.

Iske, S./Koenig, C./Müller, A. (2012): Social Media. In: Sesink, W.: Einführung in das wissenschaftliche Arbeiten. 9. Aufl., München: Oldenbourg, 77–107.

Koller, H.-C. (2012): Grundbegriffe, Theorien und Methoden der Erziehungswissenschaft. Eine Einführung. 6. Auflage, Stuttgart: Kohlhammer.

Kornmeier, M. (2013): Wissenschaftlich schreiben leicht gemacht für Bachelor, Master und Dissertation. 6. Aufl., Bern/Stuttgart/Wien: Haupt.

Kromrey, H. (2006): Empirische Sozialforschung. 11., überarb. Auflage, Stuttgart: Lucius & Lucius.

Meissner, M. (2009): Selbst-bewusst in die Professionalität. In: Brunner, I./Häcker, Th./ Winter, F. (Hg.) (2009): Das Handbuch Portfolioarbeit. Konzepte-Anregungen-Erfahrungen aus Schule und Lehrerbildung. 3. Aufl., Seelze-Velber: Kallmeyer/Klett, S. 242–248.

Merten, R./Sommerfeld, P./Koditek, T. (Hg.) (1996): Sozialarbeitswissenschaft. Kontroversen und Perspektiven. Neuwied/Kriftel/Berlin: Luchterhand.

Metzger, C. (2007): Lern- und Arbeitsstrategien. Ein Fachbuch für Studierende an Universitäten und Fachhochschulen. 9. Aufl., Oberentfelden/Schweiz: Sauerländer.

Paetzel, U. (2001): Wissenschaftliches Arbeiten: Überblick über Arbeitstechnik und Studienmethodik. Berlin: Cornelsen.

Plümper, Th. (2012): Effizient schreiben. Leitfaden zum Verfassen von Qualifizierungsarbeiten und wissenschaftlichen Texten. 3. Aufl., München: Oldenbourg.

Pölzleitner, E. (2009): Reflektieren kann man lernen. In: Brunner, I./Häcker, Th./Winter, F. (Hg.) (2009): Das Handbuch Portfolioarbeit. Konzepte-Anregungen-Erfahrungen aus Schule und Lehrerbildung. 3. Aufl., Seelze-Velber: Kallmeyer/Klett, S. 96–111.

Presler, G. (2004): Referate schreiben – Referate halten. Ein Ratgeber. 2., durchgesehene Aufl., München: Fink.

Prim, R./Tilmann, H. (2000): Grundlagen einer kritisch-rationalen Sozialwissenschaft. Studienbuch zur Wissenschaftstheorie Karl R. Poppers. 8., durchges. Auflage, Wiebelsheim: Quelle & Meyer.

Sahle, R. (2005): Zwischen den Disziplinen – Soziale Arbeit als interdisziplinäre Handlungswissenschaft. In: Hansen, K./Riege, M./Verleysdonk, A. (Hg.): Resignation ist der Egoismus der Schwachen. Festschrift für Wilhelm Klüsche anlässlich seiner Emeritierung. Mönchengladbach: Eigenverlag Hochschule Niederrhein – Fachbereich Sozialwesen.

Schnell, R./Hill, P. B./Esser, E. (2005): Methoden der empirischen Sozialforschung. 7., völlig überarb. und erw. Aufl., München/Wien: Oldenbourg.

Schurz, G. (2008): Einführung in die Wissenschaftstheorie. 2. durchgesehene Auflage, Darmstadt: Wissenschaftliche Buchgesellschaft.

Schütte, V. (2001): Kleiner Ratgeber für Studienanfänger an der Bremer Uni. Eine Studentin im 5. Semester im Studiengang Psychologie an der Universität Bremen berichtet über ihre Erfahrungen. Online: http://www.studierwerkstatt.uni-bremen.de/uploads/cdklei¬ner-ratgeber.pdf, Aufruf: 25. 1. 2010.

Sesink, W. (2012): Einführung in das wissenschaftliche Arbeiten. 9. Aufl., München: Oldenbourg.

Sommerfeld, P./Hüttemann, M. (Hg.) (2007): Evidenzbasierte Soziale Arbeit. Nutzung von Forschung in der Praxis. Baltmannsweiler: Schneider.

Weber, M. (1968): Die „Objektivität" sozialwissenschaftlicher und sozialpolitischer Erkenntnis. In: Ders.: Gesammelte Aufsätze zur Wissenschaftslehre. 3. Aufl., Tübingen: Mohr Siebeck.

Winter, F. (2009): Es muss zueinander passen: Lernkultur-Leistungsbewertung-Prüfungen. In: Brunner, I./Häcker, Th./Winter, F. (Hg.) (2009): Das Handbuch Portfolioarbeit. Konzepte-Anregungen-Erfahrungen aus Schule und Lehrerbildung. 3. Aufl., Seelze-Velber: Kallmeyer/Klett, S. 212–217.

# Glossar

**abstract**
kurze Zusammenfassung am Beginn eines Artikels

**AStA**
Allgemeiner Studentenausschuss; gewähltes Gesamtvertretungsorgan der Studierenden einer Hochschule

**Deskriptive Statistik**
Die deskriptive oder beschreibende Statistik liefert eine Zusammenfassung und Darstellung der erhobenen Daten mit Hilfe von beschreibenden Maßzahlen und grafischen Darstellungen. Dargestellt werden Häufigkeiten, Prozentwerte, Mittelwerte etc., aber auch Maßzahlen (z. B. Korrelationskoeffizienten), die anzeigen, ob zwischen mehreren Merkmalen (z. B. zwischen Alter und Pflegebedürftigkeit), Zusammenhänge bestehen (vgl. Atteslander 2010, 241).

**Empirische Wissenschaftsdisziplinen**
in einem weiten Sinn alle Disziplinen, die sich auf empirische Daten irgendwelcher Art beziehen, gleich ob diese Daten in freier Feldbeobachtung, der Analyse von Quellenmaterial, durch Befragung oder im Laborexperiment gewonnen wurden. Die Bezugnahme auf empirische Daten ist für die meisten wissenschaftlichen Disziplinen typisch.

**Explorative Untersuchung**
dient der Erkundung eines Forschungsgegenstandes im Vorfeld einer Hauptuntersuchung. Ziel ist, mehr über die zu untersuchenden Phänomene zu erfahren, bevor man Hypothesen für eine Untersuchung formuliert.

**Exzerpt**
Unter einem Exzerpt (excerpere [lat.] = herausnehmen) versteht man die auszugsweise Wiedergabe eines Textes.

**Fachbereichsrat**
Beschlussgremium eines Fachbereichs

**Fachleistungsstunde**
Zeiteinheit für die Tätigkeit einer sozialpädagogischen Fachkraft; dient als Bezugsgröße für die Zahlung von Entgelten durch Kostenträger

**Fachschaftsrat**
gewählte Studierendenvertretung auf der Ebene eines Fachbereichs/einer Fakultät

**Falsifikation**
Widerlegung einer Aussage

**Gesetz**
Als Gesetz wird eine empirisch bestätigte Aussage bezeichnet, die den Anspruch erhebt, an allen Orten und zu allen Zeiten (auch in der Zukunft) gültig zu sein. Da es Beispiele für Gesetze in diesem strikt universellen Verständnis in den Sozialwissenschaften bisher nicht gibt, spricht man bereits dann von einem Gesetz, wenn sich eine Hypothese bereits häufig an der Realität bewährt hat. Die in diesen Gesetzen zum Ausdruck gebrachten sozialen Regelmäßigkeiten

sind in der Regel statistischer Art, d.h. sie gelten für eine mehr oder weniger große Anzahl von Fällen (sog. statistische Gesetze).

**Grundgesamtheit**
bezeichnet die Gesamtmenge der Einheiten, über die Aussagen gemacht werden sollen, z.B. alle Studierenden an deutschen Hochschulen. Aus praktischen Gründen untersucht man jedoch nur eine zufällige Auswahl aus der Grundgesamtheit, z.B. jeden 30. Studierenden.

**Gültigkeit**
auch „Validität", beschreibt das Ausmaß, in dem ein Messinstrument tatsächlich das misst, was es messen soll. Beispiel: Erfassen meine Interviewfragen tatsächlich den Tatbestand „Diskriminierung"?

**Indikator**
beobachtbares Merkmal, von dem angenommen wird, dass es ein anderes nicht direkt beobachtbares Phänomen anzeigt. Beispiel: Die Mitgliedschaft einer Person in Vereinen wird als Indikator für ihre soziale Integration betrachtet.

**Inferenzstatistik**
Inferenzstatistik geht der Frage nach, ob ein in einer Zufallsstichprobe (z.B. von 300 Abiturienten in NRW) ermittelter Wert auch für die Grundgesamtheit gilt, aus der die Zufallsstichprobe gezogen wurde (z.B. alle Abiturienten in NRW). Lässt sich also der Stichprobenbefund verallgemeinern?

**Kapitälchen**
Großbuchstaben in der Größe von Kleinbuchstaben, wobei der erste Buchstabe gegenüber den nachfolgenden Buchstaben vergrößert ist

**Marginalien**
Randnotizen

**Objektivität**
meint, dass eine Beobachtung unabhängig von der Person des Beobachters erfolgt, also nicht durch die subjektive Wahrnehmung des Beobachters verfälscht ist

**Paginierung**
Seitennummerierung

**persuasiv**
durch Überredung bestimmt

**Prüfungsausschuss**
fachbereichsinternes Gremium aus Hochschullehrer/innen und Studierenden, das sich mit der ordnungsgemäßen Durchführung aller Prüfungen befasst

**Rezension**
Buchbesprechung

**Schlagwort**
Begriff, der auf den Inhalt eines Werkes hinweist, ohne im Titel vorzukommen

**Selbständige Literatur**
Literatur, die nicht Teil eines anderen Werkes ist; dazu gehören: Monografien, Dissertationen, Lexika, Konferenzberichte etc.

**Sozialarbeitswissenschaft**
lässt sich nach Bango (2000, 11) als „Wissenschaft der organisierten Hilfe und des Versuchs der Lösung von persönlichen und zwischenmenschlichen Problemen“ definieren. Einführend zur Sozialen Arbeit als Wissenschaft: Merten/Sommerfeld/Koditek 1996, Engelke 2004, Erath 2006

**Stichwort**
im Titel eines Werks enthaltener Begriff

**Theoretischer Begriff**
bezeichnet einen Gegenstand, der nicht unmittelbar, sondern nur mit Hilfe von Indikatoren erfasst werden kann

**Thesaurus**
vereinfacht dargestellt: ein alphabetisch und sachlich geordnetes Verzeichnis an Begriffen, das zur inhaltlichen Erschließung von Dokumenten dient

**Transkript**
Abschrift eines Tondokumentes

**Unselbständige Literatur**
Literatur, die Teil eines anderen Werkes ist (z. B. Fachaufsätze, Beiträge in Sammelwerken, Beiträge in Konferenzberichten etc.)

**Variable**
Begriff für die Menge von Merkmalsausprägungen, die Objekten zugeschrieben werden. Beispiel: Variable „Geschlecht“, Merkmalsausprägungen: „männlich“/„weiblich“; Variable „Einkommen“, Merkmalsausprägungen „über 10 000, bis 10 000, bis 5000“ etc.

**Verifikation**
Beweis, dass eine Hypothese bzw. Theorie allgemein gültig ist. Dieser Beweis ist aber durch eine endliche Zahl von Überprüfungen nicht zu führen. Von Einzelfällen kann logisch nicht auf eine unbegrenzte Zahl von Fällen (alle Fälle) geschlossen werden (Unmöglichkeit des Induktionsschlusses).

**Wissenschaftstheorie**
„Wissenschaftsdisziplin, welche die Funktionsweise wissenschaftlicher Erkenntnis untersucht, ihre Zielsetzungen und ihre Methoden, ihre Leistungen und ihre Grenzen. So wie die Wissenschaften selbst hat sich auch die Wissenschaftstheorie aus der Philosophie heraus entwickelt und wird heute arbeitsteilig sowohl von Wissenschaftsphilosophen wie von Einzelwissenschaftlern betrieben“ (Schurz 2008, 11).

**Zuverlässigkeit**
meint den Grad, in dem ein Beobachtungsinstrument zuverlässige Ergebnisse produziert. Beispiel: Einem Messgerät, dass trotz gleicher Geschwindigkeiten unterschiedliche Messwerte anzeigt, mangelt es an der Zuverlässigkeit (Reliabilität).

# Abkürzungsverzeichnis

| | |
|---|---|
| a. a. O. | am angegebenen Ort |
| a. F. | alte Fassung |
| Abb. | Abbildung |
| Abs. | Absatz (in juristischen Texten) |
| AG | Arbeitsgruppe |
| Anm. | Anmerkung(en) |
| AStA | Allgemeiner Studentenausschuss |
| Aufl. | Auflage |
| BA | Bachelor |
| *Bd. (Pl.: Bde.)* | *Band (Pl.: Bände)* |
| bearb. | bearbeitet |
| BGBl. | Bundesgesetzblatt |
| BGH | Bundesgerichtshof |
| BGHZ | Entscheidungssammlung des Bundesgerichtshofs in Zivilsachen |
| BT-Drs. | Bundestagsdrucksache |
| Buchst. | Buchstabe (in juristischen Texten) |
| BVerfG | Bundesverfassungsgericht |
| BVerfGE | Sammlung der Entscheidungen des Bundesverfassungsgerichts |
| BVerwG | Bundesverwaltungsgericht |
| CSA | Cambridge Scientific Abstracts |
| d. Verf. | der Verfasser/die Verfasserin |
| DDR | Deutsche Demokratische Republik |
| DigiBib | Digitale Bibliothek |
| Diss. | Dissertation |
| DNB | Deutsche Nationalbibliografie |
| durchges. | durchgesehen |
| DZI | Deutsches Zentralinstitut für soziale Fragen |
| ebd. | ebenda |
| erw. | erweitert |
| et al. | et alii (= und andere) |
| EuGH | Europäischer Gerichtshof |
| EZB | Elektronische Zeitschriftenbibliothek |
| *f. (Pl.: ff.)* | *folgende (Pl.: fortfolgende)* |
| ff. | fortfolgende (und die darauf folgenden Seiten) |
| FIS | Eigenname einer Literaturdatenbank |
| FK | Frankfurter Kommentar |
| Fn./FN | Fußnote |
| H. | Heft |
| HBZ | Hochschulbibliothekszentrum |
| Hg. od. Hrsg. | Herausgeber/in/nen |
| Hs. | Halbsatz (in juristischen Texten) |
| i. W. | im Wesentlichen |
| IAB | Institut für Arbeitsmarkt- und Berufsforschung |
| ISBN | International Standard Book Number |
| ISSN | International Standard Serial Number |
| Jg. | Jahrgang |
| JGG | Jugendgerichtsgesetz |
| Kap. | Kapitel |

| | |
|---|---|
| KW | Kalenderwoche |
| loc. cit. | loco citato (am bereits angeführten Ort) |
| M. a. W. | mit anderen Worten |
| NJW | Neue Juristische Wochenschrift |
| Nr. | Nummer |
| NRW | Nordrhein-Westfalen |
| o. J. | ohne Jahresangabe |
| o. O. | ohne Ortsangabe |
| o. V. | ohne Verfasserangabe |
| op. cit. | opere citato (im zuvor bereits zitierten Werk) |
| OPAC | Online Public Access Catalogue |
| Pl. | Plural |
| Psyndex | Eigenname einer Literaturdatenbank |
| pt | Punkt (Maßeinheit für die Schriftgröße) |
| Rdnr. | Randnummer (in juristischen Texten) |
| Rn | Randnummer (in juristischen Texten) |
| Rs | Rechtssache |
| Rz. | Randziffer (in juristischenTexten) |
| S. | Seite |
| S. | Satz (in juristischen Texten) |
| s.u. | siehe unten |
| SGB II | Zweites Buch Sozialgesetzbuch (Grundsicherung) |
| SGB VIII | Achtes Buch Sozialgesetzbuch (Kinder- und Jugendhilfe) |
| SOFIS | Eigenname einer Literaturdatenbank |
| SOLIS | Eigenname einer Literaturdatenbank |
| SoLit | Eigenname einer Literaturdatenbank |
| SOWIPORT | Eigenname eines Portals für Literaturrecherchen |
| Tab. | Tabelle |
| TAN | Transaktionsnummer |
| u. a. | und andere, unter anderem |
| u. Ä. | und Ähnliches |
| u. U. | unter Umständen |
| u. v. m. | und vieles mehr |
| überarb. | überarbeitet |
| URL | Uniform Resource Locator |
| Urt. | Urteil |
| USB | Unterstützte Beschäftigung |
| VG | Verwaltungsgericht |
| vgl. | vergleiche |
| vollst. | vollständig |
| WISO | Eigenname einer Literaturdatenbank |
| ZDB | Zeitschriftendatenbank |
| Ziff. | Ziffer |
| zit. n. | zitiert nach |
| zugl. | zugleich |

Das Symbol → bedeutet: der folgende Begriff wird im Glossar erläutert

# Abbildungsverzeichnis

# Tabellenverzeichnis

# Stichwortverzeichnis